本书获得国家自然科学基金面上项目"中国经济转型升级时期的劳动力市□
宏观效果评估——基于劳动搜寻匹配模型的研究"（项目编号：7217304□
上项目"新常态下的劳动力市场摩擦风险：周期波动与长期失业——基□
（项目编号：71673172）的资助

搜寻理论与劳动力市场：
理论研究和定量分析

张　敏◎著

吉林大学出版社

长春

图书在版编目（CIP）数据

搜寻理论与劳动力市场：理论研究和定量分析 / 张
敏著. -- 长春：吉林大学出版社，2022.9
ISBN 978-7-5768-0615-1

Ⅰ．①搜… Ⅱ．①张… Ⅲ．①劳动力市场—研究
Ⅳ．① F241.2

中国版本图书馆 CIP 数据核字（2022）第 177605 号

书　　名：搜寻理论与劳动力市场：理论研究和定量分析
　　　　　SOUXUN LILUN YU LAODONGLI SHICHANG：LILUN YANJIU HE
　　　　　DINGLIANG FENXI
作　　者：张　敏著
策划编辑：卢　婵
责任编辑：卢　婵
责任校对：单海霞
装帧设计：三仓学术
出版发行：吉林大学出版社
社　　址：长春市人民大街 4059 号
邮政编码：130021
发行电话：0431-89580028/29/21
网　　址：http://www.jlup.com.cn
电子邮箱：jldxcbs@sina.com
印　　刷：武汉鑫佳捷印务有限公司
开　　本：787mm×1092mm　　　1/16
印　　张：14.75
字　　数：210 千字
版　　次：2022 年 9 月　第 1 版
印　　次：2023 年 1 月　第 1 次
书　　号：ISBN 978-7-5768-0615-1
定　　价：78.00 元

版权所有　翻印必究

前　言

在现代社会中，劳动力市场中的核心问题，如失业、工资、收入差异，以及劳动力市场政策，如社会保障制度等，已经成为社会大众普遍关心的经济焦点问题，也是学术界和政策制定者关注的重点。近二十年来，得益于微观家庭数据库的不断丰富和发展，国内文献在劳动力市场问题上的微观实证研究越来越丰富，但是宏观研究尚不多见，定量研究较为缺乏。一个重要的原因在于宏观研究的理论框架不够丰富。本书融合了笔者多年来从事高级宏观经济学教学实践和劳动搜寻理论的研究成果，旨在将现代西方经济学中的前沿宏观理论——劳动搜寻理论介绍给读者，丰富宏观劳动定量研究的理论框架。

本书共分为八个章节，前三章在文献梳理的基础上，结合笔者多年的教学实践，重点介绍了劳动搜寻理论的核心元素、开创性贡献、早期发展及主要经典模型。在模型部分，为了帮助读者更好地理解和学习理论，对于核心假设和关键步骤，笔者均进行了详细的说明，给出了具体的推导过程。对于重要结论，笔者都提供了经济学直觉解释，并辅以图表，形象生动地展示其内在工作机制和原理。这个部分为首次接触、学习劳动搜寻理论的高年级本科生和研究生提供了入门级的学习参考资料。

本书其余章节介绍了劳动搜寻理论的实际运用以及相应的理论发展，内容上包括：探讨以失业保险制度为代表的社会保障制度对劳动力市场周期波动和长期均衡的影响，研究在劳动力市场摩擦条件下的最优失业保险制度设计问题，以及劳动搜寻理论对于"同工不同酬"问题的机制解释等。在这一部分，笔者对于劳动搜寻理论的定量研究方法做了详细的阐述，对宏观模型的校准、模拟和反事实分析做了深入细致的讲解，为高年级研究生（尤其是博士研究生）学习规范的宏观定量研究提供了好的参考资料。

笔者希望通过这本书，抛砖引玉，吸引更多对宏观经济研究有兴趣的学者学习和运用劳动搜寻理论，不断拓展、丰富、完善中国劳动力市场问题的宏观研究，更好地为宏观经济政策的制定提供理论支撑。

由于笔者水平有限，书中难免有众多不足之处，诚挚希望读者、同仁提出宝贵意见，以利于不断修正和完善。笔者感谢国家自然科学基金项目（72173044、71673172）的资助。

张　敏

2022 年 6 月于上海

目　录

第 1 章　劳动搜寻理论的综述及劳动力市场主要特征

1.1　劳动搜寻理论综述

在现代社会中，劳动收入是大部分人的主要收入来源。因此，人们的生活幸福程度在很大程度上与其就业状态（employment status）相关。在宏观经济学中，就业状态指的是劳动者是否就业、工资水平、工作岗位、工资变动及其趋势，以及劳动者在就业和失业等不同状态之间变动的概率和间隔的时间等。微观主体的就业状态在宏观层面汇总后成为劳动力市场的一系列核心问题，如就业（失业）水平、工资决定机制、失业波动、岗位创造和破坏（job creation and destruction）等。正是因为这些问题具有重要性，经济学家往往从描述劳动力市场关键宏观变量（如工资、就业和失业等）的典型事实出发，抓住劳动力市场的主要特征构建宏观模型，通过模型校准和数值模拟等宏观研究方法探究影响劳动力市场核心变量的关键因素，并考察政策变动对劳动力市场均衡结果的影响。

在劳动搜寻理论诞生之前，传统理论（如 Walrasian theory）在刻画劳动力市场时往往使用需求 – 供给模型，劳动力市场在均衡状态下满足劳动总需求等于劳动总供给的条件，这一均衡条件同时决定了就业和工资水平。这一简单的研究框架虽然能够解释一些劳动力市场现象，如工资水平随市场供求关系的变动而变动，却无法解释很多重要的劳动力市场现象。比如，为什么失业工人和空缺岗位在现实中同时存在？为什么失业工人有些时候会选择拒绝工作机会，保持失业状态？哪些因素会影响长期失业和企业的岗位创造活动？劳动者工作搜寻行为和离职行为如何影响企业的岗位创造活动？为什么看上去相同的工人从事类似的工作得到的工资报酬迥异？工作搜寻方式会不会以及如何影响劳动者的工作机会和工资水平？失业保险制度初衷是为了帮助失业工人度过因失业带来的生活危机，但这一制度却时常伴随着因工人故意放弃工作机会或降低工作搜寻努力而产生的道德风险问题，失业保障与道德风险之间的博弈关系如何实现最佳平衡？劳动搜寻理论对于这些重要问题进行了具有开创性而且卓有成效的理论探索，并获得了丰硕的研究成果。其中，戴蒙德－莫特森－皮萨里德斯搜寻匹配模型（Diamond–Mortensen–Pissarides search and matching model，以下简称DMP 搜寻匹配模型）已经成为现代宏观经济学研究劳动力市场短期波动和长期均衡失业的重要前沿理论之一（Pissarides，2000）。该理论的创建者彼得·戴蒙德、戴尔·莫特森和克里斯托弗·皮萨里德斯因为该理论的创建和成功应用而获得 2010 年诺贝尔经济学奖。

劳动搜寻理论的核心元素在于它首次提出劳动力市场具有摩擦性，并在劳动力市场模型刻画中引入这一重要的市场特征。具体来说，劳动力市场摩擦指的是该市场两大主体——劳动的提供者（以下称为工人）和劳动的需求者（以下称为企业），在交换劳动（labor service）时存在着市场摩擦。比如，寻找工作的工人并非马上能找到他或她合适的工作机会；与之相反，工作搜寻过程往往费时耗力，消耗相当的人力财力，寻找高薪工作时尤为如此。类似地，企业在招聘工人时也要经历一系列烦琐的程序，如发布招聘广告、面试、薪资谈判、签订劳动合同等。同时，企业在每一个环节中都要耗费一定的人力和财力。显而易见，传统需求－供给均衡理论中对于劳动力市场的研究完全忽视了工人和企业在搜寻匹配过程中这一耗费时间和耗费财力（即市场摩擦）的重要特性，简单地通过市场总需求与总供给相等的均衡条件刻画市场均衡结果，决定就业水平和工资。

劳动搜寻理论在两个方面为现代宏观经济学在劳动力市场问题方面的研究做出了开创性的贡献。这些贡献从该理论发展之初时仅研究工人的搜寻匹配问题的局部均衡模型（partial equilibrium model），到理论发展更加完善成熟阶段时研究不同类型工人、企业的最优经济决策的一般均衡模型（general equilibrium model）中都可以看到。

劳动搜寻理论的第一个贡献是它为工人和企业在劳动力市场中的搜寻、匹配过程提供了微观基础（microeconomic foundation），具体刻画了两者在市场中是如何搜寻对方，并形成劳动雇佣关系（即匹配）的过程，这也是该模型名称中"搜寻匹配"含义之所在。这一点与传统的 Walrasion theory 形成巨大反差。具体来说，劳动搜寻理论将搜寻匹配的过程概括为随机搜寻（random search）和定向搜寻（directed search）。随机搜寻指的是求职工人在同一个市场中寻找工作，搜寻过程随机进行，求职工人找到工作机会的概率由劳动力市场的紧度决定。与之不同，在定向搜寻下，搜寻匹配分为两个过程。首先，企业按照自身需求张贴招聘广告，并标明工资水平。劳动力市场按照招聘广告内容（主要是工资水平）划分为若干子市场。其次，工人们看到招聘广告后，选择进入不同的子市场求职。"定向（directed）"在这种搜寻模式下有着丰富的内涵外延。比如，如果企业提高招聘广告中的工资水平，将引导更多的工人进入其所在的子市场求职，从而提高企业招聘的匹配效率。但从求职工人的角度来看，高薪固然具有吸引力，但更多求职者追逐高薪也带来更强的竞争压力。如此一来，高薪和求职成功率之间产生了一种内在博弈，从而产生了工人求职行为的最优决策需要。

劳动搜寻理论的第二个贡献是它为工资定价提供了微观基础。不同于传统需求－供给均衡理论中黑箱式（black box）的工资定价，劳动搜寻理论具体刻画了工人和企业在匹配前后（bilateral matching）的工资定价过程。比如，随机搜寻中，双方在匹配后对工资所进行的讨价还价过程，或定向搜寻中，企业在招聘广告中单方面发布的工资水平（匹配前）。正如本书后面章节所述，这两大贡献蕴含了劳动搜寻理论丰富的内在微观工作机制，并在不同的模型假设条件和宏观环境中存在，具有极强的稳健性。

值得指出的是，劳动搜寻理论是搜寻理论（search theory）在劳动力市场的具体应用，除了劳动力市场外，现有文献还将搜寻理论广泛扩展应用到其他市场，如货币市场（Kiyotaki et al.，1993；Shi，1995；Trejos et al.，1995；Lagos et al.，2005；李哲 等，2014）、金融市场（Duffie et al.，2005；Weill，2004；Gu et al.，2013；Rocheteau et al.，2017）、房地产市场（Head et al.，2014；He et al.，2015；Albrecht et al.，2016）、婚姻市场（Mortensen，1988；Burdett et al.，1997，1999；Shimer et al.，2000；Loughran，2002）、产业组织领域（Salop，1977；Jovanovic，1982；Jovanovic et al.，1994）等多个研究领域。虽然本书聚焦于搜寻理论在劳动力市场的理论发展和实证研究，但不难看出，搜寻理论已经成为现代经济学研究的一个重要理论研究基石，并为实证研究提供了坚实的理论支持。

本书的内容安排如下：第二章回顾劳动搜寻理论的早期发展，重点介绍以工人工作搜寻为核心的局部均衡模型；第三章回顾劳动搜寻模型中的一般均衡模型，侧重介绍戴蒙德 – 莫特森 – 皮萨里德斯搜寻匹配模型（Diamond –Mortensen–Pissarides search and matching model）；接下来的章节内容是基于 MP（Mortensen–Pissarides search and matching model）基准模型的理论创新，同时也涵盖了现代宏观经济学定量研究的思路、方法和范式；具体来说，第四章、第五章和第六章聚焦劳动搜寻理论在劳动力市场经济周期问题上的理论扩展和贡献，重点探讨以失业保险制度为代表的社会保障制度对劳动力市场周期波动和长期均衡的影响；第七章深入阐述在劳动力市场摩擦条件下的最优失业保险制度设计；第八章讨论劳动搜寻理论对于"同工不同酬"问题的机制解释。

1.2　劳动力市场宏观变量

在大多数国家，尤其是发达经济体，劳动力市场的宏观变量是国家统计部门基于微观家庭调查数据库来计算的。一般来说，这些调查将人口分为三个部分：就业（全职和兼职）、失业，以及劳动力市场之外（out of labor force）的人口。就业和失业人数汇总形成一国的劳动力（labor force）。

失业率和就业率是劳动力市场的核心宏观变量，其变化和趋势反映劳动力市场的繁荣度，也是一国的货币政策和财政政策的重要影响因素，因此备受学者和政策制定者的关注。另外，劳动参与率也是劳动力市场的一个重要宏观指标。本节以失业率、就业率和劳动参与率为主要载体，描述劳动力市场主要特征。在数据方面，当受到数据可得性的限制时，我们使用美国的数据展示劳动力市场的一般特征。

1.2.1　失业率和就业率

根据失业的定义，失业工人指的是那些没有工作（包括全职或兼职）、能够并愿意从事劳动工作，并积极寻找工作机会的工人。在这个定义中，"积极寻找工作"是定义失业的一个重要条件。美国的 current population survey 是月度的微观家庭调查，失业率基于该调查数据进行统计和计算。在调查中，非就业的受访者会被问到在过去四周内是否积极寻找过工作，访员依据受访者的实际回答判断其是否为失业工人。

失业率 u 和就业率 e 的度量公式为

$$失业率 = \frac{失业工人}{劳动力} = \frac{失业工人}{失业工人 + 就业工人}$$

$$就业率 = \frac{就业工人}{劳动力} = \frac{就业工人}{失业工人 + 就业工人}$$

通过以上公式，我们可以看到：就业率 = 1− 失业率。因此，就业率可以视为失业率的镜像反映。

失业率的度量方法虽然被世界各国广泛使用，但并非完美无缺，其不足之处表现在以下两个方面。一是失业率本身容易受到失望的工人（discouraged worker）的影响而产生度量误差，这一问题在经济遭受较大负面冲击进入经济衰退时尤为明显。失望的工人是指没有工作、能够并愿意从事劳动工作，但没有积极寻找工作的工人。尽管这类工人因为没有积极寻找工作而被排除在劳动力之外，但他们是希望就业的。在经济好转时，这类工人往往会回到劳动力市场寻找工作，以就业工人或失业工人的身份，重新成为劳动力的一员。正因为这样，失望的工人在劳动力市场的进出会对失业率的精准度量产生干扰。比如，在经济衰退期来临时，部分工人因为劳动力市场的疲弱，产生消极情绪而退出市场，失业率随之下降。显而易见，在这种情况下，失业率的下降并非源于劳动力市场的好转，而是受失望的工人的求职行为影响而产生的。

二是失业率不能体现劳动力市场中工人的搜寻强度（search intensity）。一般来说，高失业率是利好招聘企业的，因为他们比较容易找到工人填补其空缺岗位。但是，由于失业率本身并不体现工人的工作搜寻努力程度，因此有可能存在虽然失业率很高，但工人们搜寻工作的意愿或强度不太高的可能性。正如我们在后面章节将要讨论的，失业保险制度会引发道德风险问题，影响失业工人的求职意愿。如果失业保险金的保障强度比较高，部分工人可能会出现宁愿失业，也不愿意寻找工作，甚至出现拒绝合适的工作机会现象。在这种情况下，高失业率可能会给企业传递一个错误的劳动力市场信息，造成企业招聘困难。

在我国，由于二元经济和客观条件的影响和制约，失业率的度量往往聚焦于城镇部门。近二十年来，国内学者对我国城镇失业的度量做了细致深入研究。表1-1汇报了国内外不同文献对于中国城镇失业率的估计结果。Feng等（2017）使用全样本城镇家庭住户调查（urban household survey，简称UHS）数据计算城镇失业率，得到2002—2009年平均失业率为9.5%。其他学者使用UHS数据库的部分样本得到相似结果。如李实和邓曲恒（2004）使用2002年十二个省（直辖市、自治区）的数据，在不考虑农民的就业和失业状况且认定非正式工作为就业的情况下，估算出2002年城镇失业率为10.04%。Han和Zhang（2010）使用五个省和一个直辖市的数据，估算出1988—2006年的平均城镇失业率为9.1%。Zhang等（2016）使用五个省的数据，估算2005年城镇失业率为10.7%，2005—2012年的平均城镇失业率为 8.5%。部分学者基于其他微观调查数据对中国城镇失业率进行估算。如张车伟（2003）利用全国人口普查数据，估算得到 2000年的城镇失业率为 8.3%。熊祖辕和喻东（2004）利用中国劳动统计年鉴和全国人口普查的失业调查数据，测算得出 2002 年城镇失业率为 10.4%，2003 年城镇失业率为 11.2%，2004 年城镇失业率为 12.2%。Giles 等（2005）利用中国城市劳动力调查与全国人口普查的失业调查数据，得出 2002 年城镇失业率为 11.1%。此外，中国社会科学院在 2009 年发布的《社会蓝皮书》中公布 2008 年全国调查出的城镇调查失业率为 9.6%。Tian 等（2018）利用中国居民营养与健康调查（CHNS）测算得出，1991—1997 年城镇失业率为 2% ~ 4.2%，2000—2004 年城镇失业率为 7.2% ~ 11.4%，2006—2011 年城镇失业率为 8.1% ~ 9.9%。图 1-1 为 Tian 等（2018）汇报的中国城镇失业率。

表 1-1　中国城镇失业率估计结果

文章	数据	时间跨度	（平均）失业率
Feng et al.（2017）	全样本城镇家庭住户调查（UHS）	2002—2009 年	9.5%
李实和邓曲恒（2004）	城镇家庭住户调查（UHS）十二个省（直辖市、自治区）的数据	2002 年	10.04%
Han and Zhang（2010）	城镇家庭住户调查（UHS）五个省和一个直辖市的数据	1988—2006 年	9.1%
Zhang et al.（2016）	城镇家庭住户调查（UHS）五个省的数据	2005 年	10.7%
		2005—2012 年	8.5%
张车伟（2003）	全国人口普查数据	2000 年	8.3%
熊祖辕和喻东（2004）	中国劳动统计年鉴和全国人口普查的失业调查数据	2002 年	10.4%
		2003 年	11.2%
		2004 年	12.2%
Giles et al.（2005）	中国城市劳动力调查与全国人口普查的失业调查数据	2002 年	11.1%
中国社会科学院《社会蓝皮书》	—	2008 年	9.6%
Tian et al.（2018）	中国居民营养与健康调查（CHNS）	1991—1997 年	2% ~ 4.2%
		2000—2004 年	7.2% ~ 11.4%
		2006—2011 年	8.1 ~ 9.9%

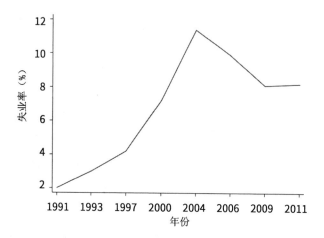

图 1-1　1991—2011 年中国城镇失业率（Tian et al.，2018）

2017 年，国家统计局正式发布城镇调查失业率，与国际惯例相一致，以城镇劳动力情况抽样调查所取得的城镇就业与失业汇总数据来进行计算，具体是指城镇调查失业人数占城镇调查从业人数与城镇调查失业人数之和的比值。图 1-2 汇报了 2017 年以来的中国城镇调查失业率。

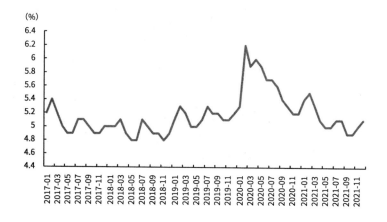

图 1-2　2017—2021 年中国城镇调查失业率

1.2.2　劳动参与率

劳动参与率是全部劳动力（即就业和失业人口总和）和劳动年龄人口

总数（working population）[①]的比重，即

$$劳动参与率 = \frac{劳动力}{劳动年龄人口}$$

$$= \frac{（就业 + 失业）}{劳动年龄人口}$$

表 1-2 报告了国内外文献对于中国城镇劳动参与率的估计结果。Han 等（2010）基于 UHS 五个省和一个直辖市的数据，估算了 1988—2006 年的城镇劳动参与率，图 1-3 汇报了他们的估计结果，图 1-4 汇报了男性和女性的劳动参与率的估计结果。Feng 等（2017）基于 UHS 数据库，估算了 1988—2009 年的城镇劳动参与率。在 1988—2009 年里，城镇劳动参与率一直呈现下降趋势，1988—1995 年城镇的平均劳动参与率为 82.2%，1995—2002 年下降至 78.2%，2002—2009 年进一步下降至 74.2%。Meng（2012）利用 RUMiCI 数据的城镇家户调查（urban survey）测算得出，2009 年城镇劳动参与率为 69.45%，男性劳动参与率为 78.55%，女性劳动参与率为 60.68%。Cai 和 Wang（2010）利用国家统计局数据、中国人口统计年鉴数据和中国统计年鉴数据测算得出，1995—1999 年的城镇劳动参与率为 71.2% ~ 75.9%，2000—2004 年的城镇劳动参与率为 64.0% ~ 69.4%。彭青青 等（2017）利用 UHS 数据估算得出，1992 年城镇女性和男性劳动参与率分别为 93.3% 和 97.7%；2009 年女性和男性劳动参与率分别为 82.9% 和 95.3%。

本章基于 UHS 数据库，参照 Feng 等（2017）的做法，估算了 2002—2009 年的城镇劳动参与率。2002 年，城镇劳动参与率为 83.1%，女性和男性劳动参与率分别为 77.2% 和 88.9%；2009 年，城镇劳动参与率为 79.3%，女性和男性劳动参与率分别为 73.7% 和 84.5%。图 1-5 报告了笔者的估计结果。

[①]　按照国家统计局的定义，劳动年龄人口为年龄在 16 ~ 59 岁之间的劳动人口。

表 1-2　中国劳动参与率估计结果

文章	数据	时间跨度	劳动参与率
Feng et al.（2017）	全样本城镇家庭住户调查（UHS）	1988—1995 年	82.2%
		1995—2002 年	78.2%
		2002—2009 年	74.2%
Meng（2012）	RUMiCI 数据（Urban Survey）	2009 年	69.45%
Cai and Wang（2010）	国家统计局数据、中国人口统计年鉴数据、中国统计年鉴数据	1995—1999 年	71.2% ~ 75.9%
		2000—2004 年	64.0% ~ 69.4%

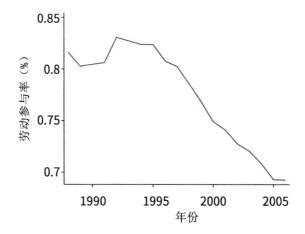

图 1-3　1988—2006 年中国城镇劳动参与率（Han et al.，2010）

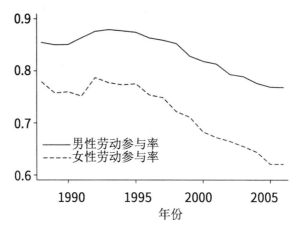

图 1-4　1988—2006 年中国城镇劳动参与率（男性和女性）（Han et al.，2010）

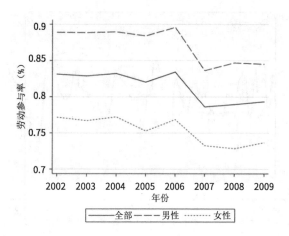

图 1–5　2002—2009 年中国城镇劳动参与率

1.3　劳动力市场的主要特征

受数据可得性制约，我们在本节使用美国的劳动力市场数据介绍劳动力市场的主要特征。

1.3.1　经济周期特征

劳动力市场的主要周期特征表现在两个方面。

（1）就业率呈现顺周期，失业率呈现逆周期。当经济向好，GDP 上升时，劳动力市场繁荣活跃，就业率高，失业率低。反之，当经济疲弱，GDP 下行时，劳动力市场衰弱，就业率低，失业率高。

图 1–6 对比了美国在 1949—2018 年的就业和 GDP 的周期波动数据。其中，浅色为就业的周期波动数据，深色为 GDP 的周期波动数据。我们可以清楚地看到，在长达 70 多年的时间里，就业表现出明显的顺周期特征。

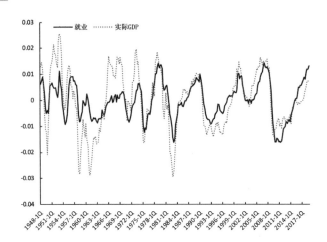

图 1-6　美国 1948—2018 年的就业与 GDP（周期波动部分）

（2）就业率和失业率的周期波动较大。以美国数据为例，图 1-7 对比了失业和劳动生产率在经济周期上的波动幅度。[①] 我们可以清楚地看到，失业率的波动幅度大概为劳动生产率的十倍左右。失业周期波动较大的特征十分稳健，现有文献基于不同国家数据，如加拿大（Zhang，2008）、意大利（Cardullo and Guerrazzi，2016）、日本（Miyamoto，2011）等，都对这一特征进行了描述，成为劳动力市场的典型事实。

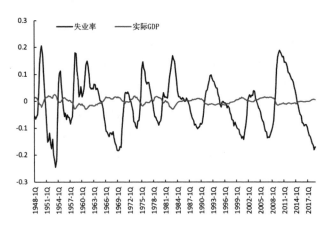

图 1-7　美国 1948—2018 年失业率与实际 GDP（周期波动部分）

---

① 图中的数据都采用 HP 滤波去除了各自的长期趋势部分。

1.3.2　贝弗里奇曲线

失业率 u 作为劳动力市场的核心变量，常常与空缺岗位数量 v 一起用来衡量劳动力市场的繁荣程度。文献中将空缺岗位数量和失业率的比重（v/u）称为劳动力市场紧度（Pissarides，2000）。在其他条件不变时，当 v/u 变高时，经济向好，劳动力市场越来越活跃，工人寻找工作容易，求职成功率变高；相反，当 v/u 走低时，经济疲弱，劳动力市场变得低迷，工人难以找到工作，求职成功率变低。

贝弗里奇曲线描述了劳动力市场中空缺岗位数与失业率之间的负相关关系。在图 1-8 中，岗位空缺率是空缺岗位与就业人数以及空缺岗位数之和的比重。我们可以清楚看到两者之间存在显著的负相关关系。

此外，图 1-8 还传递了一个重要的信息。从 2008—2009 年金融危机后，美国的贝弗里奇曲线向右移动。这意味着给定空缺岗位数量，失业率上升。这种现象反映了劳动力市场错配加深，即企业所需要的技能和求职工人所拥有的技能不匹配，导致劳动力市场匹配效率下降。

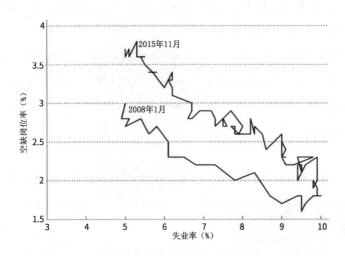

图 1-8　美国贝弗里奇曲线（Beveridge Curve）

参考文献

李实，邓曲恒，2004. 中国城镇失业率的重新估计［J］. 经济学动态（4）：44-47.

李哲，赵伟，2014. 信用交易与通货膨胀的福利损失：基于货币搜寻理论的视角［J］. 经济研究，49（10）：4-18.

彭青青，李宏彬，施新政，等，2017. 中国市场化过程中城镇女性劳动参与率变化趋势［J］. 金融研究（6）：33-49.

熊祖辕，喻东，2004. 中国失业问题的简便测量［J］. 统计研究（7）：56-58.

张车伟，2003. 失业率定义的国际比较及中国城镇失业率［J］. 世界经济，26（5）：47-54.

Albrecht J，Gautier P A，Vroman S，2015. Directed Search in the Housing Market［J］. Review of Economic Dynamics：218-231.

Burdett K，Coles M G，1997. Marriage and class［J］. The Quarterly Journal of Economics，112（1）：141-168.

Burdett K，Coles M G，1999. Long-term Partnership Formation：Marriage and Employment［J］. The Economic Journal，109（456）：F307-F334.

Cai F，Wang M，2010. Growth and structural changes in employment in transition China［J］. Journal of Comparative Economics，38（1）：71-81.

Cardullo G，Guerrazzi M，2016. The Cyclical Volatility of Equilibrium Unemployment and Vacancies：Evidence from Italy［J］. Labour，30（4）：433-454.

Duffie D，Garleanu N，Pedersen L H，2002. Securities Lending，Shorting，and Pricing［J］. Journal of Financial Economics，66（2-3）：307-339.

Duffie D, Gârleanu N, Pederson L H, 2005. Over-the-Counter Markets [J]. Econometrica (73): 1815-1847.

Feng S, Hu Y, Moffitt R, 2017. Long Run Trends in Unemployment and Labor Force Participation in Urban China [J]. Journal of Comparative Economics, 45 (2): 304-324.

Giles J, Park A, Zhang J, 2005. What is China's True Unemployment Rate? [J]. China Economic Review, 16 (2): 149-170.

Gu C, Mattesini F, Monnet C, et al., 2013. Banking: A New Monetarist Approach [J]. Review of Economic Studies (80): 636-662.

Han J, Zhang J, 2010. Wages, participation and unemployment in the economic transition of urban China [J]. Economics of Transition, 18 (3): 513-538.

Han J, Zhang J, 2010. Wages, Participation and Unemployment in the Economic Transition of Urban China [J]. Economics of Transition, 18 (3): 513-538.

He C, Wright R, Zhu Y, 2015. Housing and Liquidity [J]. Review of Economic Dynamics, 18 (3): 435-455.

Head A, Lloyd-Ellis H, Sun H, 2014. Search and the Dynamics of House Prices and Construction [J]. American Economic Review, 104 (4): 1172-1210.

Jovanovic B, 1982. Selection and the Evolution of Industry [J]. Econometrica: Journal of the econometric society: 649-670.

Jovanovic B, MacDonald G M, 1994. The Life Cycle of a Competitive Industry [J]. Journal of Political Economy, 102 (2): 322-347.

Kiyotaki N, Wright R, 1993. A Search-theoretic Approach to Monetary Economics [J]. The American Economic Review: 63-77.

Lagos R, Wright R, 2005. A Unified Framework for Monetary Theory and Policy Analysis [J]. Journal of Political Economy (113): 463-444.

Loughran D S, 2002. The Effect of Male Wage Inequality on Female Age at First Marriage [J]. Review of Economics and Statistics, 84 (2): 237-250.

Meng X, 2012. Labor market outcomes and reforms in China [J]. Journal of Economic Perspectives, 26 (4): 75-102.

Miyamoto H, 2011. Cyclical Behavior of Unemployment and Job Vacancies in Japan [J]. Japan and the World Economy, 23 (3): 214-225.

Mortensen D T, 1988. Matching: Finding a Partner for Life or Otherwise [J]. American Journal of Sociology (94): S215-S240.

Pissarides C A, 2000. Equilibrium Unemployment Theory [M]. 2nd edition. Blackwell Cambridge Mass.

Rocheteau G, Nosal E, 2017. Money, Payment, and Liquidity [M]. Cambridge, MA: MIT Press.

Rogerson R, Shimer R, 2011. Search in Macroeconomic Models of the Labor Market [J]. Handbook of Labor Economics (4): 619-700.

Rogerson R, Shimer R, Wright R, 2005. Search-theoretic Models of the Labor Market: A Survey [J]. Journal of Economic Literature, 43 (4): 959-988.

Salop S, 1977. The Noisy Monopolist: Imperfect Information, Price Dispersion and Price Discrimination [J]. The Review of Economic Studies, 44 (3): 393-406.

Shi S, 1995. Money and Prices: A Model of Search and Bargaining [J]. Journal of Economic Theory, 67 (2): 467-496.

Shimer R, Smith L, 2000. Assortative Matching and Search [J]. Econometrica, 68 (2): 343-369.

Tian X, Gong J, Zhang Y, 2018. The effects of job displacement on health: Evidence from the economic restructuring in urban China [J]. China Economic Review, 52: 136-150.

Trejos A，Wright R，1995．Search，Bargaining，Money，and Prices［J］．Journal of Political Economy，103（1）：118-141．

Weill P O，2007．Leaning Against the Wind［J］．Review of Economic Studies：74．

Zhang J，Xu L，Zhang H，2016．Uncovering the Truth about Chinese Urban Unemployment Rates：2005－2012［J］．China and World Economy，24（6）：1-18．

第 2 章　劳动搜寻理论的早期发展：
局部均衡模型

最早的搜寻模型出现在 20 世纪 60 年代晚期，代表著作为 J. McCall 在 1970 年发表于 *Quarterly Journal of Economics* 上的 "*Economics of Information and Job Search*"。自此以后，搜寻理论在劳动力市场领域得到广泛的应用和不断的发展。

按照模型的均衡性质划分，劳动搜寻理论可以大致分为两个发展阶段：局部均衡模型阶段和一般均衡模型阶段。本书大部分章节的理论框架均为一般均衡模型的延伸和发展。因此，本章侧重介绍劳动搜寻理论的早期理论——局部均衡模型，该模型为发展一般均衡模型打下了坚实的理论基础。

早期的劳动搜寻理论突出刻画工人的工作搜寻过程，企业在模型中扮演被动角色（passive role），也因为这样，我们称之为局部均衡模型。同时，因为模型没有刻画企业的经济决策，模型里只有工人的工作搜寻决策，不存在工人和企业之间的匹配过程。因此，早期的模型被称为工作搜寻模型。

下面，我们介绍工作搜寻模型的基本结构和主要结论。为了方便读者理解，我们按照循序渐进的方式，先以图表的方式介绍模型的基本结构和主要结论，再引入宏观模型。[①]

---

① 在模型讨论中，参考了 McCall（1970）、Pissarides（2000）及 Rogerson et al.（2005）等文献。

2.1　工作搜寻

劳动力市场里有两类工人，分别处于失业 U 和就业 E 的状态，总人数 $U+E$ 标准化为 1。为了简单起见，我们假设工人们除了就业状态不同，在其他方面不存在差异。对于任何工人来说，他或她的效用最优化目标为

$$\mathrm{EXP}\sum_{t=0}^{\infty}\beta^t x_t$$

其中，β 处于（0，1）之间，为折现因子；x_t 是第 t 期的收入。当工人处于就业状态时，其收入等于实际工资收入 w；当工人处于失业状态时，收入等于实际失业保险金 b。[①] 工资收入 w 在模型中是外生决定的，其大小反映了所从事工作本身的一系列特征，如工作的位置、福利和工作环境等。为了简化起见，我们假设 w 和 b 均为大小恒定的常数。

在劳动力市场中，就业工人从事生产劳动，并领取实际工资报酬 w。同时，他们也面临着失去工作的风险，这一事件发生的概率为 s。因此，每一期里，模型中有 $s(1-U)$ 的工人失去工作，从就业工人变为失业工人。我们将就业工人的预期贴现价值记为 $V_e(w)$，其大小包括了工人当期的工资收入和未来期里所有可能的就业状态下的收入总和。图 2-1 展示了预期贴现价值 $V_e(w)$ 随实际工资 w 的上升而上升。同时，$V_e(w)$ 函数呈现凹函数的特征，这是由效用函数边际效用递减的特征所决定的。

---

① 在搜寻理论中，b 是失业工人从事非市场活动所得到的价值，一般包括两个部分：1. 失业工人领取的失业保险金；2. 赋闲在家从事家务劳动的价值或闲暇价值等。但是，由于第二部分的价值很难度量（没有市场），文献一般采用狭义定义，将 b 解释为失业工人领取的法定失业保险金。

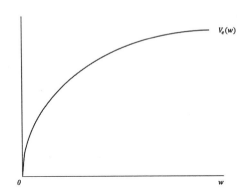

图 2-1 就业工人的预期贴现价值

就业工人预期贴现价值 $V_e(w)$ 的影响因素有以下两个。

（1） $V_e(w)$ 随离职概率 s 的增加而减少。当就业工人面临更高的离职概率时，就业风险增加，其所对应的价值随之下降。

（2） $V_e(w)$ 随工资税收的增加而减少。模型中虽然没有明确引入劳动所得税，但显而易见的是，当就业工人需要支付劳动所得税或者税收税率提高时，就业工人的可支配收入下降，就业所对应的价值随之下降。

失业工人在劳动力市场里寻找工作，每一个求职者面临着相同的独立同分布工资分布 $H(w)$。在每期里，失业工人领取失业保险金 b，他们找到工作的概率为 p。找到工作的工人从工资分布 $F(w)$ 中随机抽取工资水平 w，并决定是否接受工作机会。如果工人拒绝工作，该工人保持失业状态，在下一期继续寻找工作；如果工人接受工作，则成为就业工人，并在工作期间一直领取 w。我们将失业工人预期贴现价值记为 V_u，其大小包括了失业工人当期的失业保险金和未来期间里所有可能的就业状态下的收入总和。如图 2-2 所示，V_u 与就业工人当期的实际工资 w 无关，在图中为平行于 x 轴的水平线。

失业工人预期贴现价值 V_u 的影响因素有以下三个。

（1） V_u 随失业保险金 b 的上升而上升。当失业保障强度提高时，失业工人的收益变高，对应预期价值提高。

（2） V_u 随求职概率 p 的上升而上升。当失业者寻找工作变得更为容易时，失业工人的福利价值随之提高。

（3）V_u 随税收的提高而下降。当失业工人需要缴纳个人所得税时，失业工人的可支配收入下降，对应的预期价值随之下降。

2.2　保留工资

在工作搜寻模型中，工人最重要的经济决策在于工作机会的取舍问题。拒绝工作机会，意味着工人要继续寻找工作，并承担求职的不确定性，毕竟劳动力市场具有摩擦性，工作搜寻是个耗时费力的过程。但是，拒绝低薪的工作机会，意味着工人在未来可能找到更好的工作机会。如此一来，拒绝低薪工作机会带来短期失业和长期获得更高收益可能性之间的博弈（trade-off）。很明显，这一博弈中必定存在着一个工资水平使得失业工人在接受工作机会和拒绝工作两个选择之间的预期贴现效用相同，我们称该工资水平为保留工资，记为 w^*。图 2-2 展示了保留工资的示意图。如图所示，当 $V_e(w)=V_u$，即 $V_e(w)$ 曲线和 V_u 曲线相交时，保留工资水平得以决定。

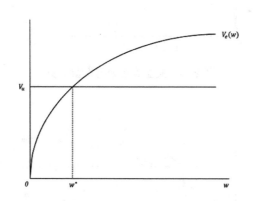

图 2-2　保留工资与接受工作机会的最优策略

具体来说，当失业工人从工资分布 $H(w)$ 中随机抽取的工资水平 w 低于保留工资 w^* 时，拒绝工作得到的福利 V_u 高于接受该工作得到的福利 $V_e(w)$；

与之相反，当随机抽取的工资水平 w 高于保留工资 w^* 时，接受该工作得到的福利 $V_e(w)$ 高于拒绝工作得到的福利 V_u。这样一来，工人接受工作的最优策略：当 $w < w^*$ 时，$V_e(w) < V_u$，最优决策为拒绝；当 $w \geqslant w^*$ 时，$V_e(w) \geqslant V_u$，最优决策为接受。

显而易见，在外来冲击下，$V_e(w)$ 和 V_u 的价值受到影响，保留工资的大小也会随之发生变化。比如，当失业保险金提高时，失业工人的福利上升，在其他条件不变的情况下，吸引工人接受工作的最低工资也随即上升（见图 2-3）。又如，当就业工人的个人收入所得税税率提高时，就业福利下降，在其他条件不变的情况下，就业的吸引力下降，保留工资 w^* 上升（见图 2-4）。

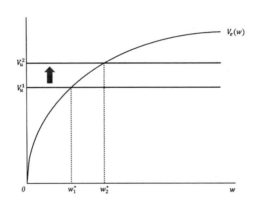

图 2-3　失业保险金与保留工资

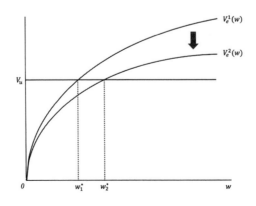

图 2-4　工资所得税与保留工资

2.3　均衡失业

按照上文所述的工人接受工作机会的策略，我们将失业工人接受工作的概率记为 $H(w^*)$，即 $H(w^*)=1-F(w^*)$。也就是说，失业工人随机抽取的工资 w 高于 w^* 的概率为 $H(w^*)$。这样一来，我们得到：在每一期里，$UpH(w^*)$ 的失业工人找到并接受工作机会成为就业工人。

模型均衡时，失业率保持不变。这意味着从就业状态进入失业状态的人数（公式左边）与从失业状态进入就业状态的人数（公式右边）相等，即

$$s(1-U)=UpH(w^*)$$

图 2-5 展示了给定 s，p 和保留工资 w^* 时的均衡失业。

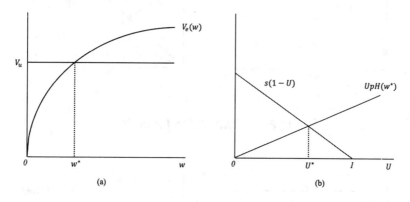

图 2-5　工作搜寻模型里的均衡失业

均衡失业率的影响因素有以下四个。

（1）U 随失业保险金 b 的上升而上升。当失业保障水平提高时，保留工资上升，失业工人拒绝工作机会的可能性提高，失业上升（见图 2-6）。

（2）U 随就业工资税率的上升而上升。类似地，当就业工人面临更高的税收压力时，保留工资上升，失业上升（见图 2-6）。[①]

（3）U 随离职率 s 的上升而上升。当就业工人离职压力变大时，保留

---

① 当就业工资税率上升时，$Ve(w)$ 降低，保留工资上升。

工资上升，失业上升（见图 2-6）。[①]

（4）U 随工作求职率 p 的上升而上升。当失业工人更容易找到工作时，给均衡失业带来两个不同方向的影响。一方面，如图 2-6 所示，求职更容易会推升保留工资，降低就业意愿，导致失业上升。另一方面，如图 2-7 所示，更高的求职率使得工人更容易找到工作，失业下降。当后者的影响效果占优时，失业率总体呈现下降势头。

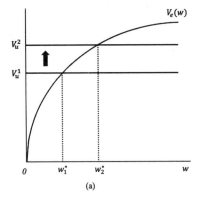
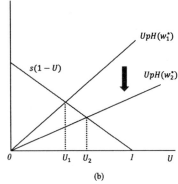

图 2-6　失业保险金与均衡失业

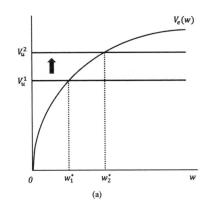
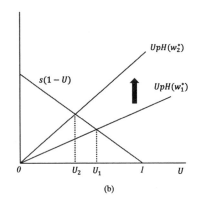

图 2-7　工作求职率与均衡失业

---

① 当离职率 s 上升时，$Ve(w)$ 降低，保留工资上升。

2.4　局部均衡理论模型

有了上文的理论铺垫，我们接下来正式介绍工作搜寻理论模型。在模型部分，我们使用连续时间。

2.4.1　基准模型

就业工人和失业工人的预期贴现价值可以分别用以下贝尔曼方程描述：

$$rV_e(w) = w + s(V_u - V_e(w)) \tag{2-1}$$

$$rV_u = b + p\int_0^\infty \max\{0,\ V_e(w) - V_u\}\mathrm{d}F(w) \tag{2-2}$$

$$rV_u = b + p\int_{w^*}^\infty (V_e(w) - V_u)\ \mathrm{d}F(w) \tag{2-3}$$

公式（2-1）的经济学含义：就业工人当期领取实际工资 w，在下一期，工人如果失去工作，其预期贴现价值将减少 $(V_e(w) - V_u)$，这一事件发生的概率为 s。类似地，公式（2-2）表明，失业工人在当期领取失业保险金 b，在下一期，工人如果找到工作（概率为 p），一旦接受该工作机会，工人的预期贴现价值将实现增值，增值大小为 $(V_e(w) - V_u)$；否则，工人保持失业，预期贴现价值增值为零。由上文分析，我们知道失业工人只有在随机抽取的工资水平高于保留工资 w^* 时才会接受工作机会。将这一策略代入公式（2-2），经过化简得到公式（2-3）。

保留工资：在工资水平 w 等于保留工资时，失业工人对于接受或拒绝工作机会是无差异的。由此，我们得到

$$V_e(w^*) = V_u \tag{2-4}$$

将公式（2-4）代入公式（2-1）和（2-3），我们得到

$$V_e(w) - V_u = \frac{(w - w^*)}{(r + s)}$$

将这一结果代入公式（2-3），得到

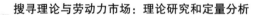

$$rV_u = b + p\int_{w^*}^{\infty}\left(\frac{w-w^*}{r+s}\right)\mathrm{d}F(w)$$

$$= b + \frac{p}{r+s}\int_{w^*}^{\infty}(w-w^*)\,\mathrm{d}F(w)$$

在 $w=w^*$ 时，$rV_e(w^*)=w^*$。同时，$rV_u=rV_e(w^*)$ 成立。因此，我们得到

$$w^* = b + \frac{p}{r+s}\int_{w^*}^{\infty}(w-w^*)\,\mathrm{d}F(w) \tag{2-5}$$

进一步化简，得到

$$w^* = b + \frac{p}{r+s}\int_{w^*}^{\infty}(1-F(w))\,\mathrm{d}w \tag{2-6}$$

显而易见，公式（2-6）表明保留工资的主要影响因素如下：

（1）w^* 随失业保险金 b 的上升而上升；

（2）w^* 随工作求职率 p 的上升而上升；

（3）w^* 随就业工资所得税税率的上升而上升。

均衡失业率：在模型中，每一期里失业的变化为

$$\dot{U} = s(1-U) - p(1-F(w^*))U$$

均衡时，失业率保持不变，即 $\dot{U}=0$。我们得到

$$U^* = \frac{s}{s+p(1-F(w^*))}$$

2.4.2 在职工作搜寻

在职工作搜寻是劳动力市场中常见的现象。在这一搜寻方式下，工人不经历失业状态，顺利从一个雇主变动到另一个雇主，实现工作的转换。在局部工作搜寻模型中，如果引入这种搜寻方式，就业工人的贝尔曼方程改写为

$$rV_e(w) = w + p_1\int_0^{\infty}\max\{V_e(w')-V_e(w),\,0\}\mathrm{d}F(w') + s(V_u-V_e(w)) \tag{2-7}$$

公式（2-7）中的 p_1 是就业工人的工作求职概率。对于就业工人而言，每一期里他们获得一个新的工作机会（概率为 p_1），该工作机会对应的工资为从工资分布 $F(w)$ 中随机抽取的工资 w'。工人在新工资 w' 决定后选

择是否接受新的工作机会。很明显，就业工人只会在 w' 高于当前工资水平 w 时接受新工作。由此，公式（2-7）可以简化为

$$rV_e(w)=w+p_1\int_w^\infty (V_e(w')-V_e(w))\mathrm{d}F(w')+s(V_u-V_e(w))$$

类似地，失业工人的贝尔曼方程改写为

$$rU=b+p_0\int_{w^*}^\infty (V_e(w)-V_u)\,\mathrm{d}F(w) \tag{2-8}$$

其中，p_0 是失业工人的工作求职概率。

保留工资的求解和基准模型类似。在保留工资水平上，我们有 $V_e(w^*)=V_u$。我们将 $w=w^*$ 代入公式（2-7），联合公式（2-8），得到

$$w^*=b+(p_0-p_1)\int_{w^*}^\infty (V_e(w')-V_e(w^*))\mathrm{d}F(w') \tag{2-9}$$

公式（2-9）可以看到，只有当 $p_0>p_1$ 时，我们才能得到 $w^*>b$。这意味着：当就业时的求职率高于失业时的求职率时，失业工人会接受比失业保险金更低的工作机会，以换取就业后更多的工作机会。这是一个很有趣的结果，解释了现实生活中一部分求职者宁愿接受低于心理预期的工作，然后"骑驴找马"，在工作中通过跳槽，找寻更好的工作机会的现象。

由公式（2-7），得到 $V'_e(w)=[r+s+p_1(1-F(w))]^{-1}$，代入公式（2-9），我们得到保留工资的解析解：

$$w^*=b+(p_0-p_1)\int_{w^*}^\infty \frac{1-F(w)}{r+s+p_1(1-F(w))}\,\mathrm{d}w \tag{2-10}$$

由公式（2-10），我们可以得到以下三点结论。

（1）当 $p_1=0$ 时，在职工作搜寻的概率为 0，模型简化成为基准模型，结论与基准模型结果相同。

（2）基准模型中关于保留工资的特征在允许在职搜寻模型中仍然成立。比如，保留工资随失业保险金的上升而提高等。

（3）此外，在职搜寻模型还得到一些新的理论结论。比如，当保留工资由于失业保险金的提高而上升时，失业工人工作搜寻变得更为挑剔，

就业工人的在职搜寻也会减少。因此，我们得到一个十分重要的结论：失业保险金的提升将会降低劳动力市场的就业状态波动。

2.5 失业保险对均衡失业影响机制的进一步讨论

失业保险政策对失业的影响研究一直是研究的焦点。从上文的分析中，我们看到失业保险金对失业的影响主要来自其对保留工资的影响。但是，现有文献中失业保险对失业的影响还来自其他机制，如 Blanchard 和 Portugal（2001）发现葡萄牙实施的失业保障法律使得企业的雇佣成本大幅提高，从而降低了企业创造岗位的意愿，造成高失业率，是该国失业率居高不下的重要原因。此外，Nakajima（2012）发现美国在 2008—2009 年金融危机期间，大幅延长失业保险金领取时间导致失业工人工作搜寻强度（search intensity）降低。其模拟结果表明，这一因素导致失业率提高了 1.4 个百分点。

近年来，大量研究定量分析了针对 COVID-19（Corona Virus Disease 2019）的干预政策对失业的影响。其中，Fang 等（2020）定量研究了美国在 2020 年应对 COVID-19 对经济带来的巨大负向冲击而提出的 CARES 法案对失业的影响。在 CARES 法案下，失业保险金在三个维度上大幅提高了对失业工人的保障力度：一是延长失业保险领取时间 13 周（新冠大流行紧急失业补助，PEUC）；二是增加每周失业保险金 600 美金（联邦新冠大流行失业补助，FPUC）；三是扩大失业保险金发放范围，将很多没有失业保险金领取资格的失业工人纳入保障范围（Pandemic Unemployment Assistance，PUA）。Fang 等（2020）的定量研究结果发现，失业保险金制度大幅提高对失业工人的保障力度使得 2020 年 4 月至 12 月美国平均失业率提高了 3.8 个百分点，远高于没有失业福利金救助时的预期失业率（11%）。其中，1.8 个百分点来源于失业保障提高了隔离政策实施力度。此外，他们对 CARES 法案中三个维度的保障变动做了分解研究，发现扩大失业保险金的发放范围是推高失业的主要原因。

参考文献

Blanchard O，Portugal P，2001．What Hides behind an Unemployment Rate：Comparing Portuguese and U．S．Labor Markets［J］．American Economic Review，91（1）：187–207．

Fang L，Nie J，Xie Z，2020．Unemployment Insurance during a Pandemic［D］．Working Paper．

McCall J，1970．Economics of Information and Job Search［J］．The Quarterly Journal of Economics，84（1）：113–126．

Nakajima M，2012．A Quantitative Analysis of Unemployment Benefit Extensions［J］．Journal of Monetary Economics，59（7）：686–702．

Pissarides C，2000．Equilibrium Unemployment Theory［M］．Cambridge，MA：MIT Press．

Rogerson R，Shimer R，Wright R，2005．Search–theoretic Models of the Labor Market：A Survey［J］．Journal of Economic Literature，43（4）：959–988．

第3章　戴蒙德－莫特森－皮萨里德斯搜寻匹配模型

　　本章介绍劳动搜寻模型中的一般均衡模型。不同于早期的工作搜寻模型，一般均衡模型中，企业成为经济决策主体，其决策包括劳动力市场进入、劳动力市场搜寻、与工人匹配建立劳动雇佣关系及工资定价等方面。我们将侧重介绍戴蒙德－莫特森－皮萨里德斯搜寻匹配模型（Diamond–Mortensen–Pissarides search and matching model，以下简称 DMP 搜寻匹配模型）。这一经典模型的名字来自三位在该领域做出卓越贡献，并获得 2010 年诺贝尔经济学奖的经济学家。他们分别是麻省理工学院的彼得·戴蒙德（Peter A. Diamond）、西北大学的戴尔·莫腾森（Dale T. Mortensen）和伦敦政治经济学院的克里斯托弗·皮萨里得斯（Christopher A. Pissarides）。

　　本章仍然使用连续时间模型。在 3.1 节～ 3.6 节里，我们先讲述工人和企业在劳动力市场中随机搜寻（random search）的 DMP 模型，主要的参考文献为 Pissarides（1985, 2000）和 Rogerson 等（2005）。在 3.7 节里，我们介绍定向搜寻（directed search）模型，主要的参考文献为 Michael Peters（1984, 1991），Shimer（1996），Espen R. Moen（1997）及 Wright 等（2021）。

3.1　随机搜寻和匹配

　　DMP 搜寻匹配模型清晰地回答了两个劳动力市场中的关键问题：工人和企业是如何匹配到一起的？均衡工资是如何决定的？对于这两个问题，DMP 模型的解释：借助一个外生的匹配方程，工人与企业以对工资进行讨价还价（bargain）的议价方式，将劳动力市场中的失业工人和拥有空缺岗位的企业匹配到一起。

　　不同于以工作搜寻模型为代表的局部均衡模型，在 DMP 模型里，企业有着丰富的经济行为。其中，最为重要的企业决策是岗位创造行为。假设企业在每一期里创建的工作岗位数量为 v，失业工人数量为 u。拥有空缺岗位的企业和寻找工作机会的失业工人构成了劳动力市场的劳动需求方和劳动供给方，双方在市场中随机搜寻对方，以期形成匹配，组成劳动雇佣关系。DMP 模型假设劳动力市场双方的匹配过程通过一个外生的匹配方程 $M(u, v)$ 来刻画。匹配方程 M 具有以下特征：（1）$M(u, v)$ 是连续的，非负的，随着 u 和 v 的增加而增加，并呈现随 u 和 v 的增加而边际收益递减的特征（concave）；（2）对于所有 (u, v) 来说，匹配方程 M 满足 $M(0, v) = M(0, u) = 0$；（3）$M(u, v)$ 满足边际报酬不变的性质，[①] 即 $\lambda M(u, v) = M(\lambda u, \lambda v)$。在每一期里，失业工人 u 和岗位 v 形成 $m = M(u, v)$ 个工人－企业匹配。把空缺岗位和失业工人之比记作 θ（$\theta = v/u$），θ 反映了劳动力市场的紧度或繁荣程度。由其定义可知，θ 高时（岗位数相对失业人数多），劳动力市场繁荣，企业劳动需求旺盛，失业率低；反之，θ 低时（岗位数相对失业人数少），劳动力市场低迷，用工需求萎缩，失业率高。我们用 f 标记工人的工作搜寻概率，用 q 标记企业的岗位搜寻概率，得到

---

　　① 大量文献为 $M(u, v)$ 的性质提供了实证依据，详见 Petrongolo 和 issarides（2001）的文献综述。

$$f=\frac{M(u,v)}{u}=M(1,\theta) \tag{3-1}$$

$$q=\frac{M(u,v)}{v}=M\left(\frac{1}{\theta},1\right) \tag{3-2}$$

由匹配方程 M 边际报酬不变的性质，得到

$$q(\theta)=\frac{f(\theta)}{\theta} \tag{3-3}$$

由公式（3-1），（3-2）可见，工人和企业的搜寻概率都依赖于劳动力市场紧度 θ。其中，工人的工作搜寻概率与 θ 正相关，即 θ 越大，工人找到工作的概率越高。与之相反，企业的搜寻概率与 θ 负相关，即 θ 越大，企业找到工人填补岗位的概率越低。公式（3-3）反映了劳动力市场双方搜寻概率之间存在着负相关关系。

3.2 工人和企业的经济行为

DMP 模型假设工人具有风险中性偏好，永续生存。失业工人领取失业保险金，在劳动力市场中随机搜寻工作机会，每期里找到工作的概率为 $f(\theta)$。就业工人进行生产活动，每期的实际产出为 y，领取实际工资 w。就业期间，每期里工人失去工作的概率为 s。不同于局部均衡模型，DMP 模型中的工作搜寻概率 $f(\theta)$ 和工资 w 都是内生决定的，而非外生参数或从外生工资分布中随机抽取的。我们在下文中将具体讲述工资的决定机制。

将就业工人的预期贴现价值记作 W，失业工人的预期贴现价值记作 U。两类工人的预期贴现价值分别满足（贝尔曼方程）：

$$rW=w+s(U-W) \tag{3-4}$$

$$rU=b+f(\theta)(W-U) \tag{3-5}$$

接下来，我们考虑企业的经济行为。DMP 模型中，企业的偏好为风险中性。企业分为以下两类。一类是已经和工人匹配，正在进行生产的企业，我们称之为存续企业（existing firms）。这类企业每期的产出为 y，向工人支付实际工资 w，面临着匹配解散的风险，其发生概率为 s。另一类是决

定是否进入劳动力市场创建新工作岗位的企业。如果企业决定进入市场创建岗位，我们称之为新进入市场企业（new firms）。为创建工作岗位，新企业需要支付实际成本 c，用于招聘工人或给工人进行岗前培训等用途。新企业在劳动力市场中随机搜寻工人，每期成功与工人匹配的概率为 $q(\theta)$。将存续企业的预期贴现价值记作 J，新进入市场企业的预期贴现价值记作 V。两类企业的预期贴现价值分别满足（贝尔曼方程）：

$$rJ = y - w + s(V - J) \qquad (3-6)$$

$$rV = -c + q(\theta)(J - V) \qquad (3-7)$$

DMP 搜寻匹配模型假设企业在劳动力市场自由进出，这意味着新进入市场的企业的预期贴现价值在均衡时为零，即

$$rV = -c + q(\theta)(J - V) = 0$$

化简得到

$$c = q(\theta)J \qquad (3-8)$$

式（3-8）表明，在模型均衡中，企业创建新的工作岗位所耗费的实际成本刚好与企业进入市场通过与工人形成雇佣关系所得到的预期贴现收益相等。

3.3　工资定价

DMP 模型假设工人和企业在匹配成功后就工资收入进行双边谈判（bilateral bargain）。我们不难看出失业工人从建立劳动雇佣关系（即就业）中得到的预期收益增值为 $(W - U)$，企业从雇佣工人进行生产中得到的预期收益增值为 $(J - V)$。由此，工人 - 企业匹配的共同预期收益 S 可以表达为

$$S = W - U + J - V \qquad (3-9)$$

其中，在均衡时，$V = 0$。

假设工人在工资双边谈判中的议价地位为 β，按照一般条件下的纳什

讨价还价（generalized nash bargaining rule）方式，[①] 工人和企业将制定一个工资水平 w，使得各自从建立劳动雇佣关系中得到的预期收益增值满足以下纳什讨价还价条件：

$$w \in \arg\max \ (W-U)^{\beta}(J-V)^{1-\beta} \tag{3-10}$$

其中，预期贴现价值 W，U，J，V 在公式（3-4）~（3-7）里定义。

在均衡时，工人和企业的工资谈判将选择一个工资 w，满足以下两个条件：首先，工人和企业各自从建立劳动关系中获得正的预期收益增量；其次，工人和企业从建立劳动关系所形成的共同预期收益 S 中获得与其工资议价地位相一致的收益，即

$$W-U=\beta S$$

$$J=(1-\beta)S \tag{3-11}$$

如此一来，我们得到均衡工资的解析解：

$$w=y-(r+s)(1-\beta)S \tag{3-12}$$

其中，有

$$S=\frac{y-b}{r+s+\beta f(\theta)} \tag{3-13}$$

均衡时，失业率保持不变，这意味着进入失业状态的人数和离开失业状态的人数相等。我们得到均衡失业率：

$$u^{*}=\frac{s}{f(\theta)+s} \tag{3-14}$$

3.4　模型均衡和基本性质

模型均衡可以由劳动力市场自由进出条件式（3-8）和工人－企业匹配的共同预期收益 S 式（3-13）形成的方程组概括。

---

① Rogerson 等（2005）对 DMP 模型中的工资定价方式提供了更为丰富更加细致的讨论，请参见其第四章。

为了更为清楚地展示模型均衡，我们将式（3-3）代入式（3-8），得到

$$c\theta = (1-\beta)f(\theta)S \qquad\qquad (3\text{-}15)$$

式（3-15）表明劳动力市场紧度 θ 和工人 – 企业匹配的共同预期收益 S 之间存在着正相关的关系，我们称之为 JC 曲线（job creation，岗位创建）。其经济学含义为，当劳动力市场紧度变大时（θ 变大），企业与工人成功匹配的概率 $q(\theta) = \dfrac{f(\theta)}{\theta}$ 变小。为了支付固定的市场进入成本 c，企业所需要的共同预期收益 S 提高。图 3-1 展示了在岗位创建活动中 θ 和 S 之间存在的正相关关系。

将式（3-15）代入公式（3-13）中，得到

$$S = \frac{y-b-\beta(1-\beta)^{-1}c\theta}{r+s} \qquad\qquad (3\text{-}16)$$

公式（3-16）表明 θ 和 S 之间存在着负相关的关系，我们称之为 MV 曲线（match value，匹配收益）。顾名思义，当市场紧度变大时（θ 变大），工人成功找到工作机会的概率 $f(\theta)$ 变大，这使得他们在工资谈判中的议价地位提高，从而降低了共同预期贴现收益 S。图 3-1 展示了 θ 和 S 之间存在的负相关关系。

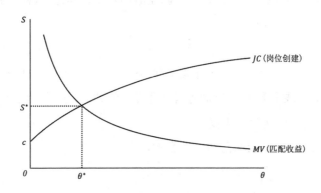

图 3-1 模型均衡

很明显，JC 曲线和 MV 曲线的交点定义了模型均衡 $\{\theta^*, S^*\}$。在得

到 $\{\theta^*, S^*\}$ 的解后，我们可以通过式（3-1）、式（3-2）求解工人和企业的搜寻概率 $f(\theta^*)$ 和 $q(\theta^*)$，通过式（3-12）得到均衡工资 w^*，通过式（3-14）得到均衡失业率 u^*。

通过 JC 曲线和 MV 曲线（式 3-15 和式 3-16），我们可以看到模型均衡的主要影响因素如下。

市场进入成本 c：当 c 提高时，劳动力市场紧度降低，共同预期贴现匹配收益 S 上升。其经济学直觉是，当 c 提高时，给定匹配收益 S，企业的岗位创建活动因成本上扬而受到制约（JC 曲线上升），岗位下降，劳动力市场紧度（或活跃程度）下降，一般均衡效应导致匹配收益 S 上升。

工人的工资议价地位 β：当 β 提高时，劳动力市场紧度降低，共同预期贴现匹配收益下降。其经济学直觉是，当 β 提高时，给定劳动力市场紧度 θ，工人更高的议价地位使得企业需要支付更高的工资，从而导致匹配收益 S 下降（MV 曲线下降），企业的岗位创建活动因利润下降而受到抑制，岗位下降，劳动力市场紧度下降。

失业保险金 b：当 b 提高时，劳动力市场紧度降低，共同预期贴现匹配收益下降。其经济学直觉与 β 提高时十分接近。当 b 提高时，给定劳动力市场紧度 θ，工人更好的失业保障使得企业的工资成本上升，匹配收益 S 下降（MV 曲线下降），企业岗位创建活动减弱，岗位下降，劳动力市场紧度下降。

劳动产出 y：当 y 提高时，劳动力市场紧度上升，共同预期贴现匹配收益上升。此时，给定劳动力市场紧度 θ，更高的劳动产出使得匹配收益 S 上升（MV 曲线上升），企业利润上升带来强劲的岗位创建活动，岗位数量上升，劳动力市场紧度走高。

图 3-2 总结了模型均衡的主要影响因素。

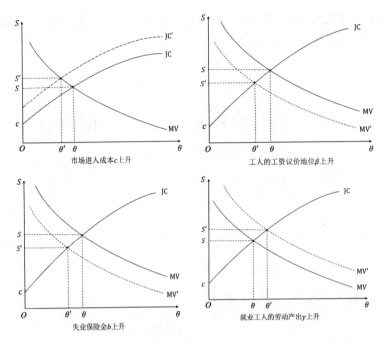

图 3-2　DMP 模型均衡的主要影响因素

3.5　效率

接下来，我们讨论模型的效率问题。具体来说，我们要考察的是，当以所有经济主体（工人和企业）效用最大化（utility maximization）为经济目标时，模型的均衡解是否实现了帕累托最优（Pareto optimality）？为了简化分析，我们在这一节里使用静态模型，即模型期数为一期[1]，其主要结论在动态模型中依然成立。

将经济主体的效用函数记作 $\widetilde{W}$。基于 DMP 模型中经济主体的偏好均为风险中性，效用函数 $\widetilde{W}$ 等于就业工人的劳动产出和失业工人领取的失业保险金的总和，再扣除创建岗位所发生的实际成本，即 $\widetilde{W} = -v(u)c + ub +$

---

[1]　另参见韩晗（2019）。

（$1-u$）y。因此，社会计划者（social planner）的最优化问题为选择失业率 u 使得整体经济效用实现最大化：

$$\max_{u} \widetilde{W} = -v(u)c + ub + (1-u)y \tag{3-17}$$

$$\text{s.t } M(u, v) = (1-u)s \tag{3-18}$$

其中，式（3-18）是劳动力市场均衡条件。由式（3-18）可得

$$M_u + M_v v'(u) = -s$$

因此，我们得到

$$v'(u) = \frac{-(M_u+s)}{M_v} < 0 \tag{3-19}$$

更进一步，效用最大化问题（3-17）的一阶条件（first order condition）为

$$\text{FOC}: \frac{\partial \widetilde{W}}{\partial u} = -v'(u)c + b - y = 0 \tag{3-20}$$

将式（3-19）代入式（3-20）得到

$$c = \frac{(y-b)M_v}{M_u+s} \tag{3-21}$$

结合劳动力市场自由进出条件式（3-15），我们得到

$$\frac{(y-b)M_v}{M_u+s} = (1-\beta)q(\theta)S$$

将式（3-2）代入上式得到

$$\frac{(y-b)M_v}{M_u+s} = (1-\beta)\frac{M}{v(u)}S \tag{3-22}$$

由式（3-13），匹配收益为

$$S = \frac{y-b}{r+s+\beta f(\theta)}$$

代入式（3-22）得到

$$\frac{(y-b)M_v}{M_u+s} = \frac{(1-\beta)M}{v(u)} \cdot \frac{y-b}{r+s+\beta f(\theta)} \tag{3-23}$$

在静态模型里，$r \to 0$，化简得

$$\frac{M_v}{M_u+s} = \frac{(1-\beta)M}{v(u)(s+\beta f(\theta))}$$

将式（3-1）代入上式，得到

$$\frac{M_v}{M_u+s} = \frac{(1-\beta)\dfrac{M}{v}}{\beta\dfrac{M}{u}+s} \qquad (3-24)$$

由式（3-24），我们得到，当 β 满足下列条件时，模型均衡与社会计划者的最优化问题的解相一致，即模型均衡实现了帕累托最优。

$$1-\beta=\frac{\dfrac{\partial M}{\partial v}}{\dfrac{M}{v}}=\frac{\dfrac{\partial M}{M}}{\dfrac{\partial v}{v}}=\varepsilon_{M,v} \qquad (3-25)$$

$$\beta=\frac{\dfrac{\partial M}{\partial u}}{\dfrac{M}{u}}=\frac{\dfrac{\partial M}{M}}{\dfrac{\partial u}{u}}=\varepsilon_{M,u} \qquad (3-26)$$

其中，$\varepsilon_{M,v}$ 和 $\varepsilon_{M,u}$ 分别是企业（或岗位）和失业工人的匹配弹性，用来度量劳动力市场中岗位数量和失业人数各自对形成工人 – 企业匹配的贡献。

式（3-25）、式（3-26）就是著名的 Hosios 条件（Hosios condition）。[1] 在以工资双边议价为特征的 DMP 模型中，模型均衡在 Hosios 条件下可以实现帕累托最优：工人和企业按照各自对形成工人 – 企业匹配的贡献来分配共同匹配收益。比如，当企业对于促成匹配的贡献较大时，企业应该从共同匹配收益中得到更多的份额（即更高的利润）。

Hosios 条件的核心思想在于，实现激励企业的岗位创建活动和企业的市场进入行为所带来的拥堵效应之间的动态平衡。具体来说，企业进入市场带来正、负两个方面的影响。一方面，企业创建工作岗位，会使得劳动力市场中岗位数增加，市场活跃程度上升（θ 上升），工人求职机会增加。另一方面，企业的市场进入也带来负向的拥堵效应。更多的企业进入市场，意味着企业之间竞争有限数量的求职工人的程度加深，这将导致企业的匹

---

[1]　关于 Hosios 条件的更多细节，请参见 Hosios（1990）。

配概率下降，搜寻时间和成本上升。与此同时，工人求职机会的增加使得企业在工资议价中处于劣势，导致利润下降。这些影响共同作用，将会抑制企业的岗位创建活动。Hosios 条件要求工人和企业按照各自对形成工人 – 企业匹配的贡献来分配共同匹配收益，从而实现上述两个方面问题的动态平衡。

3.6　工人的异质性

在现实中，由于无法观察到的一些工人特征（如偏好），当可观察特征完全相同的工人从事相同的工作时，其劳动生产率可能存在差异。这种差异可能来自于工人不可观察的个体特征（如工作偏好）与所从事的工作之间所产生的与匹配相关的劳动生产率的差别，文献称之为 match-specific productivity。

在这一小节里，我们在 DMP 模型中引入 match-specific productivity（即工人的异质性），并考察工人异质性是如何改变 DMP 模型的主要结论和特征的。具体来说，在工人与企业成功匹配后，我们允许工人从外生的劳动生产率分布函数 $F(y)$ 中随机抽取一个劳动生产率值 y，并决定是否接受这一工作机会。如果工作被接受，y 在工人 – 企业存续期间保持不变；否则，工人继续寻找工作。与第 2 章的工作搜寻模型类似，这里也存在一个内生的阈值 y_R，使得失业工人的预期贴现价值在阈值 y_R 下接受或不接受工作机会无差异。

在存在 match-specific productivity 的模型环境下，y 成为模型的状态变量（state variable），所有内生变量都是 y 的函数，随 y 取值的不同而不同。由此，我们将就业工人的预期贴现价值记作 W_y，失业工人的预期贴现价值记作 U，存续企业的预期贴现价值记作 J_y，工人 – 企业共同匹配收益记作 S_y，就业工人工资记作 w_y。我们得到以下贝尔曼方程：

$$rW_y = w_y + s\left(U - W_y\right) \tag{3-27}$$

$$rU=b+f(\theta)\int_{y_R}^{\infty}(W_y-U)\,dF(y) \qquad (3-28)$$

$$rJ_y=y-w_y-sJ_y \qquad (3-29)$$

$$c=q(\theta)\int_{y_R}^{\infty}J_y dF(y) \qquad (3-30)$$

$$S_y=W_y-U+J_y \qquad (3-31)$$

需要指出的是，式（3-28）里，我们看到在 match-specific productivity 的模型里，工人与企业是否能够成功匹配形成劳动关系由工作搜寻概率 $f(\theta)$ 和劳动生产率阈值 y_R 共同决定。前者决定工人找到工作机会的概率，后者决定工人接受工作机会的概率。

运用一般条件下的纳什工资议价结论，式（3-28）和式（3-30）可以简化为

$$rU=b+f(\theta)\beta\int_{y_R}^{\infty}S_y dF(y) \qquad (3-32)$$

$$c=q(\theta)(1-\beta)\int_{y_R}^{\infty}S_y dF(y) \qquad (3-33)$$

由式（3-27）~式（3-31），我们得到

$$(r+s)S_y=y-rU \qquad (3-34)$$

由式（3-32）和式（3-33），我们得到

$$\frac{rU-b}{f(\theta)\beta}=\frac{c\theta}{f(\theta)(1-\beta)}$$

由此，我们解出

$$rU=b+\frac{c\theta\beta}{1-\beta}$$

将其代入式（3-34），我们得到

$$S_y=\frac{y-b-c\theta\beta(1-\beta)^{-1}}{r+s} \qquad (3-35)$$

由式（3-29），我们得到工资满足

$$w_y=y-(r+s)(1-\beta)S_y \qquad (3-36)$$

在 $y=y_R$ 时，$S_y=0$。由此，我们有

$$y_R = b + c\,\theta\beta\,(1-\beta)^{-1} \tag{3-37}$$

代入式（3-35），我们得到

$$S_y = \frac{y - y_R}{r + s} \tag{3-38}$$

将式（3-38）代入式（3-33），我们得到

$$c = q(\theta)(1-\beta)\int_{y_R}^{\infty} \frac{(y - y_R)}{(r+s)}\,\mathrm{d}F(y)$$

化简得到

$$\frac{(r+s)c\theta}{f(\theta)} = (1-\beta)\int_{y_R}^{\infty}(y - y_R)\,\mathrm{d}F(y) \tag{3-39}$$

式（3-37）反映了 θ 和 y_R 之间存在的正相关关系，即在劳动力市场紧度提高时，劳动生产率阈值 y_R 提高。其经济学直觉解释是，在较高的劳动力市场紧度条件下，工人更容易找到工作（$f(\theta)$ 高）。如果工作机会对应的劳动生产率 y 较低，因为工人的工资收入随着劳动生产率的降低而降低（见式（3-36）），他们拒绝工作的可能性较大。

式（3-39）反映了 θ 和 y_R 之间存在的负相关的关系，即劳动生产率阈值 y_R 上升时，劳动力市场紧度下降。其经济学直觉解释是，当劳动生产率阈值 y_R 上升时，工人对于工作机会更为挑剔，为了吸引工人工作，企业需要支付更高的工资，导致企业利润下降，岗位创建活动疲弱，劳动力市场紧度下降。

由此，模型的唯一均衡解 $\{\theta, y_R\}$ 可以由式（3-37）和式（3-39）解出，模型的其他内生变量可以随后依次求解出来。比如，工人和企业的搜寻概率 $f(\theta)$ 和 $q(\theta)$，以及匹配收益 S_y 和 w_y 工资等。

类似地，我们可以得到如下模型均衡的基本性质：

（1）当市场进入成本 c 提高时，劳动生产率阈值 y_R 上升，劳动力市场紧度降低；

（2）当工人的工资议价地位 β 提高时，劳动生产率阈值 y_R 上升，劳动力市场紧度降低；

（3）当失业保险金 b 提高时，劳动生产率阈值 y_R 上升，劳动力市场紧度降低。

这些结论的经济学直觉是，当 c 提高时，市场自由进出条件意味着企业需要得到更高的匹配收益才能支付高昂的市场进入成本。所以，劳动生产率阈值 y_R 上升，工人的工作接受概率下降，企业岗位创建意愿下降，市场紧度降低。当 β，b 提高时，工人的就业机会成本提高，对于工作机会的挑剔度上升，从而使得劳动生产率阈值 y_R 上升，企业利润下降，岗位创建活动受到抑制，市场紧度下降。

3.7　定向搜寻和工资张贴模型

在本章的最后，我们介绍定向搜寻和工资张贴模型（directed search and wage posting），该模型源于 Michael Peters（1984，1991），Shimer（1996）和 Espen R. Moen（1997）的经典文献，在文献里被称为"竞争搜寻（competitive search）模型"。因为本书大部分章节内容建立在 DMP 搜寻匹配模型的理论框架之上，因此我们在本节仅简要讲述定向搜寻理论的基准模型[①]。

顾名思义，定向搜寻和工资张贴模型的核心元素为两点：一个是"定向搜寻"，强调求职工人在劳动力市场的不同子市场里求职，而非在一个单一市场里随机搜寻工作机会；另一个是"工资张贴"，强调工资定价并非建立在工人 – 企业的双边谈判，而是企业在招聘广告中张贴工资水平。在定向搜寻模型里，搜寻过程分为两个阶段：首先，企业张贴涵盖工资等重要招聘信息的广告，劳动力市场按广告内容（如工资水平）划分为若干子市场；其次，求职工人观察到广告信息（如工资）后选择进入某个子市场搜寻工作机会，"定向"搜寻由此得名。

---

① Wright 等（2021）对竞争搜寻模型的发展、演变和应用做了详尽的文献综述和讲解，有兴趣的读者可以参考阅读。

定向搜寻的一个明显特征：工资的高低将决定该子市场的劳动力市场紧度（岗位和求职工人之比），进而决定劳动力市场双方的搜寻概率。具体来说，当工资 w 高时，更多的工人会被高工资吸引进入该子市场，导致劳动力市场紧度下降，工人们之间竞争有限的岗位，求职难度加大。因此，高工资和低求职成功率之间形成了内在博弈，需要工人进行最优决策，选择进入合适的市场。对于企业来说，张贴更高工资，意味着更高的用工成本，但因为更多工人的涌入，企业匹配概率提高，岗位空置时间变短。由此，企业面对着高用工成本和低岗位空置率之间的内在博弈，也需要进行最优决策，选择最优张贴工资。很明显，在模型中，工人需要权衡利弊，以最大化预期收益（既注重工资水平，又关注进入子市场的搜寻概率）为最终目标。同样，企业也以最大化预期利润（既注重用工成本，又注重在子市场的搜寻概率）为最终目标。在模型均衡时，工人对于进入哪个子市场无差异，即进入不同子市场得到的预期收益相同。类似地，企业对于张贴工资 w 无差异，即张贴不同的工资水平得到的预期利润相同。

接下来，我们具体讲述模型的设定。为了方便和 DMP 模型进行比较，我们尽量使用相同的符号标记模型变量。需要指出的是，在下面将要讨论的定向搜寻模型中，因为子市场的划分是基于其所张贴的工资 w 的，因此 w 成为匹配成功的工人和企业预期收益（或利润）的状态变量。

对于失业工人来说，工人选择进入子市场（w, θ），子市场中的企业张贴的工资为 w，劳动力市场紧度为 θ。为了简化下文的推导，我们将劳动力市场紧度的倒数记为 φ，即 $\varphi = u/v$。由式（3–1）~式（3–3），我们可以看到工人和企业的匹配概率是 φ 的函数，并且满足

$$f = \frac{M(u, v)}{u} = M\left(1, \frac{1}{\varphi}\right)$$

$$q = \frac{M(u, v)}{v} = M(\varphi, 1)$$

$$q(\varphi) = \varphi f(\varphi)$$

失业工人的最优化问题可以用贝尔曼方程表达为

$$rU=b+f(\varphi)\left(W(w)-U\right) \tag{3-40}$$

相应地，就业工人在子市场 (w, φ) 中的预期贴现收益为

$$rW(w)=w+s\left(U-W(w)\right) \tag{3-41}$$

结合式（3-40）和式（3-41），得到

$$rU=b+\frac{f(\varphi)(w-rU)}{r+s} \tag{3-42}$$

企业的最优化问题为

$$rJ(w)=y-w+s\left(V-J(w)\right) \tag{3-43}$$

$$rV=-c+q(\varphi)\left(J(w)-V\right) \tag{3-44}$$

劳动力市场自由进出条件意味着

$$rV=-c+q(\varphi)\left(J(w)-V\right)=0$$

化简得到

$$c=\frac{q(\varphi)(y-w)}{r+s}$$

企业的最优化问题：给定失业工人的预期收益 $r \cdot U$（式（3-42）），选择工资 w 和 φ，实现预期贴现收益 $q(\varphi)J(w)$ 的最大化，即

$$\max_{w, \varphi} q(\varphi)J(w)=\frac{q(\varphi)(y-w)}{r+s} \tag{3-45}$$

$$\text{s.t } rU=b+\frac{f(\varphi)(w-rU)}{r+s}$$

由约束条件，我们得到

$$\frac{w}{r+s}=\frac{rU-b}{q(\varphi)/\varphi}=\frac{rU}{r+s}$$

将其代入式（3-45），企业的最优化问题化简为

$$\max_{\varphi} q(\varphi)\frac{y-rU}{r+s}-\varphi(rU-b) \tag{3-46}$$

由一阶条件，得到

$$q'(\varphi)\frac{y-rU}{r+s}=rU-b \qquad (3-47)$$

结合式（3–42）、式（3–45）和式（3–47），得到 φ 满足

$$\frac{r+s+q'(\varphi)}{q(\varphi)-\varphi q'(\varphi)}=\frac{y-b}{c} \qquad (3-48)$$

在解出 φ 后，工资 w 由式（3–45）解出，工人和企业的搜寻概率由定义解出。

在定向搜寻和工资张贴模型中，当模型中工人和企业是同质（homogeneous）时，均衡时所有企业张贴的工资是相同的，整个市场简化到只有一个子市场，工人在相同的子市场里搜寻求职。此时，定向搜寻和工资张贴模型与 DMP 基准模型的均衡解相同。尽管如此，定向搜寻模型为刻画劳动力市场工作搜寻过程和工资定价机制提供了一个全新的理论研究框架。在模型中，工资不再依靠一个外生的工资议价假定刻画，而是通过工资的张贴产生一个内在的博弈机制：高工资和低搜寻概率（对工人而言），高用工成本和低岗位空置概率（对企业而言）。市场竞争使得经济主体在模型均衡时产生均衡工资水平和搜寻概率，使得所有人的预期收益在不同子市场相同。

参考文献

韩晗，2019. 货币搜寻理论十四［M］. 北京：北京大学出版社.

Hosios，Arthur J，1990. On the Efficiency of Matching and Related Models of Search and Unemployment［J］. Review of Economic Studies（57）：279–98.

Moen E R，1997. Competitive Search Equilibrium［J］. Journal of political Economy，105（2）：385–411.

Peters M，1984. Bertrand Equilibrium with Capacity Constraints and Restricted Mobility［J］. Econometrica，（52）：1117–1127.

Peters M, 1991. Ex Ante Price Offers in Matching Games Non-steady States [J].
Econometrica（59）: 1425-1454.

Petrongolo B, Pissarides C A, 2001. Looking into the Black Box: A Survey
of the Matching Function [J]. Journal of Economic literature, 39（2）:
390-431.

Pissarides C A, 1985. Short-run Equilibrium Dynamics of Unemployment,
Vacancies, and Real Wages [J]. American Economic Review（75）:
676-90.

Pissarides C A, 2000. Equilibrium Unemployment Theory [M]. 2nd edition.
Blackwell Cambridge Mass.

Rogerson R, Shimer R, Wright R, 2005. Search-theoretic Models of the Labor
Market: A Survey [J]. Journal of economic literature, 43（4）: 959-
988.

Shimer R, 1996. Contracts in Frictional Labor Markets [D]. PhD
Disseration.

Wright R, Kircher P, Julien B, et al., 2021. Directed Search and Competitive
Search Equilibrium: A Guided Tour [J]. Journal of Economic Literature, 59（1）:
90-148.

第4章　劳动搜寻匹配模型
与劳动力市场经济周期

4.1　引言

在大多数宏观经济学教科书中，DMP劳动搜寻匹配模型（文献中有时称为Mortensen–Pissarides search and matching model，下文简称MP模型）已成为研究劳动力市场问题的标准模型。[①] 这个模型得到广泛认可的原因之一是在外生劳动生产率冲击下，该模型能够正确地模拟出与数据观察相一致的失业逆周期和空缺岗位顺周期的经验规律。[②] 然而，Shimer（2005）发现了一个关于MP模型数据解释能力的严重问题，即一旦失业工人忽视或低估他们闲暇时间所蕴含的价值，MP模型所模拟的失业和空缺岗位的周期波动就会比数据中观察到的波动幅度小得多，文献称之为"波动之谜"（volatility puzzle）。

[①]　比如，研究生教科书Ljungqvist and Sargent（2004，第2版，第26章）和Romer（2006，第3版，第9.8章），以及本科生教科书Mankiw（2007年，第6版，第6章）中通常展示模型的精简版本。进一步讨论见Yashiv（2007）。

[②]　参见Pissarides（2000：26–33）、Cole和Rogerson（1999）、Mortensen和Pissarides（1994）和Rogerson等（2005）的相关研究。

虽然有大量文献尝试解决"波动之谜",但是鲜有文献系统性地检验"波动之谜"在其他国家的存在性。本章通过检验加拿大劳动力市场的周期波动来填补这一空白。虽然加拿大劳动力市场在很多方面与美国的相似,但基于两国不同的失业保险强度和所得税(劳动者和企业)税率,使用加拿大的数据来研究这个问题有望加深我们对 MP 模型的周期表现的理解。具体来说,失业保险强度和所得税税率将影响工人就业的机会成本,这将影响均衡工资和企业的均衡利润,而后者无疑会影响企业的岗位创造行为。由此可见,劳动力市场政策和税收政策是影响 MP 模型周期表现的重要政策因素。

本章发现,加拿大劳动力市场的动态表现与美国相似。失业和空缺岗位的周期波动都是显著而持久的,且这两个变量呈高度负相关关系,满足贝弗里奇曲线(Beveridge curve)的性质。与经济衰退时期相比,工人在经济繁荣时期求职更容易,而企业更不容易找到工人。与 MP 模型刻画的匹配过程相一致,工人的工作求职率(job-finding rate)与岗位匹配率(vacancy-filling rate)紧密联系,前者与劳动力市场紧度(vacancy-unemployment ratio)呈正相关关系,而后者与劳动力市场紧度呈负相关关系。从定性研究结果来看,伴随劳动生产率冲击的 MP 模型可正确模拟出以上这些劳动波动特征。然而,模型的定量研究结果进一步证实了"波动之谜"存在的稳健性。我们的研究表明,当模型以加拿大的劳动力市场数据进行校准时,只要我们假设失业工人的闲暇价值较低,校准后的 MP 模型仅能模拟出数据里观察到的一小部分失业和空缺岗位波动。

数据显示,加拿大和美国的劳动力市场周期波动的主要驱动力来源于因外生劳动生产率冲击而变动的工作求职率。不过,工作离职率(job separation)的相对重要性在两国存在差异。Shimer(2005)发现,离职冲击仅能解释美国失业周期波动的一小部分。与此相反,离职因素对于解释加拿大的劳动波动发挥着重要作用。然而,在 MP 模型校准中引入离职冲击并不能显著提高 MP 模型的周期波动解释力度,MP 模型仍无法模拟出数据中观察到的较大幅度的失业波动和新增岗位波动。

加拿大和美国的比较研究发现，MP模型无法解释数据里观察到的劳动力市场的周期波动。虽然我们可以通过提高失业工人的就业机会成本使得模型中的劳动力市场紧度的周期波动同美国或者加拿大观察到的一样大，但是在两国工人的闲暇价值相同（或相似）的合理假设条件下，我们仍无法在模型中同时模拟出两个国家的劳动力市场周期波动特征。为了展示这一观点，我们进行了一系列反事实模拟（counterfactual exercise）。比如，当我们允许美国工人的闲暇时间价值足够高，使得MP模型能够产生与美国劳动波动相一致的模拟结果时，如果把美国工人的闲暇价值运用到加拿大的校准模型中，我们发现MP模型对失业和空缺岗位波动的模拟结果与实际情况相去甚远：失业率升至100%，而空缺岗位的数量降至0。这一结果产生的根本原因在于加拿大和美国不同的失业保险制度和税收制度。加拿大提供比美国更加慷慨的失业保险金和征收更高的收入所得税。在失业工人闲暇价值相同的情况下，更高的失业保险金和更高的所得税税率将提高工人就业的机会成本，从而导致负的工人–企业匹配收益。由此，劳动力市场瓦解，工人全部失业，企业不再创造岗位。与以上反事实模拟相反，当我们将匹配加拿大劳动力市场周期波动所需要的闲暇价值运用到美国的校准模型时，也出现了类似的预测失败：MP模型模拟的求人倍率波动仅为美国数据的20%～40%。这一结果的经济学直觉是美国较低的收入所得税、较低的失业保险金，以及低水平的闲暇价值，大大降低了工人就业的机会成本，从而增加了工人–企业匹配收益。较高的匹配收益意味着在外生劳动生产率冲击下，企业的利润变动（或增长率）较低[①]，这破坏了Hagedorn和Manovskii（2008）提出的劳动波动放大机制（详见本章4.5节）。为了证明这些结论的稳健性，我们在MP基准模型中考虑了影响劳动波动的其他因素，如工人培训成本，偏离Hosios' rule以生成更为平滑的实际工资，以及考虑劳动生产率冲击仅是引发劳动波动的外生冲击之一等，我们的模拟结果仍然稳健。

---

　　① 因为企业利润额较高，基数效应导致利润的增长率较低。

允许两国闲暇偏好不同被证明是解决模型模拟失败的关键。但是，考虑到两国间劳动生产率的差异，匹配美国波动所需的闲暇价值大约是匹配加拿大波动所需的闲暇价值的 1.6 倍。这一结论在上述提到的稳健性检验中也依然存在。这意味着美国人对于闲暇时间的认同比加拿大人高出 60%，虽然我们无法准确地衡量两国工人的闲暇时间价值，但这一差距大得令人难以置信。

与本章内容高度相关的文献是 Costain 和 Reiter（2008）的研究，该研究批评了 Hagedorn 和 Manovskii（2008）的校准方法，指出如果闲暇时间的价值很高，那么劳动力市场政策，尤其是失业保险政策的变化将对就业产生极大的影响。为了回应这一观点，我们把加拿大慷慨的失业保险政策和较高的所得税政策引入美国模型经济，模型模拟的失业率激增至 100%。与此类似，当把美国的相关政策引入加拿大模型经济时，模型模拟的失业率下降了 50%。这些结论表明：简单地通过调整模型参数以改变工人就业的机会成本来解决"波动之谜"并非完美，这一方法可能给 MP 模型带来新的问题，如劳动力市场政策产生了过大的劳动波动。尽管本章与 Costain 和 Reiter（2008）得到了相似的结论，但是两者采用的方法有所不同。Costain 和 Reiter（2008）采用基于数据的实证研究，而我们通过基于两个特定国家的宏观模型校准和数值模拟来探讨这个问题。

本章其他部分的安排如下：4.2 节描述加拿大劳动力市场周期波动的典型事实；4.3 节介绍包含工人培训成本和税收的 MP 模型；4.4 节使用加拿大数据进行 MP 模型校准，并讨论模型在低就业机会成本下对加拿大劳动波动的解释力度；4.5 节基于加拿大和美国之间失业保险制度和税收制度的差异，考察 MP 模型在高就业机会成本下的模拟结果，我们通过一系列反事实模拟来说明简单地通过调整模型参数以改变工人就业的机会成本来解决"波动之谜"可能引起其他新的问题；4.6 节为总结和研究展望。

4.2 加拿大劳动力市场周期波动的典型事实

这一部分介绍加拿大劳动力市场的失业、新增岗位、求职率、离职率和劳动生产率等主要变量的波动行为。为了方便与文献比较，这些变量的度量和估算与 Shimer（2005）的方法一致。

我们首先关注的变量是失业，按照定义，该变量用具有劳动能力（able to work）、可以从事劳动（available for work）、积极寻找工作机会（actively search for job）、尚未工作（not working）的工人的数量来衡量。为了展示失业的周期波动，我们参考 Shimer（2005）的做法，使用平滑参数为 10^5 的 HP 滤波法去除失业的长期趋势。[①] 图 4-1 展示了在 1962—2003 年加拿大失业人数的长期走势。在此期间，我们看到失业人数逐渐增加，且呈现出较强的周期波动；具体来说，失业的波动部分（失业与其趋势的差距）的标准差为 0.162。因此，失业在经济周期上围绕其长期趋势上下波动幅度高达 32%。此外，失业波动部分的自相关系数高达 0.956，表现出极强的持续性。

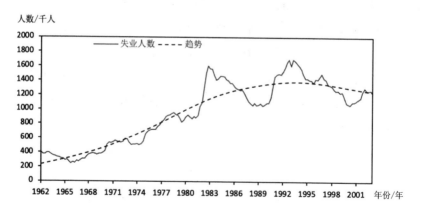

图 4-1 1962—2003 年加拿大季度失业人数（千人）及其长期趋势

失业的另一面是空缺岗位数量，该变量反映了企业雇佣工人的意愿。

---

① 其他变量采用相同方法处理。

空缺岗位数通常根据主要报纸的招聘广告所计算的 help-wanted 指数来衡量。虽然大部分文献使用这一空缺岗位的度量方法，但越来越多的企业依赖互联网来发布其招聘岗位。因此，help-wanted 指数的代表性受到制约，加拿大统计局从 2003 年开始停止发布 help-wanted 指数。为此，这一部分全部变量的时间序列都截止到 2003 年。与失业相似，空缺岗位呈现出较强的周期波动。空缺岗位波动部分的标准差为 0.237，其自相关系数为 0.956，这同样说明其在样本期内具有较强的持续性。

　　图 4-2 比较了失业和空缺岗位的波动部分。在 1962—2003 年，这两个变量呈现出显著的负相关关系，其相关系数为 −0.689。因为失业是逆周期的，而空缺岗位是顺周期的，所以求人倍率（失业 − 岗位比）有着顺周期特征。数据显示，求人倍率的波动部分的标准差为 0.367。如图 4-2 所示，空缺岗位的变动早于失业，且前者的波动幅度稍大于后者。

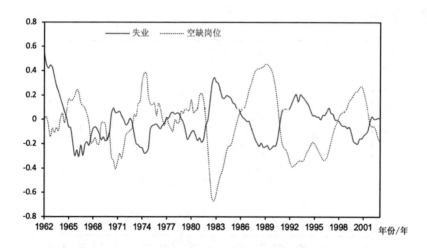

图 4-2　1962—2003 年失业和空缺岗位的波动部分

注：图 4-2 中波动部分是对各自变量的时间序列取对数后，采用平滑参数为 10^5 的 HP 滤波法去除趋势得到的。

　　工人的工作求职率 f_t 衡量一个失业工人找到工作的概率。该变量和工作离职率对于 MP 模型中失业率的动态演变起着至关重要的作用。参考 Shimer（2005），假定劳动力总量不变（fixed labor force），$t+1$ 期的失业

人数是从 t 到 $t+1$ 期间失去工作的工人人数（$t+1$ 期短期失业表示为 u_{t+1}^s）和 $t+1$ 期仍未找到工作的 t 期失业工人之和，[①] 即

$$u_{t+1}=u_{t+1}^s+u_t\,(1-f_t)$$

我们使用失业时间短于四周的失业工人人数来衡量 u_t^s，得到的月平均求职率为 0.309。[②] 这意味着，在样本期内，接近三分之一的失业工人在一个月内找到工作。图 4-3 展示了在 1962—2003 年样本时间内季度平均的月求职率及其长期趋势的走势。我们看到，工作求职率 f_t 呈现出相当大的波动，其波动部分的标准差为 0.105。与美国（见 Shimer，2005，图 4-5）相比，除 1990—2000 年外，求职率在两个国家呈现出相似的趋势；在 1990—2000 年，加拿大求职率稳步上升，而美国则基本保持不变。图 4-4 比较了求人倍率和求职率的波动部分。如图 4-4 所示，这两个变量高度正相关，其相关系数为 0.753。这一高度相关关系与 MP 模型假设的匹配函数特征相一致。

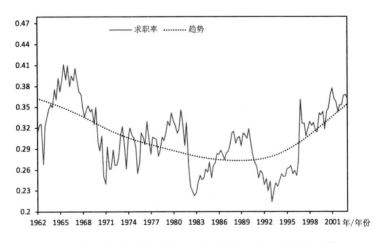

图 4-3　1962—2003 年平均季度求职率及其长期趋势

---

① 在样本期内，观察到的加拿大劳动力周期波动有限，其标准差低至 0.016。

② Hall（2005b）采用了一个基于持续工作时间数据的替代指标，得到的平均季度求职率为 0.302。

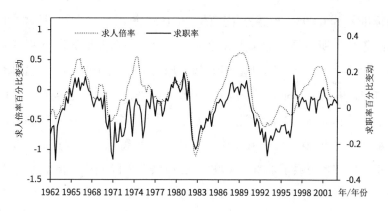

图 4-4　1962—2003 年求人倍率和求职率波动部分

注：图 4-4 中波动部分是对各自变量的时间序列取对数后，采用平滑参数为 10^5 的 HP 滤波法去除趋势得到的。

　　另一个决定失业波动的重要因素是离职率。不同于现实生活中离职率的定义，MP 基准模型中的离职率 s_t 衡量的是工人在继续其与企业的雇佣关系不再符合双方共同利益时离开雇佣企业的概率。[①] 给定劳动力总量固定不变，$t+1$ 期的短期失业人数 u^s_{t+1} 指的是 t 期离开工作岗位的就业工人数量，即

$$u^s_{t+1}=e_t s_t\left(1-\frac{1}{2}f_t\right)$$

其中，e_t 是 t 期的就业人数。由于加拿大统计局在每月中旬进行家庭问卷调查，因此一个新失业工人在其被记录为失业之前，平均有半个月的时间去寻找工作。括号中的部分即考虑了这一细节。结合前文估算的求职率，我们得到月平均离职率大约是 0.03。这意味着在样本期内，平均每月有 3% 的工人失去原来的工作。由此，我们可以大致估算工作的平均持续时间为 2.8 年。

　　图 4-5 展示了季度平均的月度离职率及其长期趋势。离职率波动部

---

　　① 在 MP 模型中，一旦工人 – 企业匹配收益为负数，双方都没有意愿继续劳动雇佣关系，此时，工人离开岗位，成为离职。

分的标准差为 0.096。[1] 值得注意的是，1980 年后加拿大和美国的月度离职率的趋势有所不同：加拿大大致平稳，而美国则大幅下降（见 Shimer，2005，图 4-7）。出现这种差异的部分原因是，自 1971 年失业保险制度（the 1971 liberalization of UI program）改革以来，加拿大比美国提供了更为慷慨的失业保险金。[2] 由于这一劳动力市场政策实际上是对失业给予了补贴，从而导致更多工人从就业流向失业，工作离职率由此提高。Green 和 Riddell（1997）考察了加拿大 1990 年更改失业保险领取资格要求对就业时长的影响，发现该政策引发道德风险的实证证据：劳动力市场参与者调整自己的行为以适应新的失业保险金领取资格要求的变化。在数据中他们发现很多工作中断发生在工人接近允许领取失业保险金所需时长的时候。[3]

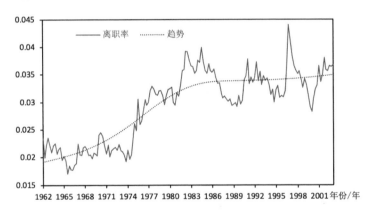

图 4-5　1962—2003 年平均季度离职率及其长期趋势

---

① Hall（2005b）采用了一个基于持续工作时间数据的替代指标，得到的月度离职率为 0.031。

② 1971 年失业保险自由化计划提高覆盖范围至大多数劳动力（93%），而 1940 年它成立时仅覆盖 42%。该计划还包括简化工作要求、提高福利的水平（三分之二的可保收入替代率），以及提高福利的期限和范围（增加疾病、生育和退休福利）。

也就是说，估计失业保险慷慨程度有五个广泛使用的标准：替代率、福利的最长期限、失业保险计划对劳动力的覆盖率、有失业保险金领取资格所需的就业周数和有失业保险金领取资格的失业工人的类别。无论哪一个标准，加拿大失业保险制定得都更加慷慨。详见 Moorthy（1989）研究中的表 4-2。

③ Andolfatto 和 Gomme（1996）、Christofides 和 Mckenna（1996），以及 Moorthy（1989）也讨论了失业保险制度对工作时长和失业的影响。

接下来，我们探讨求职率和离职率对失业率周期波动的相对贡献。值得注意的是，如图 4-6 所示，在样本期内，实际失业率与稳态失业率几乎一致。其中，稳态失业率 u_t^{ss} 由离职率和求职率通过模型均衡条件计算而成[①]，即

$$u_t^{ss} = \frac{s_t}{s_t + f_t}$$

因此，工作求职率和离职率的变化对失业周期波动的贡献可分解为两个理论上的失业率：一个用实际离职率和平均求职率构造的，记为 $u_t^1\left(u_t^1 = \frac{s_t}{s_t + E(f_t)}\right)$；另一个用实际求职率和平均离职率构造的，记为 u_t^2 $\left(u_t^2 = \frac{E(s_t)}{E(s_t) + f_t}\right)$。

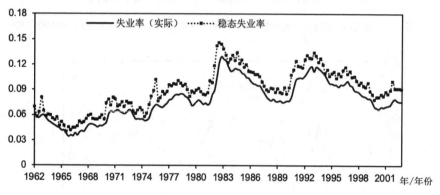

图 4-6　1962—2003 年季度失业率（实际）与稳态失业率

图 4-7 和图 4-8 对比了 u_t^1 和 u_t^2 的波动部分与 u_t^{ss} 的波动部分。与 Shimer（2005）在美国劳动力市场发现的不同，我们看到两个理论失业率与均衡失业率之间均呈现出明显的共同变动（co-movement）。这意味着在

---

① 稳态时，失业流入等于失业流出，即 $e_t s_t = u_t f_t$。如图 4-6 所示，实际失业率低于构造的稳态失业率。其中一个可能的解释是，在构造稳态失业率时，排除了退出劳动力市场的可能性，这将高估失业率。

加拿大，工作求职率和离职率都是失业率周期波动的重要决定因素。其中，工作求职率可以解释 62% 的失业率波动，而离职率可解释 54% 的失业率波动。这两个百分比加起来超过 1，这是因为求职率和离职率之间具有相关性。

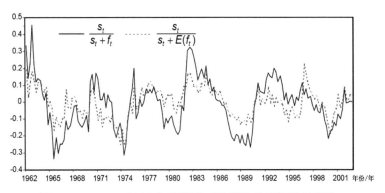

图 4-7　1962—2003 年离职率对均衡失业率波动的影响

注：图 4-7 中波动部分是对取对数的失业率采用平滑参数为 10^5 的 HP 滤波法去除趋势得到的。

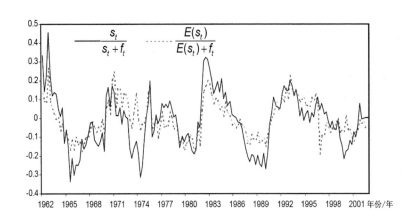

图 4-8　1962—2003 年求职率对均衡失业率波动的影响

注：图 4-8 中波动部分是对取对数的失业率采用平滑参数为 10^5 的 HP 滤波法去除趋势得到的。

劳动生产率是这一部分关注的最后一个变量。该变量用除农业和公共部门以外的所有行业的人均实际产出来衡量。图 4-9 对比了劳动生产率和求人倍率的波动部分。求人倍率在整个样本期内呈顺周期，其与劳动生产率的相关系数为 0.52。但值得注意的是，求人倍率的波动（左纵轴）远大于劳动生产率（右纵轴）。求人倍率波动剧烈，在 1962—2003 年，求人倍率的波动比劳动生产率的波动大 10 倍以上。[①]

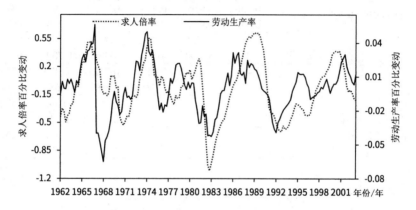

图 4-9　1962—2003 年季度求人倍率波动部分与劳动生产率

注：图 4-9 中波动部分是对求人倍率取对数后采用平滑参数为 10^5 的 HP 滤波法去除趋势得到的。

表 4-1 报告了加拿大劳动力市场周期波动的描述性统计，并将其与美国数据进行了比较。总体上看，表 4-1 反映了以下事实：一是失业和空缺岗位在样本期内呈现出较大的波动，两者的波动大约是劳动生产率的 10 倍，此外，求人倍率呈现出很强的顺周期性，其标准差几乎是劳动生产率的 20 倍；二是所有变量均呈现出显著的持续性；三是求职率和离职率都是解释失业周期波动的重要因素；四是空缺岗位波动略微领先于失业波动；最后，尤其值得注意的是，加拿大和美国具有相似的劳动力市场周期波动特征。

---

① 当将劳动生产率定义为每小时工作产出时，得到的标准差仍然很小，在年度频率下等于 0.041，这接近于采用人均产出得到的标准差（0.034）。

表 4-1　1962—2003 年加拿大季度数据与 1951—2003 年美国季度数据的描述性统计

		u	v	v/u	f	s	p
标准差	–	0.162	0.237	0.367	0.105	0.096	0.021
	–	0.190	0.202	0.382	0.118	0.075	0.020
季度自回归系数	–	0.956	0.956	0.959	0.791	0.795	0.876
	–	0.936	0.940	0.941	0.908	0.733	0.878
相关系数矩阵 相关系数矩阵	u	1	−0.689	−0.851	−0.660	0.682	−0.322
		1	−0.894	−0.971	−0.949	0.709	−0.408
	v	–	1	0.958	0.712	−0.475	0.568
		–	1	0.975	0.897	−0.684	0.364
	v/u	–	–	1	0.753	−0.595	0.520
		–	–	1	0.948	−0.715	0.394
	f	–	–	–	1	−0.155	0.232
		–	–	–	1	−0.574	0.396
	s	–	–	–	–	1	−0.396
		–	–	–	–	1	−0.524
	p	–	–	–	–	–	1
		–	–	–	–	–	1

注：表 4-1 中所有变量都是各自变量的时间序列对数化后采用平滑参数为 10^5 的 HP 滤波法去除长期趋势后得到的。上面的数据是加拿大劳动力市场的数据，而下面的数据（斜体）是美国对应的数据，其中美国数据来自 Shimer（2005）。

4.3　引入工人培训成本和税收的 MP 模型

模型是基于 Shimer（2005）的扩展。我们考虑离散时间模型，从以下三个方面对基准模型进行扩展。首先，我们引入收入所得税，并假设工人收入（工资和失业保险金）和企业收入（利润，即劳动产出减去工资）均按税率 τ 缴纳所得税。其次，就业的机会成本的价值 z 由失业保险金 b、税收 t 和闲暇时间价值 l 三个部分组成。最后，引入一次性的培训成本 k。根据广义纳什讨价还价原则（the generalized Nash bargaining rule），总培训成本在匹配形成时由工人与企业分摊，即 $k=k^w+k^f$。工人培训成本用于刻画现实经济中的重要现象：企业在招聘新员工时会产生雇佣和培训成本，而工人在失业时会遭受人力资本损失。已有研究发现，工人培训成本对于改善模型的周期波动解释能力至关重要。[1] 此外，引入工人培训成本的另一个好处是，它增加了工人 - 企业匹配的机会成本，而不会对工人的就业机会成本产生影响。

在模型中，所有工人和所有企业都是同质的，无限期生存，风险偏好中性并具有相同的贴现率 r。在 t 期，就业工人获得税后净工资 $\omega_t(1-\tau)$，工资 ω_t 是内生的，取决于劳动生产率 p_t（模型经济的状态变量）的实际情况。失业工人从税后失业保险金和闲暇价值中获得效用 $b(1-\tau)+l$，并以零成本搜寻工作。每个企业拥有规模报酬不变的生产技术，单位劳动产出为 p_t，企业自由进出市场。在 t 期，在劳动生产率外生冲击发生之后，企业选择是否进入劳动力市场创建新的岗位，雇佣新的工人。当企业决定进入市场，企业每期为创建一个空缺岗位支付可减免税收的实际成本 c。当空缺岗位成功匹配到工人时，企业将获得一份税后净利润 $(p_t-\omega_t)(1-\tau)$。

失业工人和企业的匹配过程通过匹配方程 $M=m(u_t, v_t)$ 刻画，其中，失业人数为 u_t，空缺岗位数为 v_t。我们假设 M 方程满足 Cobb-Douglas：$m(u_t, v_t)=\mu u_t^{1-\eta} v_t^{\eta}$。工人在 t 期找到工作的概率——工作求职率 f_t，空缺岗位在 t 期招到工人的概率——岗位匹配率 q_t 满足：

$$f(\theta_t)=\frac{m(u_t, v_t)}{u_t}=m(1, \theta_t)=\mu \theta_t^{\eta}=\theta_t q(\theta_t) \qquad (4-1)$$

其中，θ_t 是求人倍率（the vacancy-unemployment ratio），也称劳动力市场紧度（market tightness）。

一旦一个空缺岗位成功匹配到一个失业工人，该匹配将一直存在直到受到一个外生的离职冲击，离职冲击发生的概率为 s_t。根据广义纳什讨价还价原则，每一期里工人 - 企业匹配收益在工人和企业之间进行分配，并由此决定工资水平，工资按照这一原则每期重新议价并更新。我们假设工

---

① Mortensen 和 Nagypál（2007）、Silva 和 Toledo（2007）及 Yashiv（2006）均讨论了培训成本或者更一般的流动成本对失业动态演变的重要性。

人的议价能力为 $\beta \in (0, 1)$。

模型经济中，劳动生产率波动是导致经济周期波动的唯一冲击。假设劳动生产率 p_t 为服从一阶马尔科夫过程（first-order Markov process）的随机变量。给定劳动生产率 p，将就业工人和失业工人的预期贴现价值分别记为 W_p 和 U_p，将成功匹配工人和设立新岗位的企业的预期贴现价值分别记为 J_p 和 V_p，这些预期贴现价值满足以下贝尔曼（Bellman）方程：

$$W_p = w_p (1-\tau) + \frac{1}{1+r} \left[sE_p (U)_{p'} + (1-s) E_p (W)_{p'} \right] \qquad (4-2)$$

$$U_p = b (1-\tau) + l + \frac{1}{1+r} \{ f(\theta_p) [E_p (W)_{p'} - k^w (1-\tau)] + [1 - f(\theta_p)] E_p (U)_{p'} \}$$
$$(4-3)$$

$$J_p = (p - \omega_p)(1-\tau) + \frac{1}{1+r} (1-s) E_p (J)_{p'} \qquad (4-4)$$

$$V_p = -c(1-\tau) + \frac{1}{1+r} q(\theta_p) [E_p (J)_{p'} - k^f (1-\tau)] = 0 \qquad (4-5)$$

其中，$E_p (X)_{p'}$ 表示变量 X（W，U，J 或 V）在下一期劳动生产率 p' 下的预期价值（the expected value）。而市场自由进出假设意味着任何 P 下的 $V_p = 0$。

工人-企业匹配收益（the total surplus）定义为

$$\gamma_p = \frac{J_p + W_p - U_p}{1-\tau} \qquad (4-6)$$

根据广义纳什讨价还价原则，企业支付总培训成本的 $(1-\beta)$，并获得总匹配收益的 $(1-\beta)$：

$$k^f = (1-\beta) k \qquad (4-7)$$

$$J_p / (1-\tau) = (1-\beta) \gamma_p \qquad (4-8)$$

失业工人的就业机会成本定义为

$$z = b + \frac{l}{1-\tau} \qquad (4-9)$$

值得注意的是，由于闲暇价值不交税，可以把所得税看成就业机会成本的一部分。定义 $t=\dfrac{\tau l}{1-\tau}$，因此就业机会成本可分解为闲暇价值、失业保险金和个人工资所得税三个部分，即 $z=l+b+t$。

J_p，W_p，U_p，γ_p，w_p 和 θ_p 的均衡结果由式（4-2）~式（4-9）所组成的方程组求解得到。根据本书第 3 章所述，我们首先解出 γ_p，然后再求解模型的其他内生变量。将式（4-2）~式（4-4）代入式（4-6），并结合式（4-7）~式（4-9）可得到

$$\gamma_p=p-z+\frac{1}{1+r}\left[\left(1-s-\beta f\left(\theta_p\right)\right)E_p\left(\gamma\right)_{p'}+\beta f\left(\theta_p\right)k\right]\quad（4-10）$$

式（4-10）描述了工人 - 企业匹配收益的动态行为。直观地说，匹配的总价值是当期税后净利润（$p-z$）和下期匹配预期贴现价值的总和。虽然匹配在下一期存续的概率为（$1-s$），但是式（4-10）中出现了 $[1-s-\beta f(\theta_p)]$，$\beta f(\theta_p)$ 部分反映了当前匹配解体后，工人在下一期可能与其他企业成功匹配并获得预期收益 $E_p(\gamma)_{p'}$ 的情形。$\beta f(\theta_p)k$ 则描述了工人在该情形下所支付的培训成本。

结合式（4-1）和式（4-5）、式（4-7）、式（4-8），求人倍率的均衡解满足：

$$\theta_p=\left[\frac{\mu\left(1-\beta\right)}{c\left(1+r\right)}\max\{0,\ E_p\left(\gamma\right)_{p'}-k\}\right]^{\frac{1}{1+\eta}}\quad（4-11）$$

式（4-11）中的最大化符号反映了企业岗位创造的最优化行为。当工人培训成本远大于经济衰退期的实际劳动生产率（即较低的劳动生产率）时，企业将选择不进入劳动力市场，不创建新的岗位。

γ_p 和 θ_p 的均衡解可由式（4-10）和式（4-11）联立求解。一旦得到 θ_p 的均衡解后，失业的动态演变遵循以下演化方程（the law of motion）：$u_{t+1}=[1-f(\theta_p)]u_t+s(1-u_t)$。只要 p 固定不变，该失业（率）就收敛到在给定 p 下的稳态失业（率）：$u_p^{ss}=\dfrac{s}{s+f(\theta_p)}$。

4.4　加拿大的失业和空缺岗位的周期性

我们使用加拿大数据对上述模型进行校准。为了方便与文献比较，我们首先对模型的简化版本进行校准。在这个简化模型中，我们将培训成本、所得税和闲暇价值设定为 0。因此，工人就业的机会成本等于失业保险金，与 Shimer（2005）设定一致。简化版模型校准的好处在于：我们可以讨论在低就业机会成本下，MP 模型在多大程度上可以解释观察到的失业和空缺岗位的波动。在 4.5 节，我们将对完整模型校准，并进行一系列反事实模拟（counterfactual simulation）。

假设劳动生产率服从随机过程：$p=z+e^y（p^*-z）$，其中，p^* 是一个均值标准化为 1 的参数。我们假设净匹配盈余（p^*-z）为正，即 $p>z$。因此，对于所有 p 值，双方均可从匹配中获益。变量 y 是一个均值为 0 的外生随机变量，遵循 11 个状态的马尔可夫随机过程，其变化只发生在相邻两个状态之间。如本章附录所述，控制这个随机过程的转移矩阵由两个参数决定：Δ（相邻两个状态之间的间隔大小）和 λ（状态变化发生的概率）。

为了刻画离职冲击也是失业波动的一个重要决定因素这一事实，我们会在基准模型校准之后考虑加入离职冲击进行模型模拟。在此情况下，离职率不再是一个常数，其服从一阶马尔科夫过程：$s=e^{\phi y}s^*+\epsilon$，其中，s^* 校准为月平均离职率；ϵ 为独立同分布，满足均值为 0，方差为 σ_ϵ^2，截尾为正态分布的随机变量。[①]

模型每期为一个月，表 4-2 汇总了模型参数校准的目标。离职率和求职率的估算方法如 4.2 节所述。工人求职率对于劳动力市场求人倍率的弹

---

　　① 由于 p' 和 s' 的分布函数仅取决于 y（进而 p），在 s 为随机过程的条件下，描述均衡的式（4-10）和式（4-11）保持不变。

性 η 的估计方法同 Mortensen 和 Nagypál（2007），详见附录。[①]Hosios'
rule 用于决定工人的议价能力，在模型中，这一规则意味着 $\eta=1-\beta$。就
业机会成本 z 的取值满足 $z/w=0.6$，与加拿大法定失业保险金替代率（statutory
replacement rate of UI benefits）相一致（详见附录）。根据 Shimer（2005），
月度实际利率 r 的取值校准目标为年度实际利率 4.8%；关于随机变量 p 的
两个底层参数 Δ 和 λ，它们的取值将使得模型中劳动生产率的标准差和自
相关系数与其数据观测值相一致；我们将平均求人倍率 θ 标准化为 1，这
意味着匹配函数中参数 μ 的值等于月度求职率。在具有离职冲击的模型校
准中，s 与 p 的相关系数与实际的季度数据相一致。同时，按照 Shimer
（2005）的做法，s 的标准差与劳动生产率的标准差相一致。[②]

表 4-2　模型参数校准目标（简化模型）

变量	目标值
月平均离职率（s）	0.03
月平均求职率（f）	0.309
工人求职率对于劳动力市场求人倍率的弹性（η）	0.54
就业机会成本（z/w）	0.6
年度实际利率（r）	0.048
劳动生产率标准差（季度值取对数）	0.021
劳动生产率自回归系数（季度值取对数）	0.876
θ 的标准化单位	1
劳动生产率和离职率的相关系数（季度值取对数）	−0.396

模型参数 $\{s, r, \eta, \beta, \mu\}$ 的值直接来自表 4-2 中设定的目标，
参数 $\{z, c, \Delta, \lambda, \phi, \sigma_\epsilon^2\}$ 通过模型校准赋值，这些参数的最终取值将
使得模型模拟出的结果与其校准目标值相一致。表 4-3 汇报了模型校准结果。

---

　①　Shimer（2005）建议通过求职率对数值对求人倍率对数值进行回归得到 η，但其得到的
值超出了 Petrongolo 和 Pissarides（2001）提出的合理范围。

　②　当将离职率观察到的标准差设定为目标时，与 Shimer（2005）中仅受到离职冲击的模
型中的结果类似。Shimer（2005）中模型预测失业与空缺岗位之间存在正相关，这是反事实的。

表4-3　模型参数校准结果（简化模型）

参数	周期波动来源	
	劳动生产率	劳动生产率和离职率
劳动生产率（p）	随机	随机
月平均离职率（s）	0.03	随机
相邻状态的间隔大小（Δ）	0.032	0.032
状态变化的概率参数（λ）	0.312	0.329
ϵ的方差（σ_ϵ^2）	–	0.000 86
参数（ϕ）	–	−0.184
创建一个工作岗位的实际成本（c）	0.404	0.414
匹配函数（μ 和 η）	$0.309\mu^{0.46}\eta^{0.54}$	$0.309\mu^{0.46}\eta^{0.54}$
工人的议价能力（β）	0.46	0.46
失业保险金（z）	0.573	0.578
实际利率（r）	0.004	0.004

　　表4-4将模型经济中失业人数、空缺岗位数和求人倍率的模拟标准差与实际观测值进行了对比。无条件标准差即为各个变量波动部分的标准差（见表4-1）。有条件标准差使用以下公式计算得到：有条件 stdv（X）= stdv（X）·corr（p，X），其中，X 是我们感兴趣的变量。根据 Mortensen 和 Nagypál（2007），有条件标准差考虑了现实经济中劳动力市场周期波动可能来自其他冲击。当劳动生产率冲击不是劳动力市场波动的唯一原因时，为了保持模型与数据的一致，我们需要用劳动生产率与相关变量的相关系数 corr（p，X）来调整变量的标准差。如表4-4所示，无论采用有条件标准差还是无条件标准差，模型模拟出的劳动波动都与加拿大经济中观察到的实际波动相去甚远。例如，在仅有劳动生产率冲击的模型经济里（一个冲击），模拟的失业和空缺岗位的标准差分别为各自实际无条件标准差的12% 和13%。即使采用有条件标准差，模型也只能解释实际观察的37% 和24% 的劳动波动。加入离职冲击（两个冲击）后，我们看到离职冲击仅微弱地增加了失业的标准差，而对空缺岗位和求人倍率的标准差几乎没有影响。[1]

---

　　① 当使用 Shimer（2005）的方法估计工人求职率对于劳动力市场求人倍率的弹性时，模型的解释力甚至更低。

表 4-4　模型数值模拟结果（简化模型）

	标准差			
	模型		数据	
	一个冲击	两个冲击	无条件	在条件 p 下
u	0.019	0.029	0.162	0.052
v	0.034	0.035	0.237	0.135
v/u	0.046	0.047	0.347	0.191

4.5　加拿大和美国的比较分析

以上模拟结果均基于较低的就业机会成本 z。Hagedorn 和 Manovskii（2008）认为"波动之谜"是由于校准后的 MP 模型有着较大的匹配净收益（$p-z$）。他们的研究发现，当就业机会成本 z 值大致为劳动边际产出 p 的 97% 时，MP 模型能很好地模拟劳动力市场波动。[1]Hagedorn 和 Manovskii（2008）观点背后的关键机制在于：当 z 接近劳动产出时，企业净利润的数值虽然变小了，但其在外生劳动生产率冲击下却有着较大的百分比变化。具体来说，当（$p-z$）$\backsimeq 0$ 时，即使劳动生产率 p 出现一个较小的百分比变动，也将带来净利润（$p-z$）的百分比变动，进而激励企业创建更多岗位，雇佣更多的工人。在加拿大的模型经济中，如果工人的培训成本为零（如简化模型），我们需要 $z=0.953$ 才能使得模型模拟出的求人倍率标准差（无条件）与实际数据一致。

加拿大和美国相似的闲暇价值 z 带来了另一个问题：如果两国不同的劳动力市场政策互换会产生什么影响？由于失业保险政策和税收政策均会改变闲暇价值 z，我们有必要探究以下几个问题：（1）政策变化如何影响工人和企业的最优决策；（2）当加拿大的政策被实施在美国的模型经济中时，模型是否产生如加拿大劳动力市场观察到的周期波动，反之亦然。我们的发现揭示了 MP 模型的另一个问题：正如 Hagedorn 和 Manovskii

---

[1]　Costain 和 Reiter（2008）也持相同的观点。

（2008）所述，调整值的校准目标使其取值尽可能大，可以解决 MP 模型的波动之谜，但只要两国工人拥有较为接近的闲暇价值，这种解决办法就无法回答为什么在失业保险金和所得税政策有着明显差异的两个国家却有着相似的劳动力市场波动。此外，我们发现，这一问题可以通过允许两国闲暇价值不同来解决，但是美国所需的闲暇价值要比加拿大所需的闲暇价值大 1.6 倍，这个差距无疑令人难以置信。

4.5.1 反事实实验：加拿大和美国政策互换

这一部分使用加拿大和美国的数据对 4.3 节的模型进行校准和模拟，主要目的是评估将一国政策强加于另一国的效果。我们先探讨加拿大政策对美国经济的影响。为此，我们首先用美国数据对模型进行校准，使得模型模拟出的劳动力市场波动与美国政策下的美国数据相一致。然后，我们将加拿大的政策引入校准后的美国模型经济中回答：MP 模型是否能够模拟出加拿大数据中观察到的求人倍率的周期波动？政策变化下，美国模型经济中的失业如何反应？为了检验主要结果的稳健性，根据已有文献，我们还考虑了以下三种情况：提高培训成本（Mortensen et al.，2007；Silva et al.，2007）；以实际工资的周期波动为校准目标（Hagedorn et al.，2008）；使用有条件标准差作为校准目标（Mortensen et al.，2007）。

除了离职率 s 和就业机会成本 z 之外，这一部分的校准策略与 4.4 节中的策略相似。在美国模型经济中，离职率 s 的校准目标为 1962—2001 年的月平均失业率 $u_{US}=0.056\,7$。[1] 关于 z 值，依照 4.3 节模型中的结论，z 值由闲暇价值、失业保险金和税收三个部分组成，其中，闲暇价值是自由参数。我们将税率按总税收与 GDP 比值的均值来赋值[2]，即 $\tau_{US}=0.30$。其

---

① 如果使用第 2 节中构建的月平均离职率，预测的平均失业率略高于在美国观察到的平均失业率，这意味着使用该指标分析失业对政策变化的反应是不合适的。

② 加拿大和美国的具体数值见加拿大财政部的 "The Economic and Fiscal Update 1999" 中的图 1。

次，关于失业保险金 b，由于并非所有失业工人都得到失业保险金以及并非所有失业保险领取者都能获得法定的最高失业保险金，使用法定失业保险金替代率（Shimer，2005）作为校准目标往往高估失业保险金的慷慨程度。考虑到这些因素，我们使用失业保险金的实际替代率作为校准目标为 b 赋值。实际替代率用支付给失业工人的每周平均失业保险金与支付给就业工人的每周平均收入的比值来衡量，即 $(b/\omega)_{US}$=0.111（详见附录）。最后，我们使用美国求人倍率的标准差（无条件）作为校准目标为闲暇价值赋值。此外，4.3 节的模型引入了一次性工人培训成本 k。在模型校准中，我们参考 Silva 和 Toledo（2007），使用 1982 Employer Opportunity Pilot Project（EOPP）的数据来估算美国的培训成本。根据该数据，前三个月的平均总培训成本大约相当于一个新员工季度工资的 55%[1]。由此，我们得到培训成本 k 的校准目标，即 $(k/\omega)_{US}$=0.111。值得指出的是，当我们使用 Mortensen 和 Nagypál（2007）的方法进行校准时，美国的 η 值恰好与加拿大的 η 值相同。在加拿大模型经济中，政策参数 τ 和 b 的校准目标分别为 τ_{CA}=0.35 和 $(b/\omega)_{CA}$=0.265。

表 4-5（第 1 列）汇总了美国模型参数校准的目标。为了回答上述提出的问题，除了失业保险金 b 和税率 τ，模型中所有参数都以美国校准目标进行赋值，并使用在两国的模型模拟中。在基准模型校准中，闲暇价值的校准目标为 θ_{US} 的无条件标准差，β 由 Hosios' rule 决定，培训成本为 0。在其他的模型校准中（稳健性检验），我们逐一调整了这些目标：θ_{US} 的有条件标准差、实际工资的标准差，以及美国数据中观察到的培训成本。

---

[1]　根据 1992 年小型企业管理局（small business administration，SBA）的资料，70% 的培训课程在前三个月就完成了。另外，Barron 等（1997）和 Dolfin（2006）利用 1982 年 EOPP 项目详细讨论了培训成本的度量。

表4-5　加拿大和美国模型参数校准目标

	美国	加拿大
月度实际利率（r）	0.004	0.004
月平均求职率（f）	0.452	0.309
月平均失业率（u）	0.056 7	0.077 8
实际失业保险金替代率（b/w）	0.111	0.265
平均所得税税率（τ）	0.30	0.35
劳动生产率标准差（季度值取对数）	0.020	0.021
劳动生产率自回归系数（季度值取对数）	0.878	0.876
工人求职率对于劳动力市场求人倍率的弹性（η）	0.54	0.54
θ 的标准化	1	1
劳动生产率的标准化（$p*$）	1	1
θ 的标准差（季度值取对数）	0.382 或 0.151	0.367 或 0.191
实际工资 w 的条件标准差	自由参数或 0.012	自由参数或 0.016
培训成本比季度工资（k/w）	0 或 0.55	0 或 0.37

　　表4-6中A部分报告了美国政策下美国模型经济的校准结果。A部分上半部分汇总了校准目标：模型（1）是基准模型；模型（2）增加了培训成本 k；模型（3）和（4）分别为没有与有培训成本 k 加 θ_{US} 上的有条件标准差；最后，模型（5）以实际工资的标准差作为校准目标为 β 赋值，不再使用 Hosios' rule。A部分下半部分汇报了在政策变化发生之前模型的校准结果。当引入加拿大失业保险和所得税政策后，政策参数 b 和 τ 所对应的校准目标会调整为加拿大的目标值，其余参数取值保持不变。表4-6中B部分将就业机会成本校准后的 z 值分解为三个部分：分别在美国和加拿大政策下的 l（闲暇价值）、t（税收）和 b（失业保险金）。B部分报告了政策变化下的失业率的模拟变动情况。

表4-6A　加拿大政策对美国的影响

		美国政策				
		模型（1）	模型（2）	模型（3）	模型（4）	模型（5）
美国校准目标	s.d.（θ）	0.382	0.382	0.151	0.151	0.151
	s.d.（w）	自由参数	自由参数	自由参数	自由参数	0.012
	β	0.46	0.46	0.46	0.46	0.25
	k/w	0	0.55	0	0.55	0.55
美国参数值	c	0.051	0.054	0.131	0.130	0.621
	s	0.026	0.026	0.027	0.027	0.027
	k	0	1.605	0	1.594	1.513
	λ	0.284	0.295	0.297	0.300	0.300
	Δ	0.263	0.131	0.104	0.074	0.082

表 4–6B　加拿大政策对美国的影响

		模型（1）美国	模型（1）加拿大	模型（2）美国	模型（2）加拿大	模型（3）美国	模型（3）加拿大	模型（4）美国	模型（4）加拿大	模型（5）美国	模型（5）加拿大
		美国政策 VS 加拿大政策									
就业机会成本 z 的分解	l	0.591	0.591	0.556	0.556	0.536	0.536	0.503	0.503	0.518	0.518
	t	0.253	0.318	0.238	0.299	0.230	0.289	0.216	0.271	0.222	0.279
	b	0.111	0.292	0.108	0.285	0.110	0.280	0.107	0.271	0.102	0.284
	z	0.955	1.201	0.902	1.140	0.876	1.105	0.826	1.045	0.842	1.081
u 的预测结果	u（%）	–	100	–	100	–	100	–	100	–	100

如表 4–6A 可见，美国政策下的模型能够模拟出所有校准目标值。值得注意的是，在政策变化之前，l 值非常大，在所有情况下都超过劳动生产率的 50%，进而 z 值的结果接近于 1。不过，由于 z 值仍小于 1，企业当期获得的利润（$p-z$）在所有模型中都保持为正。然而，在加拿大更为慷慨的失业保险金和更高的所得税的政策下，如表 4–6B 所示，模型经济到达一个角点解，即所有的工人失业，所有的企业选择不创建新的岗位。该结论在引入培训成本，采用有条件标准差作为校准目标，改变关键参数 β 的校准目标的稳健性检验中都是成立的。经济学直觉上，给定高水平的闲暇价值，随着失业保险金和所得税税率的显著上升，就业机会成本 z 大幅增加。当 z 超过劳动生产率 p 时，匹配盈余由正转负，市场活动不再具有吸引力，企业和工人在劳动力市场上不再活跃。

在表 4–6A 和表 4–6B 报告的模拟结果中，参数 $\{\lambda, \Delta, k, c, \mu\}$ 均通过美国数据校准，并假设在政策变化前后不变。[①] 在加拿大政策下，如果使用加拿大数据校准这些参数，能否提高模型的拟合度？接下来，我们来回答这个问题。参数 $\{\lambda, \Delta, k\}$ 的取值将匹配加拿大的劳动生产率的标准差、自相关系数及培训成本与工资的比值。关于加拿大的培训成本，根

---

① 当政策变化前后的 μ 和 η 值相同时，则隐含地假设两国的匹配函数相同。当 μ 的值校准为加拿大目标时，该假设就放宽了。

据 Conference Board of Canada 发布的资料 *Learning and Development Outlook 2005*，Goldenberg（2006）估计加拿大培训成本占工资的比例约为美国的三分之二，即（k/ω）$_{CA}$=0.37。类似地，参数 $\{c, \mu\}$ 的取值将匹配 θ_{CA} 的标准化均值和月平均求职率 f_{CA}。根据前文的讨论，我们可以很容易地预测到，只要美国的高闲暇价值被强加在加拿大模型经济，重新校准参数 $\{\lambda, \Delta, k, c, \mu\}$ 不会大幅度改变模型对失业的预测，角点解仍然存在。

如果上述的反事实实验反过来做会发生什么？为了找到答案，我们按照相同的策略，以加拿大的校准目标对模型进行校准。具体地，我们用 θ_{CA} 的标准差作为校准目标为闲暇价值 l_{CA} 赋值，用平均失业率 u_{CA} 作为校准目标为离职率赋值。表 4-5（第 2 列）汇总了加拿大的校准目标。接下来，我们将美国的政策和劳动生产率的随机过程引入加拿大的模型经济中。[1] 如表 4-7B 最下方所示，模型模拟的 θ 标准差仅占美国实际无条件（条件）标准差的约 20%（40%）。[2] 此外，政策变化也引起了加拿大模型经济中失业率（下降约 50%）的剧烈变动。从经济学直觉分析，较低的税率和更温和的失业保险金，以及较低的闲暇价值，显著降低了非市场回报 z，这不仅扩大了净利润（$p-z$），而且既破坏了 Hagedorn 和 Manovskii（2008）提出的波动放大机制，还降低了失业的吸引力。

我们的研究结果表明，具有高就业机会成本的模型无法同时解释两国在短期周期波动和长期均衡观察到的数据特征。更准确地说，当我们考虑到所有可观察到的经济环境差异以及政策差异时，MP 模型仍无法同时解释两国在失业和空缺岗位上的波动行为。

---

① 如果将加拿大观察到的生产率随机过程校准的参数 λ 和 Δ 的值保留在美国模型经济中，则模拟的劳动生产率的波动大约是美国观察到的 4 倍，这导致 θ 的预测的标准差要大得多。

② 允许参数 $\{c, \mu, k\}$ 取其美国值不会影响 θ 的标准差的结果。

表 4-7A　加拿大政策对美国的影响

		加拿大政策				
		模型（1）	模型（2）	模型（3）	模型（4）	模型（5）
加拿大校准目标	s.d.（θ）	0.367	0.367	0.191	0.191	0.191
	s.d.（w）	–	–	–	–	0.016
	β	0.46	0.46	0.46	0.46	0.25
	k/w	0	0.37	0	0.37	0.37
加拿大参数值	c	0.051	0.053	0.099	0.100	0.214
	s	0.025	0.025	0.026	0.026	0.026
	k	0	1.089	0	1.083	1.063

表 4-7B　加拿大政策对美国的影响

		加拿大政策 VS 美国政策和随机劳动生产率过程								
		模型（1）		模型（2）		模型（3）		模型（4）		模型（5）	
		美国	加拿大	美国	加拿大	美国	加拿大	美国	加拿大	美国	加拿大
	λ	0.290	0.300	0.300	0.300	0.301	0.300	0.302	0.300	0.303	0.300
	Δ	0.260	0.052	0.159	0.046	0.135	0.044	0.102	0.040	0.106	0.041
就业机会成本 z 的分解	l	0.447	0.447	0.427	0.427	0.415	0.415	0.396	0.396	0.402	0.402
	t	0.241	0.192	0.230	0.183	0.223	0.178	0.213	0.170	0.217	0.173
	b	0.265	0.110	0.260	0.108	0.263	0.109	0.258	0.107	0.254	0.104
	z	0.953	0.749	0.917	0.718	0.901	0.702	0.867	0.673	0.873	0.679
u 和 θ 的预测结果	s.d.（θ）	0.367	0.077	0.367	0.077	0.191	0.064	0.191	0.065	0.191	0.064
	u（%）	7.78	3.13	7.78	3.23	7.78	4.25	7.78	4.30	7.78	4.10

4.5.2　加拿大和美国的单独校准

4.5.1 节的模拟结果是基于两国具有相同闲暇价值的假设之上的。一个简单的解决方法可能是允许两国拥有不同的闲暇偏好。这样一来，我们需要回答两个问题：这两个国家的闲暇价值差距需要有多大才能使得观察到的周期波动数据与显著的政策差异相一致？两国隐含的闲暇价值差距是否合理？为了寻求答案，我们分别用两国数据对模型进行了校准。也就是说，在下面的模拟中，美国（加拿大）模型经济中的所有参数，无论它们是否可观察，都以表 4-5 中列出的美国（加拿大）的校准目标进行校准。由于加拿大劳动生产率大约是美国的 80%，l_{CA} 值是在同时考虑或不考虑劳动生产率差异的情况下计算的。

表 4-8　加拿大和美国的闲暇价值

		模型（1）		模型（2）		模型（3）		模型（4）		模型（5）	
		美国	加拿大	美国	加拿大	美国	加拿大	美国	加拿大	美国	加拿大
校准目标	s.d.(θ)	0.367	0.382	0.367	0.382	0.191	0.151	0.191	0.151	0.191	0.151
	s.d.(w)	–	–	–	–	–	–	–	–	0.016	0.012
	β	0.46	0.46	0.46	0.46	0.46	0.46	0.46	0.46	0.25	0.10
	k/w	0	0	0.37	0.55	0	0	0.37	0.55	0.37	0.55
参数值	c	0.051	0.051	0.053	0.054	0.099	0.131	0.100	0.130	0.214	0.621
	s	0.025	0.026	0.025	0.026	0.026	0.027	0.026	0.027	0.026	0.027
	k	0	0	1.089	1.605	0	0	1.083	1.594	1.063	1.513
	λ	0.290	0.284	0.300	0.295	0.301	0.297	0.302	0.300	0.303	0.300
	Δ	0.260	0.263	0.159	0.131	0.135	0.104	0.102	0.074	0.106	0.082
就业机会成本 z 的分解	z	0.953	0.955	0.917	0.902	0.901	0.876	0.867	0.826	0.873	0.842
	t	0.241	0.253	0.230	0.238	0.223	0.230	0.213	0.216	0.217	0.222
	b	0.265	0.111	0.260	0.108	0.263	0.110	0.258	0.107	0.254	0.102
	l	0.447	0.591	0.427	0.556	0.415	0.536	0.396	0.503	0.402	0.518
		模型（1）		模型（2）		模型（3）		模型（4）		模型（5）	
l_{US}/l_{CA} 的预测结果	$p^{*CA}=p^{*US}=1$	1.32		1.30		1.29		1.27		1.29	
	$p^{*CA}/p^{*US}=0.8$	1.65		1.63		1.61		1.59		1.61	

表 4-8 汇报了两个国家的校准结果。为了便于比较，表 4-8 最下方汇报了 l_{US}/l_{CA} 这一比值。如表 4-8 所示，在所有情况下，加拿大的闲暇价值都远低于美国：当不考虑两国劳动生产率差异时，美国的闲暇价值比加拿大的高出约 30%；当考虑劳动生产率差异时，这一差距攀升至 60% 以上。

4.6　结论

本章旨在探讨标准 MP 模型对加拿大劳动力市场周期波动的解释力度。尽管 MP 模型成功地模拟出许多观察到的定性特征，但关键的定量结果与实际是不一致的。与 Shimer（2005）一样，模拟结果表明，该模型无法在低闲暇价值下模拟出观察到的失业和空缺岗位的较强的波动。具体地，采用与 Shimer 类似的校准方法，求人倍率对劳动生产率冲击的反应不到加拿大数据观察值的 1/3。

MP 模型在加拿大和美国表现出的相似性，以及两国在失业保险政策和税收政策方面的明显差异，揭示了模型的另一个难题。例如，当我们允许就业机会成本 z 值尽可能高以模拟出美国数据里观察到的求人倍率的显著波动时，模型所需（隐含）的高闲暇价值（z 的不可观察到的部分），加上加拿大相对较高的失业保险金和所得税，将导致非市场回报超过劳动生产率，从而使得模拟的失业和空缺岗位情况与加拿大现实经济截然相反。这种失败可以通过允许两国拥有不同的闲暇价值来解决，然而我们发现加拿大的所需的闲暇价值必须是美国的 60% 左右，显然，这一差距大得令人难以置信。此外，我们还发现当美国模型经济实施加拿大失业保险金和所得税税率时，失业将出现强烈波动，这也是 Costain 和 Reiter（2008）提出的批评核心所在。本章所有的负面发现都意味着对关键参数 z 的赋值做简单调整无法解决标准 MP 模型的"波动之谜"。

尽管部分研究表明引入工资刚性可以成功解决"波动之谜"（Hall，2005a；Hall et al.，2008），但这种方法也存在一些问题。Mortensen 和 Nagypál（2007）指出，刚性工资本身不足以解决这个谜题，工资水平还必须接近劳动生产率（这同样隐含着要求就业机会成本 z 足够大）。为了证明这一点的重要性，他们证明了在 z 值较小的情况下，即使工人的议价能力设定为 0，MP 模型仍然无法模拟出观察到的较强的劳动波动。[1] 直观来说，企业创建新的岗位的激励来源于其净利润（$p-w$），或净匹配盈余（$p-z$）。由于工资或就业机会成本接近劳动生产率，净利润或净匹配盈余对劳动生产率的变化反应强烈，这导致岗位创造行为在周期内出现更大幅度的波动，从而导致劳动力市场更大幅度的周期波动。

---

① 在工人议价能力为 0 的情况下，模型可简化为固定工资等于就业机会成本的模型。

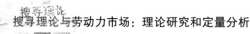
附录

A. 校准策略与方法

A.1 劳动生产率的随机波动过程

对于随机变量 y，y 的初值位于有限次序（finite-ordered）（11 个状态）的点集上，称为可行性集 Y。

$$y \in Y \equiv \{-5\Delta,\ -4\Delta,\ \cdots,\ 0,\ \cdots,\ 4\Delta,\ 5\Delta\},\ \Delta>0$$

其中，Δ 是相邻两个状态之间的间隔大小。

每一时期开始，经济会受到一个外生的劳动生产率的冲击。变量 y 通过新的 y' 响应冲击的概率为 λ，否则，y 保持不变。新的 y' 值以一个 Δ 上升或者下降，但仍处于可行性集 Y 中。

$$y' = \begin{cases} y+\Delta, & \text{概率为} \dfrac{\lambda}{2}\left(1-\dfrac{y}{5\Delta}\right) \\[2mm] y-\Delta, & \text{概率为} \dfrac{\lambda}{2}\left(1+\dfrac{y}{5\Delta}\right) \end{cases}$$

y' 值上升的概率随着 y 现值的增大而减小，以此保证均值回归。参数 Δ 和 λ 将同时校准，使得模型中劳动生产率的方差和自相关系数与数据中计算的结果相一致。

A.2 工作求职率对于求人倍率的弹性

参考 Mortensen 和 Nagypál（2007），η 可由稳态时失业的状态演化方程估算：失业流出（即成功匹配的人数）等于失业流入。由此可得

$$m(u,\ v) = s(1-u) \tag{附4A-1}$$

对式（附 4A-1）两边取对数，结合匹配函数的设定，得

$$\ln u + \eta \ln v + (1-\eta)\ln u = \ln s + \ln(1-u)$$

因此，$\ln(v/u)$ 对 $\ln u$ 的 OLS 回归系数可表示为

$$\frac{\partial E\ln(v/u)}{\partial \ln u} = -\frac{1}{\eta}\left(\frac{u}{1-u}+1-\eta\right)$$

如表 A-1 所示，有

$$\frac{\partial E\ln(v|u)}{\partial \ln u} = \rho_{vu}\frac{\sigma_v}{\sigma_u}$$

利用 1962—2001 年月平均失业率，其在加拿大为 7.78%，在美国为 5.67%，可得到 η 在这两个国家均为 0.54。

表 A-1　1962—2001 年加拿大和美国数据的描述性统计

	σ_v	σ_u	ρ_{vu}	u	η
加拿大	0.237	0.162	−0.689	0.077 8	0.54
美国	0.202	0.190	−0.894	0.056 7	0.54

A.3 法定失业保险金替代率（4.4 节）

根据加拿大 1955 年《就业保险法案》（*Employment Insurance Acts*）和随后的修正案，1962—2003 年，加拿大平均法定失业保险金替代率为就业者年平均收入的 55%（有抚养人的为 60%）。4.4 节模型模拟中设定 z / w=0.6（领取者样本的中位数）。

A.4 实际失业保险金替代率（4.5 节）

实际失业保险金替代率衡量为支付给失业工人的每周平均失业保险金与支付给就业工人的每周平均收入的比值（表 A-2 中第 1 列）。为了便于度量，如表 A-2 所示，第 1 列中的指标被分解为第 2 列和第 3 列。第 2 列是支付给失业保险金领取者的每周平均失业保险金与支付给就业工人的每周平均收入的比值。第 3 列是领取失业金的领取率，即每周平均失业保险金领取人数与每周平均失业工人（有失业保险金领取资格）人数的比值。

表 A-2　1972—2003 年实际失业保险金替代率

	平均失业保险金（失业工人）／平均收入（就业工人）	平均失业保险金（失业保险领取者）／平均收入（就业工人）	领取率
加拿大	0.265	0.406	0.653
美国	0.111	0.357	0.310

注：第 1 列指标等于第 2 列指标与第 3 列指标的乘积。

B. 数据来源

B.1 劳动力市场变量

（1）失业：1976—2005 年的数据来自加拿大统计局（Statistics Canada），CANSIM Ⅱ，V2062814；1962—1974 年的数据来自 the Historical Labour Force Statistics，Catalogue，Vol.1971—1974；1975 年的数据来自加拿大统计局（Statistics Canada），Labour Force，Catalogue 71–001，Vol. 1975.

（2）岗位：1962—1988 年的数据来自加拿大统计局，CANSIM Ⅱ，V3687（1981=100）；1981—2003 年的数据来自 V3759（1996=100）。

（3）工作求职率：工作求职率根据 Shimer（2005）式（1）计算而来。1976—2003 年的数据来自加拿大统计局，CANSIM Ⅱ，V2064893 和 V3433878；1962—1974 年的数据来自 the Historical Labour Force Statistics，Catalogue 71–210，Vol. 1971—1974；1975 年的数据来自加拿大统计局，Labour Force，Catalogue 71–001，Vol. 1975.

（4）离职率：求职率根据 Shimer（2005）式（2）计算而来。1976—2005 年数据来自加拿大统计局，CANSIM Ⅱ，V2064890；1962—1974 年数据来自 the Historical Labour Force Statistics，Catalogue 71–210，Vol.1971—1974；1975 年数据来自加拿大统计局，Labour Force，Catalogue 71–001，Vol.1975.

（5）劳动生产率：劳动生产率由除农业和公共部门以外的人均实际 GDP 衡量（1992=100）。GDP 数据来自加拿大统计局，CANSIM Ⅱ，1961—1996 年的 V328916，V328932，V329123，V329126，V329144，V329155，V329156，V329157，V329170，V329217，V329218 和 1997—2003 年的 V2035520，V2035521，V2035524，V2035541，V2035545，V2035549，V2035736，V2035737，V2035738，V2035758，V2035773，V2035783，V2035794。就业数据 1962—1966 年来自加拿大统计局，CANSIM Ⅱ，1987—2003 年的 V2057606，V2057607，V2057608，V2057609，V2057611，V2057612，

V2057613，V2057614，V2057615；1962—1966 年数据来自加拿大统计局，Labour Force，Catalogue 71–001，Vol. 1960—1966；1966—1986 年数据来自 the Historical Labour Force Statistics，Catalogue 71–201，Vol. 1971—1974 和 Vol. 1986—1987。

（6）失业率：在加拿大，该数据来自加拿大统计局，CANSIM Ⅱ，1976—2003 年的 V2062815；在美国，该数据来自劳工统计局，1951—2003 年期间的 LNS14000000。

（7）实际工资：所有工业平均的人均名义工资除以 GDP 平减指数。GDP 平减指数等于名义 GDP 除以实际 GDP。在加拿大，数据来自 1962—2003 年期间的加拿大统计局，CANSIM Ⅱ，其中，名义工资来自 V500266 和 V1996471，实际 GDP 来自 V498943，名义 GDP 来自 V498086。在美国，数据来自劳工统计局，其中，名义工资来自 PRS85006063，就业来自 PRS85006013，实际 GDP 来自 PRS85006043，名义 GDP 来自 PRS85006053。

B.2 失业保险制度慷慨程度指标

（1）失业保险金替代率（对于失业保险金领取者）：用失业保险金领取者每周平均收到的失业保险金与每周平均支付给就业工人的工资的比率衡量。在加拿大，所需数据来自加拿大统计局，CANSIM Ⅱ，其中，1972—2003 年的平均每周固定的失业保险来自 V384494，平均周工资来自 V75249，V729405 和 V1597104。在美国，U.S. Department of Labor Employment and Training Administration 的年度报告和财务数据（Taxable and Reimbursable Claim，第 27 列）直接给出了 1972—2003 年的失业保险金替代率。

（2）失业保险金领取率：用每月失业保险金领取人数与每月失业人数的比率衡量。在加拿大，1976—2003 年的每月失业保险金领取人数来自加拿大统计局，CANSIM Ⅱ，V384652 和 V2062814。在美国，Vroman（2004）表 C.1 直接给出了 1967—2003 年的失业保险金领取率。

参考文献

Andolfatto D, Gomme P, 1996. Unemployment Insurance and Labor-Market Activity in Canada [J]. Carnegie-Rochester Conference Series on Public Policy (44): 47–82.

Barron J M, Berger M C, Black D A, 1997. On-the-Job Training [M]. W. E. Upjohn Institute for Employment Research.

Bils M, Kim S B, Chang Y, 2006. Comparative Advantage in Cyclical Unemployment [M]. Social Science Electronic Publishing.

Christofides L N, McKenna C J, 1996. Unemployment Insurance and Job Duration in Canada [J]. Journal of Labor Economics, 14 (2): 286–312.

Cole H L, Rogerson R, 1999. Can the Mortensen-Pissarides Matching Model Match the Business-Cycle Facts? [J]. International Economic Review, 40 (4): 933–959.

Costain J S, Reiter M, 2008. Business Cycles, Unemployment Insurance, and the Calibration of Matching Models [J]. Journal of Economic Dynamics and Control, 32 (4): 1120–1155.

Dolfin S, 2006. An Examination of Firms' Employment Costs [J]. Applied Economics, 38 (8): 861–878.

Green D A, Riddell W C, 1997. Qualifying for Unemployment Insurance: An Empirical Analysis [J]. The Economic Journal, 107 (440): 67–84.

Goldenberg M, 2006. Employer Investment in Workplace Learning in Canada [C]. A discussion paper prepared by Canadian Policy Research Networks, Canadian Council on Learning.

Haefke C, Sonntag M, Rens T V, 2007. Wage Creation and Job Creation [M]. Social Science Electronic Publishing.

Hagedorn M, Manovskii I, 2008. The Cyclical Behavior of Equilibrium Unemployment and Vacancies Revisited [J]. American Economic Review (98): 1692–1706.

Hall R E, 1995. Lost Jobs [D]. Brookings Papers on Economic Activity: 221–274.

Hall R E, 2003. Modern Theory of Unemployment Fluctuations: Empirics and Policy Applications [J]. American Economic Review, 93 (2): 145–150.

Hall R E, 2005a. Employment Fluctuations with Equilibrium Wage Stickiness [J]. American Economic Review, 95 (1): 50–65.

Hall R E, 2005b. Job Loss, Job Finding, and Unemployment in the U. S. Economy Over the Past Fifty Years [J]. NBER Macroeconomics Annual (20): 101–137.

Hall R E, Milgrom P R, 2008. The Limited Influence of Unemployment on the Wage Bargain [J]. American Economic Review, 98 (4): 1653–1674.

Hosios A J, 1990. On The Efficiency of Matching and Related Models of Search and Unemployment [J]. Review of Economic Studies, 57 (2): 279–298.

Merz M, 1995. Search in the Labor Market and the Real Business Cycle [J]. Journal of Monetary Economics, 36 (2): 269–300.

Moorthy V, 1989. Unemployment in Canada and the United States: The Role of Unemployment Insurance Benefits [J]. Federal Reserve Bank of New York Quarterly Review (14): 48–61.

Mortensen D T, Pissarides C A, 1994. Job Creation and Job Destruction in the Theory of Unemployment [J]. Review of Economic Studies, 61 (3): 397–415.

Mortensen D T, Nagypál E, 2007. More on Unemployment and Vacancy Fluctuations [J]. Review of Economic Dynamics, 10 (3): 327–347.

Petrongolo B，Pissarides C A，2001．Looking into the Black Box：A Survey of the Matching Function［J］．Journal of Economic Literature，39（2）：390–431．

Pissarides C A，2000．Equilibrium Unemployment Theory［M］．2nd edition．Blackwell Cambridge Mass．

Pissarides CA，2007．The Unemployment Volatility Puzzle：Is Wage Stickiness the Answer?［J］．Econometrica，77（5）：1339–1369．

Rogerson R，Shimer R，Wright R，2005．Search–Theoretic Models of the Labor Market：A Survey［J］．Journal of Economic Literature，43（4）：959–988．

Shimer R，2005．The Cyclical Behavior of Equilibrium Unemployment and Vacancies［J］．American Economic Review，95（1）：25–49．

Silva J I，Toledo M，2009．Labor Turnover Costs and the Behavior of Vacancies and Unemployment［J］．Macroeconomic dynamics．

Vroman W，Woodbury S A，2004．Trend and Cycle Analysis of Unemployment Insurance and the Employment Service［J］．U.s.dept.of Labor Office of Workforce Security．

Yashiv E，2006．Evaluating the Performance of the Search and Matching Model［J］．European Economic Review，50（4）：909–936．

Yashiv E，2007．Labor search and matching in macroeconomics［J］．European Economic Review，51（8）：1859–1895．

第 5 章　失业保险制度
与劳动力市场周期

5.1　引言

　　大多数关于劳动力市场的模型都假设失业工人在寻找工作时都具备领取失业保险金的资格。正如 Mortensen（1977）、Burdett（1979）和 Hamermesh（1979）所指出的，这种建模方法过于简化失业保险制度（UI system）的运行方式，与实际情况不符，因此模型所得到的关于失业保险制度对劳动力市场影响的结论可能不太准确，甚至可能具有误导性。为了解决这个问题，一些研究开始考虑关于现实中失业保险制度的特征。然而，由于实际的失业保险制度有着纷繁复杂的制度规定，因此这些研究的定量分析基本不做严谨的模型校准，而是依赖简单的参数随机赋值并进行数值模拟的方法（numerical method）进行分析。此外，这些研究要么假设实际工资的分布是外生的（Androlfatto et al.，1996），要么假设实际工资的决定遵循非标准的机制（Brown et al.，2003）。在本章中，对 MP 基准模型进行拓展，在保证模型的易处理性（tractable）不受影响的前提下，对失业保险金的领取资格进行内生性刻画。具体来说，领取资格内生性刻画的关键内容：在模型中，工人不是始终具有领取失业保险金的资格，他们必须通过就业一段时间（且该就业经历必须是相对近期的），才能获得领取资格；此外，如果工人自愿辞职或拒绝工作机会，则有可能丧失失业金领取资格。

如果失业工人在寻找工作时无须任何条件就可以领取失业保险金，那么失业保险金和闲暇价值一样，是就业的机会成本，提高了工人在与雇主进行工资谈判时的议价地位。在这种情况下，失业保险金降低了企业的预期利润，减弱了企业创建岗位的动机，从而抑制了就业。相反地，如果工人必须通过工作一段时间才能领取失业保险金，并且如果工人自动放弃工作机会就无法领取失业保险金，那么失业保险金就不再是就业的机会成本，而是就业的间接福利。这种情况下，失业保险金将提高企业的预期利润，从而刺激岗位创造活动。这是经典文献，如 Mortensen（1977）、Burdett（1979）和 Hamermesh（1979）等，所强调的资格效应（entitlement effect）。在这些早期研究中，对获得失业保险金领取资格的渴望降低了寻找工作的工人的保留工资，从而也降低了失业率。在本章的研究中，资格效应是通过影响企业和工人的谈判地位来实现的。失业保险金使得就业对工人更具吸引力，从而提高企业的工资议价地位，获得匹配盈余中的更高份额，从而对创建空缺岗位产生更强烈的动机。

虽然慷慨的失业保险金会通过资格效应鼓励企业创造就业机会，但是它也可能通过其他渠道抑制就业创造。假设失业保险机构无法完全正确地识别工人的失业原因，那么即使工人辞职或拒绝工作机会，他们仍有一定的概率能够领取失业保险金（道德风险行为）。因此，失业保险金对就业有两方面的不利影响。首先，失业保险金提高了工人的议价能力，他们有可能为了领取失业保险金而拒绝工作机会，这减弱了企业创造就业机会的动机。其次，失业保险金可能引发实际的道德风险行为，即工人可能辞职或拒绝工作机会，这会直接导致失业增加。除了这些影响之外，由于维持一个保障程度高的失业保险金制度需要消耗巨额资金，因此就业工人需要支付较高的失业保险金缴费，这也是就业的机会成本。

考虑到所有这些影响，我们得到以下类似于李嘉图等价定理（Ricardian equivalence）的理论结论：如果失业保险金体系自收自支、预算平衡（fully funded），而且工人风险偏好中性，那么可以通过设计失业保险的缴费来防止工人的道德风险行为，同时使失业保险制度对实体经济的影响实现中性（neutral），即失业保险体系对实际产出和就业的均衡结果没有影响。与李嘉图等价定理一样，"失业保险体系中性"的理论结果可以视为一把尺子（benchmark），用于测量当"失业保险体系中性"的条件被违背时，失业保险金制度对实体经济的影响。举个例子来说，如果最终落在就业工人身上的失业保险缴费没有得到精确的设计，以至于没有实现失业保险体系的预算平衡，那么对部分或所有工人而言，失业保险金的正向和负向影响不会相互抵消，失业保险制度就会影响企业创建岗位的动机，影响部分工人接受工作机会或继续雇佣关系的意愿。

工人如何获得或失去失业保险领取资格，对模型的定量结果具有重要影响。例如，在我们的基准校准中，如果一项改革可以使得工人拒绝工作机会后无法领取失业保险金，从而消除失业保险金引发的道德风险效应，那么平均长期失业率将从 5.7% 降至 4.5%。事实上，相较于实行与"失业保险体系中性"所对应的缴费计划或完全取消失业保险制度，这种改革产生的影响更大（完全取消失业保险制度使平均失业率降至 4.7%）。

此外，我们发现将失业保险领取资格内生化，也有助于提高 MP 模型的劳动力市场周期波动的数据解释能力。虽然，如 Hagedorn 和 Manovskii（2008）所述，我们的模型仍需要假定很高的就业机会成本才能模拟出现实中的失业和空缺岗位周期波动，但是我们的模型成功地同时模拟出了失业受劳动生产率冲击和失业保险金变化的现实反应。正如 Hornstein 等（2005）以及 Costain 和 Reiter（2008）所强调的，标准的 MP 模型是无法同时实现这两个维度的失业变动的。更准确地说，在我们的模型模拟中，失业对失业保险金增加的反应较小，这与 Costain 和 Reiter（2008）中的估计结果相似，而失业对劳动生产率增加的反应较大。在标准的 MP 模型中，这两个影响大小是相似的。在我们的模型中，这两种影响大小是不同的，其原因在于资格效应使得失业保险金增加，对就业的负向影响减弱了。这一影响机制与文献中假设实际工资刚性（Hall，2005；Kennan，2010；

Menzio et al.，2010）有着异曲同工的效果。这两种机制都可以用来解释为什么"失业对生产率冲击的反应较强，而对失业保险金变化的反应较弱"。

本章其余部分的结构如下。5.2 节构建随机动态 MP 模型，模型中的失业保险制度要求工人必须通过就业一段时间才能获得失业保险领取资格。在这一节里，我们将推演失业保险制度中性的条件。5.3 节根据美国的数据对模型进行校准，并对模型定量模拟的结果进行分析。特别地，这一节将研究美国的失业保险制度与第二节中得到的中性的失业保险制度之间的差距。此外，这一节还报告了失业率受劳动生产率冲击和失业保险金变化后的模拟结果。5.4 节总结全文。

5.2　基准模型

我们的模型是随机离散时间形式的 MP 模型，模型有以下两个特点：（1）失业工人必须通过就业一段时间才能获得失业保险金的领取资格；（2）企业与工人的匹配质量是异质的。

5.2.1　模型环境

在经济中，有度量为 1 的工人，有很多潜在的企业可以自由进入劳动力市场。工人和企业都是无限生存的，风险偏好均为中性。工人和企业均追求其预期效用最大化，且未来效用的贴现率为 r。[①] 只有当企业和工人匹配形成雇佣关系后，才能进行生产。为了实现这种雇佣关系，工人和企业必须首先进入劳动力市场，并且寻找合适的合作伙伴。企业与工人匹配成功后，每期都进行生产，直至匹配解散。匹配的解散要么是由于发生了外

---

① 为了方便与 MP 基准模型进行比较，我们沿用基准模型的假设，假定偏好为风险中性。这样一来，如果我们的定量研究得到不同于 MP 基准模型的结果，其原因不会源自风险偏好的差异，而是因为我们在模型中引入了失业保险领取资格的失业保险制度特征。我们推测，由于厌恶风险的工人更关心失业保险领取资格，因此在风险厌恶假定下，主要的定量分析结果应该更显著。

生的离职冲击（概率为 s），要么是由于解散匹配更符合两者中至少一方的利益（即内生解散，endogenous separation）。匹配盈余根据广义的纳什讨价还价原则（generalized axioms of Nash）在工人和企业之间进行分配。

　　工人与企业在单一劳动力市场中随机搜寻对方，我们用匹配函数 $M(v_t, u_t)$ 来概括劳动力市场中的搜寻摩擦，该匹配函数具有规模报酬不变的性质。在 t 期里，匹配函数 M 将企业创建的岗位数量 v_t 和失业人数 u_t 映射到形成的匹配数量 M 上。

　　由于匹配函数 M 具有规模报酬不变的性质，因此工人找到工作的概率（工作求职率，job-finding rate）是劳动力市场紧度 $\theta_t = v_t / u_t$（vacancy-unemployment ratio，或称为求人倍率）的函数，表示为 $f(\theta_t) = M(v_t, u_t) / u_t = M(\theta_t, 1)$。同样，企业填补空岗的概率（即岗位匹配率，job-filling rate）也是关于 θ_t 的函数，并满足以下关系：

$$q(\theta_t) = \frac{M(v_t, u_t)}{v_t} = \frac{M(v_t, u_t)}{u_t} \cdot \frac{u_t}{v_t} = \frac{f(\theta_t)}{\theta_t} \qquad (5-1)$$

　　函数 M 是连续可微的凹函数，随着空缺岗位数量和失业人数的增加而增加。此外，函数 M 满足稻田条件（Inada conditions），即 $M(1, 0) = M(0, 1)$，$M_1(0, 1) = M_2(1, 0) = \infty$。因此，当空缺岗位多于失业人数时，工人更容易找到企业与之匹配，而当空缺岗位少于失业人数时，企业更容易找到工人与之匹配。

　　如引言所述，我们在 MP 基准模型中引入失业保险制度的一些关键规定。具体来说，我们内生刻画了失业保险体系的两个制度细节：一是在模型里，我们假设并非所有失业工人都能够领取失业保险金，只有具有失业保险金领取资格的工人才能在失业期间领取失业金，对于失业金领取资格，工人必须先就业一段时间，才能获得领取资格；二是和现实情况一样，我们假设失业金的领取期限是有限的。此外，原则上来说，只有被动失业的工人才能领取失业保险金。然而，在现实中，由于监管疏漏，一些主动辞职的工人也能成功地假装成被动失业并领取失业金。为了刻画失业保险金所引发的道德风险问题，在模型中我们假设如果工人主动辞职或拒绝工作机会，他们领取失业保险金的概率分别为 π 和 $\widetilde{\pi}$，对于 π 和 $\widetilde{\pi}$ 的取值，我们假设 $\widetilde{\pi} \geqslant \pi$。这是因为与失业工人的拒绝工作机会行为相比，工人的辞职行为更容易被失业保险机构发现并得到处罚。

为了平衡模型的真实性和易处理性，我们用以下方式来刻画工人获得和丧失失业保险领取资格。我们用 i 表示工人具备失业保险金领取资格（$i=1$）或不具备失业保险金领取资格（$i=0$）。不具备领取资格的工人只能在就业状态下才可能获得失业保险领取资格。为此，我们假设在一期内就业工人从没有失业保险金领取资格转变为具备领取资格（从 $i=0$ 转变为 $i=1$）的概率为 g。如上文所述，当具备领取资格的工人在辞职或拒绝工作机会后被失业保险机构发现时，或者当他们处于失业状态而失业保险领取期限到期时，他们会失去失业保险金领取资格。在一期内，具备失业保险金领取资格的失业工人失去领取资格（从 $i=1$ 转变为 $i=0$）的概率为 d。在我们的数值模拟中，我们将对参数 g 和 d 进行校准，使得模型模拟出的不具备资格的工人获得失业保险平均所需时间，及失业保险金平均领取期限与实际数据保持一致。

政府通过就业工人交纳的失业保险金缴费 τ_x^i（缴费金额根据模型经济状态变量 x 调整）实现失业保险体系的自收自支和预算平衡。τ_x^i 中上标 i 表示是否具有失业保险金的领取资格，下标 x 表示经济的状态变量（稍后将详细说明）。由于政府可以以实际利率 r 借贷和储蓄，失业保险体系可能在某些期内出现赤字或盈余，但在均衡时保持平衡预算。

考虑到有些工人–企业匹配可能会内生地解散，而有些匹配则不会，因此我们假设每一个企业–工人匹配的劳动生产率都有一个异质性的组成部分。具体来说，我们假设工人和企业在期初形成一个新的匹配（即雇佣关系）后，工人会抽取一个随机值 ϵ，该值决定了企业–工人匹配特有的生产率（match-specific productivity），被称为匹配质量。由此，企业–工人匹配的总劳动生产率定义为

$$p_t(\epsilon) = \overline{p}_t + \epsilon$$

其中，$\overline{p}_t$ 是 t 期中所有的匹配的通用劳动生产率；ϵ 是每个匹配特有的

（match specific）劳动生产率；$\bar{p}_t$ 是遵循马尔可夫链的随机变量，取值范围处于有限范围（finite support）$P \subset R_+^n$ 内。异质性组成部分 ϵ 是从有限范围 $E \subset R_+^m$ 的分布中随机抽取的，ϵ 的密度函数是 $h(\epsilon)$，累积分布函数是 $H(\epsilon)$。

在确定匹配特有的劳动生产率后，与企业新配对的工人决定是否接受该工作机会。如果工人拒绝工作机会，只要他们有失业保险金领取资格，他们将以 $\tilde{\pi}$ 的概率领取失业保险金。这意味着他们拒绝工作的行为将以 $(1-\tilde{\pi})$ 的概率被失业保险机构发现，从而失去失业金领取资格。相反地，如果他们接受工作机会，他们将以特定匹配劳动生产率 ϵ 与企业建立雇佣关系，且该匹配质量在其就业期间保持不变。用 $\hat{\epsilon}_t^i$ 标记 ϵ 的阈值，它决定了 i 类工人选择接受工作机会（$\epsilon \geqslant \hat{\epsilon}_t^i$）还是拒绝工作机会（$\epsilon < \hat{\epsilon}_t^i$）。由此，我们可以得到 t 期中 i 类工人的有效工作求职率（effective job-finding rate）是工人与企业相遇的概率与随后该工人接受工作机会概率的乘积：$f(\theta_t)$ $[1-H(\hat{\epsilon}_{t+1}^i)]$。

与工人拒绝工作机会的情况类似，如果具备失业保险领取资格的工人选择辞职，则他们领取失业金的概率为 π。给定匹配质量 ϵ，比较在工作一段时间后获得失业保险领取资格的就业工人，和与企业形成匹配时已经具备失业金领取资格的工人，他们之间的唯一区别在于拒绝工作机会时领取失业金的概率不同。由于 $\pi \leqslant \tilde{\pi}$，工人只可能在以下两种情况下选择辞职（道德风险行为）：一是工人在受雇期间获得了失业保险领取资格；二是在工人就业后整体经济状况 x 发生了变化。

在每一期里，就业工人得到的实际工资为 $w_t^i(\epsilon)$ 扣除失业保险缴费。工资率 $w_t^i(\epsilon)$ 取决于工人是否具备失业保险领取资格，因为失业保险金领取资格提高了就业的机会成本，进而提高了工人在分配匹配盈余的谈判中的议价地位。在每一期里，失业工人的效用来自闲暇价值 l，以及失业保险金 b（如果该失业工人具备失业保险领取资格）。假设 l 和 b 均为正值，且 l 始终小于匹配的整体劳动生产率：$l < p_t(\epsilon)$（满足 $i \in \{0, 1\}$，对

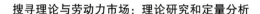

于任意 t 与 $\epsilon \in E$）。这一假设可以确保在没有失业保险的情况下，不会出现工人自愿解除雇佣关系的情况。然而，失业保险制度仍可能导致工人的道德风险行为，因为失业保险缴费是工人就业的机会成本之一，并且对于具备失业保险金领取资格的工人而言，他们如果拒绝工作机会或者辞职，仍有一定的概率可以领取失业保险金。

所有企业都拥有相同的生产技术和偏好。企业要么选择不进入劳动力市场，要么选择进入劳动力市场。选择进入市场的企业与一个工人形成匹配后，每期会得到产出 $p_t(\epsilon)$，并产生用工成本 $w_t^i(\epsilon)+\tau_x^i$。选择进入市场的企业每期要为维持一个空缺岗位支付流动成本（flow cost）c。尽管失业工人找到工作的概率与其是否具备失业保险领取资格无关，但企业与不同类型的工人匹配的概率取决于失业工人的构成。也就是说，企业与 i 类工人（$i \in \{0, 1\}$）匹配的概率为 $q(\theta_t)u_t^i/u_t$，其中，u_t^i 是 i 类失业工人的数量；u_t 是表示失业工人总数。

5.2.2 工人分布的演变方程

在期 t 开始时，匹配中的通用劳动生产率 $\bar{p}_t$ 首先实现其新状态。与此同时，前一期形成的新匹配中的匹配质量（ϵ）也已经明晰。紧接着，与企业匹配的就业工人决定是否与企业继续匹配。如果他们选择继续就业，则生产继续；如果他们选择辞职，那么工人开始寻找工作。在此期间，就业工人受到外生离职冲击而失业的概率为 s，而那些选择继续就业且不具备失业保险领取资格的工人获得领取资格的概率为 g。失业工人与企业形成匹配的概率为 $f_t=f(\theta_t)$，工人抽取到匹配质量 ϵ 的概率为 $h(\epsilon)$。因此，根据工人失业保险的领取资格和匹配质量对工人进行划分，匹配质量不同的 0 类就业工人和 1 类就业工人的劳动状态演变方程如下：

$$e_t^0(\epsilon) =[(1-s)(1-g) e_{t-1}^0(\epsilon)][1-Q_t^0(\epsilon)]+u_{t-1}^0 f_{t-1} h(\epsilon)A_t^0(\epsilon) \quad (5\text{-}2)$$

$$e_t^1(\epsilon) =[(1-s)e_{t-1}^1(\epsilon) + (1-s)ge_{t-1}^0(\epsilon)][1-Q_t^1(\epsilon)]+u_{t-1}^1(\epsilon) f_{t-1}h(\epsilon)A_t^1(\epsilon)$$

$$(5\text{-}3)$$

其中，$Q_t^i(\epsilon)$（$i \in \{0, 1\}$）是一个指示函数（indicator function），表示匹配质量为 ϵ 的 i 类就业工人在 t 期是否选择辞职；$A_t^i(\epsilon)$（$i \in \{0, 1\}$）也是一个指示函数（indicator function），表示 i 类失业工人在 t 期是否以匹配质量 ϵ 接受工作机会。

用 H_t^i（$i \in \{0, 1\}$）表示 i 类失业工人在 t 期拒绝工作机会的概率，$H_t^i = (\hat{\epsilon}_t^i) = 1 - \sum_{\epsilon \in E} A_t^i(\epsilon)$。在 t 期，在失业工人与企业形成匹配（概率为 f_{t-1}）且接受了工作机会（概率为 $1 - H_t^i$）后，该失业工人就转变为就业工人。具备失业保险领取资格的失业工人在下列两种情况下会失去领取资格：失业保险金到期（概率为 $(1-f_{t-1})d$）或者工人拒绝工作机会且被失业保险机构发现（概率为 $f_{t-1}H_t^1(1-\tilde{\pi})$）。由于外生的离职冲击，$i$ 类就业工人转变成 i 类失业工人的概率为 s。如果就业工人主动退出雇佣关系（即辞职），就成为失业工人。在这种情况下，不具备失业保险领取资格的工人不能获得失业保险金，但具备失业保险领取资格的工人以概率 π 获得失业保险金，以概率 $(1-\pi)$ 失去领取资格。因此，按失业保险金领取资格划分的失业工人的劳动状态演变方程如下：

$$u_t^0 = u_{t-1}^0 \left[1 - f_{t-1}(1-H_t^0) \right] + u_{t-1}^1 \left[(1-f_{t-1})d + f_{t-1}H_t^1(1-\tilde{\pi}) \right] + e_{t-1}^0 s$$
$$+ (1-s)\sum_{\epsilon \in E}(1-g)e_{t-1}^0(\epsilon)Q_t^0(\epsilon) + (1-s)(1-\pi)\sum_{\epsilon \in E}[e_{t-1}^1(\epsilon)$$
$$+ ge_{t-1}^0(\epsilon)]Q_t^1(\epsilon) \tag{5-4}$$

$$u_t^1 = u_{t-1}^1 \left[(1-f_{t-1}(1-H_t^1)) - (1-f_{t-1})d - f_{t-1}H_t^1(1-\tilde{\pi}) \right] + e_{t-1}^1 s + (1-s)\pi$$
$$\sum_{\epsilon \in E}[e_{t-1}^1(\epsilon) + ge_{t-1}^0(\epsilon)]Q_t^1(\epsilon) \tag{5-5}$$

5.2.3　贝尔曼方程（Bellman Equations）

我们用 x_t 标记模型经济的状态变量，它包括：劳动生产率的共同组成部分 $\overline{p}_t$，以及根据就业状况、失业保险领取资格和匹配质量对工人进行划分所得到的劳动状态分布。工人的劳动状态分布对企业决策是很重要的，因为失业工人的构成决定了企业将要招聘的工人的类型，从而会影响企业创建空缺岗位的意愿。此外，未来失业工人的构成不仅取决于当前失业工人的构成，还取决于当前就业工人的失业保险领取资格和匹配质量，因为这决定了就业工人的辞职概率，以及他们一旦失业后的工人类型。因此，就业工人的分布也是总体经济状态的一部分。因此，完整的总体经济状态变量集合包括 $\overline{p}_t$，u_t^0，u_t^1，$e_t^0(\epsilon)$，$e_t^1(\epsilon)$（$\forall \epsilon \in E$）。状态变量 x_t 的集合表示为 $X \subset R^{n+2m+1}$。在此集合中，x_t 的动态变化遵循劳动生产率共同组成部分 $\overline{p}_t$ 的马尔可夫链以及工人劳动状态分布的演变方程（5-2）~方程（5-5）。在下文的贝尔曼方程中，所有内生变量和价值方程（value function）都是状态变量的方程，因此我们用下标 x 取代到目前为止使用的下标 t。

根据工人是否具有失业保险金领取资格以及他们的就业状态，工人可能处于四种不同的劳动状态中。类似地，根据匹配的工人是否有资格领取失业保险金，企业可能处于两种不同的状态中。对于 i 类工人，用 $W_x^i(\epsilon)$ 和 U_x^i 分别表示其以匹配质量 ϵ 就业时的预期贴现价值，以及其失业时的预期贴现价值。类似地，用 $J_x^i(\epsilon)$ 表示与 i 类工人以匹配质量 ϵ 形成匹配的企业所获得的预期贴现价值。最后，我们用上引号表示下一期的内生变量和价值方程。期望运算符号 E_ϵ 表示 ϵ 的平均值，E_x 表示以 x 为条件的 x' 的平均值。由此，工人和企业的预期贴现价值由下面的贝尔曼方程确定。

不具有失业保险金领取资格的 0 类失业工人的预期贴现价值包括：当期的闲暇价值 l，以及下一期与企业成功匹配后成为就业工人或保持失业状态的预期贴现价值（相应的概率分别为 $f_x = f(\theta_x)$ 和 $1-f_x$）。因此，有

$$U_x^0 = l + \rho\{f_x E_x[E_\epsilon W_{x'}^0(\epsilon)] + (1-f_x)E_x U_{x'}^0\} \qquad (5-6)$$

其中，$\rho = 1/(1+r)$，为跨期贴现率。为了简化模型，并避免工人被迫接受失业保险金领取资格，我们允许具备领取资格的失业工人放弃领取资格。如果工人保留了失业保险领取资格，则其获得的预期价值包括：当期的闲暇价值 l、失业保险金价值 b，以及下一期获得的预期贴现价值。如果工人在下一期继续保持失业状态，则其可能失去失业保险领取资格（概率为 d）：

$$U_x^1 = \max \left| \begin{array}{l} U_x^0, \ l+b+\rho f_x E_x [E_\epsilon \max\{ \widetilde{W}_{x'}^1(\epsilon), \ \widetilde{\pi} U_{x'}^1 + (1-\widetilde{\pi}) U_{x'}^0 \}] \\ + \rho(1-f_x)[dE_x U_{x'}^0 + (1-d)E_x U_{x'}^1] \end{array} \right| \quad (5-7)$$

值得注意的是，1 类失业工人在与企业相遇后必须决定是否接受工作机会。如果 1 类失业工人拒绝工作机会，则其在下一期可继续领取失业保险金的概率为 $\widetilde{\pi}$。[①] 此时，该工人获得的预期价值为 $\widetilde{\pi} U_{x'}^1 + (1-\widetilde{\pi}) U_{x'}^0$。如果 1 类失业工人接受工作机会，则其获得的预期价值为 $\widetilde{W}_x^1(\epsilon)$。在一般情况下，该预期价值与 1 类就业工人获得的预期价值 $W_x^1(\epsilon)$ 有所不同。其原因在于，工人在辞职后与拒绝工作机会后能够领取失业保险的概率不同，因此在工人接受工作机会后，其外部选择条件（outside value）会下降。由此，如果纳什讨价还价在每期都会发生，那么我们假设在工人接受工作机会的那一刻，企业会向工人支付一次性的转移支付（one time transfer），以补偿失业工人因为接受工作而损失的外部选择条件。这样的转移支付常常体现为，在签订工作合同之前，企业可能做出一些让步。举个例子，在学术界的工资议价过程中，校方往往会给予有潜力的科研人员教学量缩减的优惠政策。

对于 0 类就业工人来说，在每个期初，他们可能会选择辞去当前工作而变为失业工人。在这种情况下，该工人获得的预期价值为 U_x^0。如果工人没有辞职，该工人获得的预期贴现价值等于本期工资 $w_x^0(\epsilon)$，加上下一期因受到外生离职冲击而失业、获得失业保险领取资格、继续保持就业状态的预期贴现价值。工人受到外生的失业冲击的概率为 s，工人在继续就业的情况下获得失业保险领取资格的概率为 g，则有

$$W_x^0(\epsilon) = \max\{ U_x^0, \ w_x^0(\epsilon) + \rho(sE_x U_{x'}^0 + (1-s)[gE_x W_{x'}^1(\epsilon)$$
$$+ (1-g)E_x W_{x'}^0(\epsilon)]) \} \quad (5-8)$$

对于 1 类就业工人来说，在每个期初，他们可能会选择辞职。在这种情况下，他们以 π 的概率领取失业保险金，该工人获得的预期价值为

---

① 根据我们的定义方式，概率 $\widetilde{\pi}$ 结合了失业保险金领取期限未过期的概率和失业保险机构没有抓到工人拒绝工作机会的概率。

$\pi U_x^1 + (1-\pi) U_x^0$。如果 1 类就业工人继续就业，则其获得的价值为当期工资与下一期在外生冲击下失业或继续就业的预期贴现价值之和：

$$W_x^1(\epsilon) = \max\{\pi U_x^1 + (1-\pi) U_x^0,\ w_x^1(\epsilon) + \rho[sE_xU_{x'}^1 + (1-s)E_xW_{x'}^1(\epsilon)]\}$$

$$(5-9)$$

雇用工人的企业获得的预期价值是企业的当期利润加上下一期获得的预期贴现价值。当前的匹配在受到外生离职冲击后依然存续的概率为 $(1-s)$，如果匹配存续，则 0 类就业工人获得失业保险领取资格的概率为 g。在任何时间，企业都可以终止匹配。因此，我们有

$$J_x^0(\epsilon) = \max\{0,\ p_x(\epsilon) - \tau_x^0 - w_x^0(\epsilon) + \rho(1-s)[gE_xJ_{x'}^1(\epsilon)$$
$$+ (1-g)E_xJ_{x'}^0(\epsilon)]\} \qquad (5-10)$$

$$J_x^1(\epsilon) = \max\{0,\ p_x(\epsilon) - \tau_x^1 - w_x^1(\epsilon) + \rho(1-s)E_xJ_{x'}^1(\epsilon)\} \qquad (5-11)$$

我们假设企业自由进入劳动力市场创建空缺岗位。在模型均衡时，企业岗位创建活动的实际成本与其和 i 类工人相匹配（概率为 $q(\theta_x)u_x^i/u_x$）所获得的预期贴现价值相等：

$$c = \rho q(\theta_x)E_\epsilon[(u_x^0/u_x)E_xJ_x^0(\epsilon) + (u_x^1/u_x)E_x\max\{\tilde{J}_{x'}^1(\epsilon),\ 0\}] \qquad (5-12)$$

与工人的情况类似，$\tilde{J}_{x'}^1(\epsilon)$ 表示企业在与 1 类失业工人建立雇佣关系时所获得的预期贴现价值，这和与 1 类就业工人保持雇佣关系的企业获得的价值 $J_{x'}^1(\epsilon)$ 有所不同。原因在于，在与 1 类失业工人签订劳动雇佣合同时，企业会向工人支付一次性的转移支付。

5.2.4 纳什讨价还价和建立雇佣关系的决策

根据广义的纳什讨价还价原则（generalized axioms of Nash），匹配盈余在工人和企业之间进行分配。工人和企业一旦相遇，就会发生纳什讨价还价。如果此时匹配盈余为负，则匹配立即解散，我们称工人拒绝了该工作机会。同样，对于已经形成的匹配，如果匹配盈余由正值变为负值，雇佣关系就会解除，我们称工人离职。因为我们假设工人在拒绝工作机会和辞职后领取失业保险的概率不同，所以这两种行为发生的条件也是不同的。

因此，匹配盈余不仅取决于工人在匹配解散时是否具备失业保险的领取资格，还取决于工人是否刚与企业建立雇佣关系（即新就业）。

如果 0 类就业工人和企业继续匹配，则各自获得的预期价值为 $W_x^0(\epsilon)$ $-U_x^0$ 和 $J_x^0(\epsilon)$。因此，0 类匹配的盈余为

$$S_x^0(\epsilon) = W_x^0(\epsilon) - U_x^0 + J_x^0(\epsilon) \qquad (5-13)$$

对于 1 类工人而言，匹配盈余取决于匹配解散后工人能否继续保有失业金领取资格。由于失业保险机构不一定能正确识别工人离职的原因，我们假设，如果在工资议价过程中企业和工人解散匹配，则对于具备领取资格的 1 类工人而言，他们在拒绝工作机会后和以离职形式退出谈判后能够领取失业保险的概率分别为 $\widetilde{\pi}$ 和 π。因此，工人在雇佣关系开始前后的外部选择机会的价值分别为 $\widetilde{\pi}U_x^1 + (1-\widetilde{\pi})U_x^0$ 和 $\pi U_x^1 + (1-\pi)U_x^0$。与这两个价值对应的匹配盈余为

$$\widetilde{S}_x^1(\epsilon) = \widetilde{W}_x^1(\epsilon) - \widetilde{\pi}U_x^1 - (1-\widetilde{\pi})U_x^0 + \bar{J}_{x'}^1(\epsilon) \qquad (5-14)$$

$$S_x^1(\epsilon) = W_x^1(\epsilon) - \pi U_x^1 - (1-\pi)U_x^0 + J_x^1(\epsilon) \qquad (5-15)$$

将 $V_x^i (i \in \{0, 1\})$ 定义为新形成匹配的预期盈余：

$$V_x^0 = E_\epsilon S_x^0(\epsilon)$$

$$V_x^1 = E_\epsilon \widetilde{S}_x^1(\epsilon) \qquad (5-16)$$

工资议价问题的广义纳什解（generalized Nash solution）使得双方通过形成雇佣关系而获得的收益的加权乘积（即 $([J_x^i(\epsilon)]^{1-\beta}[S_x^i(\epsilon) - J_x^i(\epsilon)]^\beta$（$i \in \{0, 1\}$）以及 $[\bar{J}_x^1(\epsilon)]^{1-\beta}[\widetilde{S}_x^1(\epsilon) - \bar{J}_x^1(\epsilon)]^\beta$）实现最大化，其中，$\beta$ 代表工人的议价能力。这个问题的解给出了常见的分配原则：

$$J_x^i(\epsilon) = (1-\beta)S_x^i(\epsilon), \ i \in \{0, 1\}, \ \bar{J}_x^1(\epsilon) = (1-\beta)\widetilde{S}_x^1(\epsilon)$$

$$(5-17)$$

当 $\widetilde{S}_x^1(\epsilon) < 0$ 时，工人拒绝工作机会。若工人拒绝工作机会，则企业获得的价值为零，工人获得的价值为 $\widetilde{\pi}U_x^1 + (1-\widetilde{\pi})U_x^0$。若工人接受工作机会，则企业 - 工人匹配获得的总价值为 $\widetilde{W}_x^1(\epsilon) + \bar{J}_{x'}^1(\epsilon) = W_x^1(\epsilon)$

$+J_x^1(\epsilon)$。如上所述，由于在雇佣关系开始的那一刻，企业可能会向工人支付一笔额外的转移支付，因此 $\widetilde{W}_x^1(\epsilon)$ 与 $W_x^1(\epsilon)$ 以及 $\widetilde{J}_x^1(\epsilon)$ 与 $J_x^1(\epsilon)$ 的值可能不同。

5.2.5　模型均衡

随机递归均衡由一组满足一系列条件的内生变量 $\{u_x^i, e_x^i(\epsilon)$，θ_x，$w_x^i(\epsilon)$，U_x^i，$W_x^i(\epsilon)$，$J_x^i(\epsilon)$，$\widetilde{W}_x^1(\epsilon)$，$\widetilde{J}_x^1(\epsilon)\}$（$\forall i\in\{0, 1\}$，$\forall_\epsilon\in E$，$\forall_x\in X$）构成，这些内生变量需满足的条件包括：劳动状态动态演变方程（5-2）~方程（5-5）、贝尔曼方程（5-6）~方程（5-11）、劳动力市场自由进入条件（5-12）、匹配盈余的定义式（5-13）~式（5-15）以及工资纳什定价原则（5-17）。

为了确定均衡的存在性，以及研究失业保险制度中性所必须满足的条件，我们计算了失业保险领取资格对于失业工人和企业 – 工人匹配的价值。我们将失业保险领取资格对于失业工人的价值定义为 $\widehat{U}_x=U_x^1-U_x^0$，该价值满足以下等式：

$$\widehat{U}_x=\max\{b+\rho[1-f_x(1-\widetilde{\pi})-(1-f_x)d]E_x\widehat{U}_{x'}+\rho\beta f_x(E_xV_{x'}^1-E_xV_{x'}^0), 0\} \qquad (5\text{-}18)$$

将式（5-6）和式（5-7）中的价值方程 U_x^0 与 U_x^1 代入 $\widehat{U}_x$ 的定义式，并使用工资纳什定价原则（5-17）以及 $S_x^0(\epsilon)$，$\widetilde{S}_x^1(\epsilon)$ 和 V_x^i 的定义式对所得方程进行简化，我们得到式（5-18）。由式（5-18）可见，失业保险领取资格使失业工人获得了以下价值：当期失业保险金、下一期在失业状态下继续保有失业保险领取资格的预期贴现价值，以及下一期具备领取资格和不具备领取资格的工人获得的预期效用值之差。此外，$\widehat{U}_x$ 不会为负值，因为失业工人不会被迫领取失业保险。

当工人获得失业保险金领取资格时，失业保险金领取资格对企业 – 工人匹配的总价值为 $\widehat{B}_x(\epsilon)=J_x^1(\epsilon)+W_x^1(\epsilon)-J_x^0(\epsilon)-W_x^0(\epsilon)$。将公式（5-8）~式（5-11）代入 $\widehat{B}_x(\epsilon)$ 的定义式并简化，我们得到

$$\widehat{B}_x(\epsilon) = \max\{\pi\widehat{U}_x - S_x^0(\epsilon),\ \tau_x^0 - \tau_x^1 + \rho[sE_x\widehat{U}_{x'} + (1-s)(1-g)E_x\widehat{B}_{x'}(\epsilon)]\}$$

$$(5\text{-}19)$$

由式（5-19）可见，如果匹配解散，企业 – 工人匹配将损失匹配盈余 $S_x^0(\epsilon)$，但失业保险领取资格给工人带来了额外的价值 $\widehat{U}_x$（概率为 π）。如果企业和工人继续匹配，则工人获得失业保险领取资格意味着企业要支付的失业保险金缴费发生变化，且工人在受到外生离职冲击的情况下可以领取失业保险金。

将公式（5-6）~ 式（5-11）中的价值函数代入公式（5-13），并使用 $\widehat{B}_x(\epsilon)$ 和 $\widehat{U}_x$ 进行简化，我们得到 0 类匹配盈余为

$$S_x^0(\epsilon) = \max\{p_x(\epsilon) - l - \tau_x^0 + \rho[(1-s)E_xS_x^0(\epsilon) - \beta f_x E_x V_{x'}^0$$

$$+ (1-s)E_x\widehat{B}_{x'}(\epsilon),\ 0\}$$

$$(5\text{-}20)$$

由式（5-20）可见，失业保险制度以两种方式影响匹配盈余：一方面，企业必须支付当期的失业保险金缴费 τ_x^0；另一方面，只要匹配继续进行，工人在下一期将以概率 g 获得失业保险金领取资格。

将式（5-18）和式（5-19）代入 $S_x^i(\epsilon)(i \in \{0, 1\})$ 与 $\widetilde{S}_x^1(\epsilon)$ 的定义式，并利用 $\widetilde{W}_x^1(\epsilon) + \widetilde{J}_x^1(\epsilon)$，我们得到存续的 1 类匹配盈余 $S_x^1(\epsilon)$ 和新形成的 1 类匹配盈余 $\widetilde{S}_x^1(\epsilon)$ 分别为

$$S_x^1(\epsilon) = S_x^0(\epsilon) + \widehat{B}_x(\epsilon) - \pi\widehat{U}_x$$

$$\widetilde{S}_x^1(\epsilon) = S_x^0(\epsilon) + \widehat{B}_x(\epsilon) - \widetilde{\pi}\widehat{U}_x$$

$$(5\text{-}21)$$

对于就业工人而言，失业保险金领取资格对于匹配盈余存在两个相反方向的影响：失业保险金领取资格为匹配中的企业 – 工人匹配带来总收益 $\widehat{B}_x(\epsilon)$；与此同时，失业保险领取资格也会减少匹配盈余，这是因为如果双方在谈判中没有达成一致导致匹配解散，工人的外部选择机会的价值会增加。比如，在工人自愿解散匹配（即辞职）的情况下，失业保险领取资格的预期价值为 $\pi\widehat{U}_x$；而在工人拒绝工作机会的情况下，失业保险领取资格的预期价值为 $\widetilde{\pi}\widehat{U}_x$。因为我们假设 $\widetilde{\pi} \geqslant \pi$，公式（5-21）表明 $S_x^1(\epsilon) \geqslant \widetilde{S}_x^1(\epsilon)$

（$\forall_\epsilon \in E$，$\forall_x \in E$）。

由此，随机递归均衡的特征通过式（5-18）~ 式（5-21）、x 的演变方程、式（5-16）的定义式，以及下列对于劳动力市场自由进入条件的重述得以高度概括。

$$c\theta_x = \rho f(\theta_x)(1-\beta)\ [\ (u_x^0/u_x)\ E_x V_{x'}^0 + (u_x^1/u_x)\ E_x V_{x'}^1]\qquad (5-22)$$

命题 1 证明了随机递归均衡的存在性，同时也确定了随机递归均衡的一些基本特征。

命题 1（存在性）：由式（5-18）至式（5-22）高度概括的随机递归均衡可以解出内生变量 θ_x，$\hat{U}_x$，$\hat{B}_x(\epsilon)$，$S_x^i(\epsilon)$（$\forall i \in \{0, 1\}$）及 $\tilde{S}_x^1(\epsilon)$。因此，模型的随机递归均衡存在。在该均衡中，如果以下两个条件之一成立，则失业工人不会自愿放弃失业保险领取资格（即对于 $\forall x \in X$，都有 $\hat{U}_x > 0$）：

（1）$\tau_x^0 \geq \tau_x^1$，$\forall x \in X$；

（2）失业保险缴纳金满足条件 $\hat{B}_x(\epsilon) \geq \tilde{\pi}\hat{U}_x$，$\forall \epsilon \in E$，$\forall x \in X$。

此外，在没有失业保险的情况下，$S_x^0(\epsilon) = S_x^1(\epsilon) = \tilde{S}_x^1(\epsilon) > 0$，$\forall \epsilon \in E$，$\forall x \in X$。在这种情况下，工人不会辞职或者拒绝工作机会。

证明：参见本章附录。

虽然从理论上说，失业工人可能会自愿放弃失业保险领取资格，但在上述两个重要条件下，他们不会这样做。第一个条件是，工人不会因为具备失业保险领取资格而需要支付更高的失业保险缴费（$\tau_x^0 \geq \tau_x^1$）。这个条件背后的经济学原理：如果 $\tau_x^0 < \tau_x^1$，即获得失业保险领取资格后失业保险缴纳金大幅增加，则可能会降低 1 类工人就业的预期价值。第二个条件是，失业保险领取资格不会导致匹配盈余减少，这个条件也等同于 $\hat{B}_x(\epsilon) \geq \tilde{\pi}\hat{U}_x$，$\forall \epsilon \in E$，$\forall x \in X$。如果工人在获得失业保险领取资格后所对应的匹配盈余下降，那么企业和工人都将遭受损失，因为他们是根据纳什讨价还价原则分配匹配盈余的。当损失足够大时，工人将宁愿放弃领取资格。正如我们接下来会提到的，如果失业保险制度采取自收自支，平衡预算，并且对实体经济的影响为中性时，那么第二个条件成立，且满足 $\hat{B}_x(\epsilon) = \tilde{\pi}\hat{U}_x$。

5.2.6　失业保险制度中性

失业保险制度设计中一个有趣的问题：在什么条件下失业保险制度对实体经济不产生任何影响？即失业保险制度不改变企业的岗位创造意愿或工人的就业选择行为（放弃工作机会或辞职等行为），我们称这一结果为失业保险制度中性。为了研究这一问题，我们假设失业保险制度对于每个人来说是自收自支的（fully funded）。具体来说，我们定义如下。

定义：自收自支的失业保险制度是指，对于刚被雇用但尚未获得失业保险领取资格的工人而言，从失业保险制度中获得的净收益的预期贴现价值为零。

模型中的三个关键经济行为分别是创建空缺岗位、建立雇佣关系及解散雇佣关系。这些行为都取决于匹配盈余的大小。企业创造空缺岗位的动机在于填补空缺岗位后从匹配中获得利润的预期贴现价值。根据纳什讨价还价原则，企业获得的预期贴现价值与匹配盈余成比例。因此，如果失业保险制度不影响 0 类和 1 类工人在新形成的匹配中获得的预期匹配盈余（分别为 $S_x^0(\epsilon)$ 和 $\widetilde{S}_x^1(\epsilon)$），则失业保险制度不会影响企业创造空缺岗位的意愿。匹配盈余 $S_x^0(\epsilon)$ 还决定了企业是否能和 0 类工人建立雇佣关系，以及双方已存续的雇佣关系是否解散，而 1 类工人根据 $\widetilde{S}_x^1(\epsilon)$ 决定是否接受工作机会。因此，如果失业保险制度对 $S_x^0(\epsilon)$ 和 $\widetilde{S}_x^1(\epsilon)$ 没有影响，它对以上经济决策都没有影响。理论上，这样的失业保险制度仍可能影响 1 类工人的辞职决策。但是，因为我们假设 $p_x(\epsilon)-l>0$（$\forall \epsilon \in E$，$\forall x \in X$），所以工人在没有失业保险的情况下不会辞职，那么当失业保险制度对 $S_x^0(\epsilon)$ 和 $\widetilde{S}_x^1(\epsilon)$ 没有影响时，他们也不会辞职。原因在于，$\widetilde{\pi} \geqslant \pi$ 意味着 $S_x^1(\epsilon) \geqslant \widetilde{S}_x^1(\epsilon)$，所以如果 $\widetilde{S}_x^1(\epsilon)$ 为正，则 $S_x^1(\epsilon)$ 不可能为负。[①]

---

① 如果没有假定 $p_x(\epsilon)-l>0$（$\forall \epsilon \in E$，$\forall x \in X$），则我们需要一个比命题 2 更复杂的缴费设计方案来实现失业保险制度的中性。例如，在没有这一假定的情况下，确保失业保险制度中性的一种方法是，在命题 2 提出的缴费计划的基础上进行完善，即在具备资格领取失业保险的工人接受工作机会时，向其支付一次性补贴。

公式（5-20）表明，条件 $\tau_x^0 = \rho(1-s)gE_x\widehat{B}_{x'}(\epsilon)$ 确保了匹配盈余 $S_x^0(\epsilon)$ 不受失业保险制度的影响。因为在该条件下，雇佣 0 类工人的企业支付的失业保险缴纳金正好等于工人在获得失业保险领取资格后带给企业－工人匹配的预期贴现价值。此外，等式（5-21）表明，如果 $\widehat{B}_x(\epsilon) = \widetilde{\pi}\widehat{U}_x$，则失业保险领取资格不会改变匹配盈余 $\widetilde{S}_x^1(\epsilon)$。等式 $\widehat{B}_x(\epsilon) = \widetilde{\pi}\widehat{U}_x$ 表明，失业保险领取资格带给企业－工人匹配的预期贴现价值，等于在工人拒绝工作机会的情况下，失业保险领取资格为其带来的外部选择机会的价值。因此，这两个条件共同确保了失业保险制度的中性。命题 2 给出了在自收自支的失业保险制度下实现这两个条件的失业保险缴纳金的设计规定。

命题 2（失业保险制度中性）：我们可以通过设计失业保险缴费金额，使得失业保险制度既实现自收自支，又保持中性。在这种情况下，失业保险制度的具体细节，如失业保险金的水平、领取期限及工人获得失业保险领取资格所需的时间等，都不影响整体经济的产出、空缺岗位和失业。具体来说，如果失业保险缴费满足 $\tau_x^0 = \widetilde{\pi}(1-s)g\rho E_x\widehat{U}_{x'}$ 以及 $\tau_x^1 = \widetilde{\pi}[\rho(1-s)E_x\widehat{U}_{x'} - \widehat{U}_x] + \rho sE_x\widehat{U}_{x'}$，那么 $\widehat{U}_x$ 等于 1 类失业工人获得的失业保险金的预期贴现价值，而且失业保险制度是自收自支的，也是中性的。

证明：参见本章附录。

命题 2 提供了一组让失业保险制度不对经济产生影响（即"没有影响"）的条件。与其他具有中性影响的重要的宏观经济学结论（如李嘉图等价）一样，我们可以将命题中所述条件视为基准条件。当基准条件不满足时，我们可以据此判定失业保险金制度对实体经济的影响。比如，在风险中性的假设前提下，如果失业保险缴费没有得到精准的设计，那么失业保险制度要么扭曲了空缺岗位的创建，要么无法阻止工人在获得失业保险领取资格后辞职，或者在失业保险金领取期限内拒绝工作机会。此时，失业保险制度就会对经济产生影响。

因为我们假设风险中性，我们的分析尚无法解决一些更深层的问题，如当失业保险制度对就业有重要影响时，它的最佳保障强度是多少？获得和失去失业保险资格的具体规定是什么样的？然而，我们希望命题 2 有助于在风险厌恶假定下构建和理解最优失业保险制度。具体来说,命题 2 表明,根据工人的失业金领取资格类型来确定不同的失业保险缴费金额是一种良好的机制,它可以减少工人因为可以领取失业金而拒绝工作机会或辞职的道德风险行为。这一机制呼应了 Hopenhayn 和 Nicolini(2009)提出的失业金缴费计划。为了减少失业保险所带来的道德风险问题,他们提出增加经历过失业的工人的失业保险缴费金额。

在没有劳动生产率冲击的情况下,命题 2 中的失业保险缴费金额是关于模型参数和内生的工作求职率(finding rate)的函数。由此,我们得到如下推论。

推论:在没有劳动生产率冲击的情况下,实现失业保险制度中性的失业保险缴费金额如下:

$$\tau^0 = \frac{\widetilde{\pi} g(1-s)}{r + f_x(1-\widetilde{\pi}) + (1-f_x)d}\, b$$

$$\tau^1 = \frac{s - \widetilde{\pi}(s+r)}{r + f_x(1-\widetilde{\pi}) + (1-f_x)d}\, b$$

实现失业保险制度中性的失业保险缴费主要取决于 $\widetilde{\pi}$,即工人在选择拒绝工作机会这一道德风险行为后能够领取失业保险的概率。在极端情况下($\widetilde{\pi}$ 为 0),这种道德风险行为完全被杜绝,雇用 0 类工人的企业不需要支付失业保险缴费金。同时,雇用 1 类工人的企业需要支付的失业保险缴费金,等于该失业保险金带来的预期贴现价值乘以一期内发生外生离职冲击的概率。相反地,如果工人在拒绝工作机会后可以轻易地领取到失业保险($\widetilde{\pi}$ 接近 1),那么 0 类工人必须支付高昂的失业保险缴费金,用以支付他们未来将获得的失业保险金,以及支付给 1 类工人的补贴,因为在这种情况下,τ^1 变为负值。给予 1 类工人一定的补贴是有必要的,因为这样可以避免因 $\widetilde{\pi}$ 过高而导致的工人拒绝工作机会的道德风险行为。$\widetilde{\pi}$ 在(0,1)之间的取值会带来更为均衡的缴费设计方案。如果 0 类和 1 类工人支付的失业保险缴费金相同,那么我们得到 $\widetilde{\pi} = s/[r+s+g(1-s)]$。

5.3　数值模拟分析

　　本节使用美国的数据校准模型，进行定量分析。定量分析有两个内容：一是考察在模型中加入失业保险领取资格的制度规定后，校准模型能否模拟出失业对劳动生产率冲击有着较强的反应，而对失业保险政策变化有着较弱的反应的重要经验事实；二是探究美国的失业保险制度与命题 2 提出的中性失业保险制度之间的差距。最后，我们通过失业保险制度在处理道德风险问题的完善程度，例如工人在拒绝工作机会后领取失业保险的难易程度，揭示失业保险制度对就业问题的重要影响。

　　我们采用以下设定来进行定量研究。我们假设匹配函数为 Cobb - Douglas 形式：$M(v, u) = uv^{1-\eta}u^{\eta}$（$i \in \{0, 1\}$）。[①]在这种函数形式下，工作求职率（job finding rate）是关于劳动力市场紧度（vacancy-unemployment ratio）的函数：$f(\theta_x) = u\theta^{1-\eta}$，因此它具有不变弹性（$1-\eta$）。借鉴 Shimer（2005），我们假定总劳动生产率的相同组成部分 $\overline{p}_x$ 是一个满足下列条件的随机过程：

$$\overline{p}_x = l + e^y(p^* - l)$$

其中，p^* 为正的参数；y 是一个零均值随机变量，遵循对称的 51 个状态（51-state）的马尔可夫随机过程，且变化只在相邻状态之间发生。这一随机过程的转移矩阵由两个参数控制：δ（相邻两个状态之间的间隔大小）和 λ（状态变化发生的概率）。第 4 章附录提供了关于该随机过程建模的更多细节。我们假设匹配质量 ϵ 均匀分布在区间 $[-\overline{\epsilon}, \overline{\epsilon}]$ 内，有着 201 个离散值。在我们的基准模拟中，我们假设 0 类和 1 类就业工人支付相同的失业保险缴费金。但是，当我们模拟中性失业保险制度时，失业保险缴费金额取决于工人的失业保险领取资格和总体经济状态。

---

　　① 原则上，Cobb - Douglas 匹配函数应该是截断的（truncated），以确保工作求职率（job finding rate）和岗位匹配率（job filling rate）为概率，但在我们的模拟中，这是不必要的，因为这些概率位于 0 ~ 1 的区间内。

5.3.1　参数校准

我们的模型校准目标是让模型模拟出美国劳动力市场的主要特征、美国失业保险制度的关键特征及其对劳动力市场的影响。我们设定模型每期为一周，为了匹配低频数据，我们用模型模拟出的周度（高频）序列构建月度或季度或年度等低频序列。

我们分两个阶段校准模型。在第一阶段，表 5–1 中前四个参数独立于其他参数进行校准。利率（r）的校准目标为年实际利率 4%。关于工人在一期内获得失业保险领取资格的概率（g），我们选取的参数值将使得模型模拟的工人获得失业保险领取资格平均所需时间与实际数据（20 周）一致。关于失业保险金领取期限到期的概率（d），我们选取的参数值将使得模型模拟的失业保险金领取期限与实际数据（24 周）一致。[1] 我们将创建一个空缺岗位的实际成本 c 标准化为 1。[2]

在我们校准的第二阶段，我们将对模型中的剩余 13 个参数共同进行校准，使模型模拟结果与表 5–1 剩余的 11 个校准目标的 Hosios 条件以及失业保险制度的平均预算赤字为零的条件相一致。前 7 个校准目标是从数据中获取的描述美国劳动力市场经济周期的主要特征（empirical moments），这些重要特征是根据 Shimer（2005）报告的数据或使用他的原始数据估算的。[3] 借鉴 Mortensen 和 Nagypál（2007），我们在校准中使用以总劳动生

---

① 关于获得失业保险领取资格所需的周数，请参见 Card 和 Riddell（1993）以及 Osberg 和 Phipps（1995）。失业保险领取期限相应的周数是从美国劳工部就业和培训管理局（U.S. Department of Labor Employment and Training Administration）的年度报告和财务数据（column 27）中得到的 1951—2003 年的数据的平均数。可见 http://workforcesecurity.doleta.gov/unemploy/hb394.asp。

② Shimer（2005）采用的标准化方法是将平均 θ 设定为 1，可以实现相同的结果（除 μ 的校准值以外）。

③ 我们使用了 Shimer（2005）中的表 1。对于 1951 年（1）至 2003 年（12）的平均短期失业率，我们使用了 Shimer 的方法，从美国劳工部的当期人口调查（CPS）中计算得到：（ⅰ）5 周以下的失业人数（Series ID:LNS13008396）和（ⅱ）劳动生产率（Series ID:LNS1000000）。相关链接：http://www.bls.gov/cps/。最后，我们将平均劳动生产率标准化为 1。

产率 p 为条件的标准差，因为劳动生产率中的共同部分 $\bar{p}$ 是模型经济的唯一外生冲击。因此，我们使用了 Shimer（2005）报告的无条件标准差乘以每个变量与 p 的相关系数。为了方便与文献进行比较，我们也报告了使用无条件标准差作为校准目标的结果。

表 5-1　参数校准目标

年实际利率（r）	0.04
工人获得失业保险金领取资格的平均所需周数（$1/g$）	20
失业保险金领取期限的平均周数（$1/d$）	24
创建一个空缺岗位的成本（c）	1
平均劳动生产率	1
劳动生产率标准差（季度值取对数）	0.020
劳动生产率的自相关系数（季度值取对数）	0.878
平均失业率	0.056 7
平均短期失业率	0.024 4
失业率标准差（有条件和无条件，季度值取对数）	0.077 5/0.190
θ 标准差（有条件和无条件，季度值取对数）	0.151/0.382
失业保险金的有效替代率（b/w）	0.25
b 的微小变化对离职率的影响	0
若 b/w 增加 0.1，增加的平均失业持续时间（周）	1
失业持续时间对失业保险金 b 的弹性	0.3

注：以上是我们的模型参数标准目标。这些校准目标大多与美国实际数据一致。前四个校准目标各自确定一个参数，其余校准目标共同确定其余参数。根据失业率和 θ 的标准差是否以 p 为条件，我们进行了两种不同的模型模拟。

其余的校准目标刻画了美国失业保险制度的关键特征以及该制度对劳动力市场的影响。对于失业保险金 b，我们的校准目标是实际失业金替代率（effective replacement ratio），该替代率是领取比率（take-up rate）（实际领取失业保险金的失业工人的比例）和实际替代率（以领取失业保险金为条件）的乘积。根据 Blank 和 Card（1991）的研究，在他们的样本期间（1977—1987 年），失业金领取比率基本稳定在 0.7 左右（即 70% 具有失业金领取资格的失业工人领取了失业金）。而在 1972—2003 年，失业保险金的工资替代率均值为 0.357（即失业金平均占就业工资的

35.7%）。[1]Atkinson 和 Micklewright（1991）调查了失业保险的影响，与他们的研究结论一致，在我们的模型校准中，失业保险金是通过影响失业的平均持续时间，从而对失业率产生温和的影响。具体而言，我们的校准目标是实证研究结论：失业保险金替代率提高 10 个百分点会使平均失业持续时间延长一周，[2]但不会影响离职率。[3]最后，关于失业保险金的增加对失业工人拒绝工作机会的实际影响，Meyer 和 Mok（2007）基于 1989 年纽约州的一项失业政策改革得到实证估计结果。在研究中，他们比较了通过改革获得更多的失业保险金的工人和在同一地区没有获得更多失业保险金的工人的失业持续时间，得到两类工人的失业持续时间对失业保险金 b 的弹性差值（0.3）。我们以这一实证结果作为我们的校准目标。

　　在校准第二阶段中，尽管 13 个参数是经过共同校准确定其取值的，但每个参数都可以关联到与它联系最为直接的校准目标（empirical moments）。比如，p^* 值与 $\bar{\epsilon}$ 共同确定平均总劳动生产率；λ 和 δ 的值分别影响总劳动生产率随机过程的自相关系数和标准差；s 的值是决定平均短期失业率的关键因素；μ 的值决定了平均工作求职率（finding rate），在给定 s 值时，平均失业率也得以确定；θ 的标准差主要取决于闲暇价值与劳动生产率的接近程度（Mortensen and Nagypál，2007）；在 Hosios 条件下，η 和 β 的值相等，并且它们与工作求职率对 θ（vacancy-unemployment ratio）的弹性成反比，因此，给定 θ 的标准差，失业率的标准差随 η 增加而下降。

　　决定美国失业保险制度特征及其影响的关键参数如下。b 值决定了失

---

①　该比率在美国劳工部就业和培训管理局的年度报告和财务数据（column 33）中报告，可在 http://workforcesecurity.doleta.gov/unemploy/hb394.asp 查询。

②　Moffitt 和 Nicholson（1982）估计，替代率增加 10 个百分点会导致失业持续时间延长一周。而 Moffit（1985）和 Meyer（1990）估计替代率增加 10 个百分点，会使失业持续时间延长约 0.5 周和 1.5 周。

③　Atkinson 和 Micklewright（1991）指出了失业保险金对总体失业的影响主要通过抑制失业外流（即从失业流向就业）来体现。此外，Sider（1985）、Pissarides（1986）和 Burda（1988）在考察了不同的国家及不同时间段后强调，失业持续时间的变化是失业变化的主要影响因素。

业保险金的替代率（replacement rate）。此外，给定失业保险制度的其他参数，缴费金 τ 决定了平均预算赤字；工人辞职后获得失业保险的概率（π）决定了 b 的变化对失业的影响，如果工人辞职后获得失业保险的概率（π）远远小于其拒绝工作机会后获得失业保险的概率（$\tilde{\pi}$），则该影响为零。最后，参数 $\tilde{\epsilon}$ 和 $\tilde{\pi}$ 是决定失业持续时间以及增加 b 对于失业持续时间的影响的关键因素。具体来说，参数 $\tilde{\epsilon}$ 确定了匹配质量的异质性程度。因此，在其他条件相同的情况下，工人拒绝工作机会的概率会随着 $\tilde{\epsilon}$ 的增加而增加。因此，如果 $\tilde{\epsilon}$ 值较大，则 1 类工人的失业持续时间可能较长，且 b 对工人失业持续时间的影响较大。较高的 $\tilde{\pi}$ 值也可能导致工人频繁地拒绝工作机会，因为如果 $\tilde{\pi}$ 值较高，1 类工人在拒绝工作机会后不太可能失去失业保险领取资格。然而，这并不是较高的 $\tilde{\pi}$ 值的唯一影响。较高的 $\tilde{\pi}$ 值也减弱了企业创建空缺岗位的意愿，因为它增强了 1 类失业工人与雇主首次相遇时的工资议价能力。因此，由于搜寻市场是单一的，较高的 $\tilde{\pi}$ 值会影响所有工人的预期失业持续时间。并且这种影响随着 b 的增加而增强。因此，$\tilde{\epsilon}$ 和 $\tilde{\pi}$ 共同决定了在 b 增加时 0 类和 1 类失业工人各自的平均失业持续时间，以及这两类失业工人的失业持续时间的差异值。

5.3.2　基准结果

校准后的模型模拟出的结果与表 5-1 中的校准目标值相一致。表 5-2 报告了第二阶段校准的参数值。其中一些参数的校准值需要进一步探讨。第一，尽管平均总的劳动生产率的校准目标为 1，但是 p^* 的校准值小于 1。因为匹配质量最低的工人更可能在经济不景气时拒绝工作机会，所以总的平均生产率高于 p^*。但是，p^* 的值非常接近于 1，因为 Jensen 不等式起到了相反方向的作用，而且在我们的校准中并没有很多工人选择拒绝工作机会（在使用有条件标准差和无条件标准差的校准中，与企业形成匹配的工人中拒绝工作机会的比例分别为 2.8% 和 5.3%）。第二，闲暇价值（0.83 和 0.93）必须相当大，才能模拟出经济周期中所观察到的劳动力市场紧度（vacancy-unemployment ratio）的大幅周期波动。当我们使用无条件标准差作为校准目标时，更是如此。然而，我们的闲暇价值明显低于 Hagedorn 和 Manovskii（2008）的校准值。这是因为在我们的模型中，闲暇价值 l 中既不包括失业保险金也不包括失业保险缴费金。值得指出的是，（$l + \tau + b$）的总和都大于 1。如果在 MP 标准模型（无失业保险金领取资格限制）中出现这种情况，那么所有工人都将辞职。然而，在我们的模型中，工人不会选择辞职，因为他们意识到如果他们辞职，他们很可能会失去失业保险领取资格（π 很低），而且即使他们没有失去资格，失业保险金的领取也是有期限的。第三，$\bar{\epsilon}$ 的校准值在使用有条件标准差的校准中很小，在使用无条件标准差的校准中更小。这体现了在闲暇价值较高的情况下，劳动生产率的微小变化就会对劳动力市场产生强烈的影响。第四，工人在拒绝工作机会后领取失业保险的概率的校准值约为 1/2（0.61 和 0.45）。最后，我们无法得到 π 的精确值，因为只要工人不辞职，π 的值就无关紧要。但我们可以确定，在工人辞职很少的情况下（少于 10^{-6}），在使用有条件标准差作为校准目标时，π 的最大值为 0.35；在使用无条件标准差作为校准目标时，π 的最大值为 0.3。

表 5-2　参数校准结果

	有条件标准差	无条件标准差
p^*	0.999 7	0.998 4
$\bar{\epsilon}$	0.006 9	0.000 6
l	0.833 0	0.926 8
λ	0.833 0	0.926 8
δ	0.833 0	0.926 8
s	0.007 9	0.007 9
μ	0.368 7	0.672 9
η	0.368 7	0.672 9
β	0.691 6	0.585 2
b	0.246 0	0.246 3
τ	0.999 7	0.998 4
π	0.006 9	0.000 6
$\tilde{\pi}$	0.833 0	0.926 8

　　注：利用这些参数，模型模拟了表 5-1 中的校准目标。在"条件标准差"列中，我们通过校准后的模型来匹配失业率的有条件标准差和求人倍率（vacancy/unemployment）有条件标准差。在"无条件标准差"列中，这些校准目标值是无条件标准差。

5.3.3 对失业保险金和劳动生产率变化的反应

校准后的模型成功模拟出劳动生产率冲击导致的失业大幅波动，以及失业对失业保险金变化的温和反应。为了进一步阐明这一点，表 5-3 报告了失业金 b 和劳动生产率 p（对于所有 P）同时增加 0.01 对平均失业率（取对数）的影响。此外，为了分解该影响，表 5-3 报告了 1 类和 0 类工人平均失业持续时间的变化。

如表 5-3 所示，无论失业保险缴费金 τ 是否通过调整平衡失业保险预算，相较于劳动生产率的变化，失业保险金的变化对失业率的影响要小得多。在使用有条件标准差的校准中，如果失业保险缴费 τ 保持不变，失业保险金增加 0.01 将使失业率上升 1.34%；如果通过调整 τ 来重新平衡失业保险预算，则失业率的升幅略微增加（1.57%），但仍远低于生产率下降 0.01 导致的失业率上升（4.75%）。在使用无条件标准差的校准中，这种差距更大。失业率对失业保险金 b 的弹性为 1.64%（如果保持 τ 不变）和 2.46%（如果通过调整 τ 以平衡预算），而失业率对劳动生产率的弹性为（负）14.06%。

同时，表 5-3 表明，1 类工人失业持续时间的变化，是失业保险金或劳动生产率变化对失业率产生较大影响的主要原因。这意味着，当 b 上升或 p 下降时，失业率上升，这不仅是因为企业创建的空缺岗位减少（与 MP 标准模型相同），还因为具备失业保险领取资格的工人更多地选择拒绝工作机会。

表 5-3　失业保险金和劳动生产率变化的影响（用百分比表示）

		条件标准差	无条件标准差
$\Delta b = 0.01$（保持 τ 不变）	Δ 平均失业率（取对数）	1.34	1.64
	Δ 具备失业保险领取资格的工人的平均失业持续时间（取对数）	1.69	1.73
	Δ 不具备失业保险领取资格的工人的平均失业持续时间（取对数）	0.53	0.76

续表

		条件 标准差	无条件 标准差
Δ*b*=0.01 （重新平衡失业保险预算）	Δ 平均失业率（取对数）	1.57	2.46
	Δ 具备失业保险领取资格的工人的平均失业持续时间（取对数）	1.95	2.56
	Δ 不具备失业保险领取资格的工人的平均失业持续时间（取对数）	0.68	1.26
Δ*p*=0.01 （或∇*τ* =0.01）	∇平均失业率（取对数）	4.75	14.06
	∇具备失业保险领取资格的工人的平均失业持续时间（取对数）	5.80	14.87
	∇不具备失业保险领取资格的工人的平均失业持续时间（取对数）	2.54	8.07

　　注：正三角 Δ 表示上升，倒三角 ∇ 表示下降；Δ*b*=0.01 表示失业保险金上升一个百分点；Δ*p*=0.01 表示劳动生产率上升一个百分点；∇*τ* =0.01 表示税收下降一个百分点。即使调整失业保险缴费金以重新平衡失业保险预算，相对于劳动生产率的冲击对失业的影响，失业保险金的变化对失业的影响要小得多。对 1 类工人失业持续时间的影响大于对 0 类工人失业持续时间的影响。

　　在我们的模型中，失业对失业保险金的变化反应较弱，而对劳动生产率的变化反应强烈。而在 MP 标准模型中，所有失业工人都自动地拥有失业保险领取资格，在此假设下，这两种反应的强度相同，即劳动生产率下降与失业保险金增加对失业率的影响大小相同。为了说明这一点，我们对本章模型进行了调整，假设企业和工人的匹配质量都是同质的，且所有工人都具备失业保险领取资格。经过调整，我们的模型与 MP 标准模型相近似。我们对模型重新进行校准，重新校准后的模型除了 *b* 的变化对失业持续时间的影响，即表 5-1 中的最后两个校准目标（该校准值远大于基准模型中的校准值）外，可以模拟出表 5-1 中其他所有校准目标。在使用有条件标准差的校准中，失业率对失业保险金和劳动生产率的弹性的绝对值均等于 4.69，而在使用无条件标准差的校准中，该弹性的绝对值均等于12.25。这些结果表明，在 MP 标准模型中引入失业保险领取资格这一关键制度特征后，MP 模型的数据解释能力大为提高。

　　我们对 MP 标准模型进行的两大理论拓展工作对我们的定量研究结果有着重要影响。我们内生地刻画了失业保险的领取资格，并由此大幅降低了失业率对失业保险金变动的反应。同时，我们在模型中引入匹配质量的异质性，以保证模型中的大多数失业上升是由工人拒绝工作而导致的，与实证研究结论一致。为了说明这一点，我们对模型进行调整，假设匹配质量同质，但仍保留内生的失业保险领取资格。然后我们重新校准模型使得模型模拟出表 5-1 中的所有校准目标（除了两类工人失业持续时间对 b 的弹性的区别，即表 5-1 最后一个校准目标）。在重新校准后的模型中，失业率对 b 和 p 变化的反应大小与本章基准模型中得到的结果相近。例如，在使用有条件标准差作为目标的校准中，失业率对 b 的弹性从 1.34 略微下降到 1.30，对 p 的弹性（负值）从 4.75 略微下降到 4.49。然而，在此次校准中，所有的失业变化都是经由岗位创建的工作机制产生的，因为在匹配质量同质化环境下，模型均衡中不会发生工人拒绝工作机会的情况。[①]

5.3.4　失业保险制度改革的影响

本节的研究目标是，研究如果对美国的失业保险制度进行改革，平均失业率将受到怎样的影响。改革方式有两种：一是用命题 2 提出的中性失业保险缴费计划取代美国当前的缴费计划；二是改革对道德风险行为的监管力度，以改变工人拒绝工作机会后领取失业保险金的概率。

根据我们的校准参数值，如果将统一的失业保险缴费金额替换为命题 2 中的中性失业金缴费计划中的金额，那么在使用有条件标准差的校准中，平均失业率将下降 1%；在使用无条件标准差的校准中，平均失业率将下降 1.6%。原则上来说，中性缴费金额是基于工人的失业保险领取资格和总体经济状况来确定的。然而，在实践中，真正重要的是根据工人是否具备失业保险的领取资格来确定缴费金额。我们的模拟结果也证实了这一点（表 5-4 未报告）。为了实现中性，缴费计划必须给予具备失业保险领取资格的工人适当的激励（或适当的惩戒），使得他们在与企业谈判时，

---

① 在使用无条件相关系数的校准中，即使 $\bar\epsilon = 0$，一些具备失业保险领取资格的工人也会拒绝工作机会，但拒绝的工作机会数小于表 5-2 报告的校准中的数量。

不会出现拒绝工作机会的道德风险行为。在使用有条件标准差的校准中，表 5-4 显示，在中性失业保险制度中，1 类与 0 类工人的失业金缴费金额有着很大的差异。这是因为拒绝工作机会后能领取失业保险的概率的校准值相当高（$\tilde{\pi}$ 为 61%）。在较高的 $\tilde{\pi}$ 下，1 类工人的外部选择机会的价值较高。因此，只有失业保险缴费较低时（劳动生产率的 0.65%），他们才愿意接受工作机会。这意味着，为了使失业保险制度实现自收自支、预算平衡，0 类工人必须支付高额的缴费金额（劳动生产率的 7.58%）。更为重要的是，两类工人缴纳的失业金缴费存在如此大的差异使得失业保险领取资格具有较高的价值。换句话说，0 类工人为了获得具有较高价值的失业保险领取资格愿意支付较高的缴费金额，即 0 类工人所支付的高于 1 类工人失业保险缴费的部分可视为 0 类工人为成为 1 类工人而支付的门槛费。在使用无条件标准差的校准中，两类工人的缴费金额更为接近，这是因为 $\tilde{\pi}$ 的校准值较低（45%）。

道德风险行为是理解当前美国失业保险制度下失业率较高的关键。如果有一项改革使得工人在拒绝工作机会后或辞职后难以领取到失业保险金，那么实施这项改革会导致失业率下降。如果该项改革力度足够大，失业率可以下降到和中性失业保险制度下失业率相近的水平。实际上，如果工人拒绝工作机会或辞职后获得失业保险的概率降至零，则失业率水平将低于中性缴费制度下的失业率。当 $\tilde{\pi} = \pi = 0$ 时，失业保险制度不再给 1 类工人拒绝工作机会或辞职的动机，但对于 0 类工人而言，就业仍然更具吸引力。因此，失业保险制度创造就业，而非抑制就业。相反地，如表 5-4 所示，如果不控制工人拒绝工作机会后领取失业保险金的道德风险行为，即 $\tilde{\pi}$ 变为（$1-d$），那么失业率在使用有条件标准差的校准中上升至 12.3%，在使用无条件标准差的校准中将上升至 19.3%。[1] 由此可见，$\tilde{\pi}$ 的取值对平均失业率有着很大的影响。这一结果表明，在解释各国实际的失

---

① 在这个模拟的改革中，我们保持 $\pi = 0$ 的假设。我们也尝试了另一种改革方式，即 $\pi = \tilde{\pi} = 1-d$，但由于就业工人的比例太小，无法支持昂贵的失业保险制度，因此不存在均衡状态。

业率时，相对于失业保险金的保障强度（或慷慨程度），失业保险制度的制度性细节（如工人在拒绝工作机会后领取失业保险金的概率）可能更加重要。

表5-4　失业保险改革的影响（用百分比表示）

	有条件标准差	无条件标准差
校准后的模型	$\widetilde{\pi}=0.61$	$\widetilde{\pi}=0.45$
平均失业率	5.67	5.67
统一的失业保险金缴费	1.11	1.11
中性失业保险制度	$\widetilde{\pi}=0.61$	$\widetilde{\pi}=0.45$
平均失业率	4.67	4.06
0类工人的平均缴费 τ_x^0	7.58	3.92
1类工人的平均缴费 τ_x^1	0.65	0.72
消除工人的道德风险行为	$\widetilde{\pi}=\pi=0$	$\widetilde{\pi}=\pi=0$
平均失业率	4.52	3.73
统一的失业保险金缴费	0.94	0.80
不控制工人拒绝工作机会的道德风险行为	$\widetilde{\pi}=1-d$	$\widetilde{\pi}=1-d$
平均失业率	12.27	19.28
统一的失业保险金缴费	2.42	4.05

注：使用有条件标准差作为目标进行校准，模型预测，如果美国采用命题2提出的中性缴费计划，平均失业率将从5.67%降至4.67%。根据中性缴费计划，为了减少工人道德风险行为，0类工人支付的失业保险金缴费要远高于1类工人的缴费。或者，如果失业保险制度可以防止所有拒绝工作机会的工人领取失业保险，则平均失业率将下降到4.52%。而如果所有拒绝工作机会的工人都可以领取失业保险金，则平均失业率将增加一倍以上，达到12.27%。在使用无条件标准差的校准中，这些预测的影响更强。

5.4　结论

如果工人必须通过就业一段时间才能获得失业保险金领取资格，那么慷慨的失业保险制度就是建立雇佣关系的额外福利，并由此促进就业创造。这一正向的资格效应抵消了慷慨的失业保险制度所引发的道德风险行为，以及维持慷慨的失业保险制度所需的高额成本所带来的负向效应。在个人风险偏好中性的假设前提下，我们可以设计一个自收自支、预算平衡的失业保险缴费计划，完全消除失业保险制度引发的道德风险，以及失业保险制度对实际产出和劳动就业产生的任何影响。与李嘉图等价相似，失业保险制度中性结论有助于我们理解失业保险制度对实体经济的影响。具体来说，以下三种原因可能使得失业保险制度对经济产生影响：（1）如果工人是风险厌恶偏好的，那么失业保险制度将发挥"保险"作用，平滑工人的收入波动；（2）设计不合理的失业保险制度缴费计划将导致对部分劳动者的过度补贴或过度征税；（3）没有精心设计的失业保险制度将使得其对实体经济的正向和负向影响没有完全抵消。此时，该制度将会引发潜在的道德风险效应，对工人的搜寻行为、接受工作机会或辞职的决策产生影响。

在我们的数值模拟中，我们发现美国当前的失业保险缴费制度与中性缴费制度有着很大的差异。如果用中性缴费计划取代当前的缴费计划，在我们的基准模型校准中，平均失业率将从 5.7% 下降到 4.7%。失业率降低的原因在于实行中性缴费计划减少了具备失业保险领取资格的工人的缴费金额（他们有拒绝就业机会的动机），以及增加了不具备失业保险领取资格的工人的缴费。就周期波动而言，将失业保险领取资格内生化，使我们能够模拟出劳动生产率冲击及失业保险金的变化所导致的失业和空缺岗位的实际变动。这对于 MP 标准模型（假定工人可以无条件获得失业保险领取资格）而言，是一个重大的难题。

我们从研究中得到的最后一个结论是，相对于失业保险金是否慷慨，失业保险制度的制度性细节对实体经济的影响更加重要。我们基准模型的结果显示，如果我们改变工人拒绝工作机会后能领取失业保险的概率，在该概率从 0 变为 1 的过程中，平均失业率从 4.5% 增加到 12.3%。因此，这可能是解释失业率的国际差异的一个重要因素。

附录

A.1 命题 1 的证明

定义 $\Theta(V)$ 为实函数 $V \to \theta$，满足于 $(1+r)c\theta = f(\theta)(1-\beta)V$。匹配函数的性质意味着 $\theta/f(\theta)$ 是关于 θ 的严格增函数，即 $\lim\limits_{\theta \to 0}[\theta/f(\theta)]=0$。所以 $\Theta(V)$ 是定义明晰的、连续的、递增的函数，并且 $\Theta(0)=0$。一系列可能的状态变量 $X \in R^{n+2m+1}$ 是有界的，因为生产率的可能数量有限，描述工人分布的变量下限为 0，上限为 1。设 $C(X)$ 是连续、有界、定义在 X 上的函数 $\{\widehat{U}_x, \widehat{B}_x(\epsilon), S_x^0(\epsilon)\}$ 的集合。定义映射 T，如下所示。对于 $C(X)$ 中的每个元素，使用式（5-16）和式（5-21）以得到 $S_x^1(\epsilon)$，$\widetilde{S}_x^1(\epsilon)$，$V_x^0$ 和 V_x^1。使用这些函数，计算出 $(u_x^0 E_x V_{x'}^0 + u_x^1 E_x V_{x'}^1)/u_x$（$\forall x \in X$），然后使用函数 $\Theta(V)$ 求得 θ_x 和 $f_x = f(\theta_x)$。最后，用式（18）~式（20）右边的函数，定义 $T(C)$ 为式（5-18）~式（5-20）左侧的 $\widehat{U}_x$，$\widehat{B}_x(\epsilon)$ 和 $S_x^0(\epsilon)$ 的值的集合。

使得

$$\overline{\gamma} = \max\left\{\max_x \frac{(\tau_x^0 - \tau_x^1)(1+r)}{r+s+g(1-s)},\ 0\right\}$$

$$\overline{V}^0 = \frac{\max\limits_x(p_x(\epsilon)-l-\tau_x^i)(1+r)}{r+s} + \frac{(1-s)g\overline{B}}{r+s}$$

其中，$\overline{B} = \overline{\gamma} + \overline{U}$；$\overline{U} = (b(1+r) + \overline{\gamma})/r$。通过对 $C(X)$ 中的元素施加以下边界条件：$0 \leq \overline{U}_x \leq \overline{U}$，$-\overline{V}^0 \leq \widehat{B}_x(\epsilon) \leq \overline{B}$ 及 $0 \leq S_x^0(\epsilon) = \overline{V}^0$，定义一子集 $\overline{C} \subset C(X)$。集合 $\overline{C}$ 是非空的、闭的、有界的和凸的。映射：$\overline{C} \to \overline{C}$ 是连续的，并将 $\overline{C}$ 映射到自身。通过重复应用 $T(\overline{C})$ 获得的函数族是同等连续的，因为劳动生产率状态的数量是有限的。根据 Schauder 的定点定理（fixed point theorem），$\overline{C}$ 在 X 上有一个定点。

如果 $\widehat{B}_x(\epsilon) \geq \widetilde{\pi}\widehat{U}_x$（$\forall \epsilon \in E, \forall x \in X$），则等式（5-16）和式（5-21）表明 $V_x^1 \geq V_x^0$（$\forall x \in X$）。所以，因为 $b>0$，由等式（5-18）可知 $\widehat{U}_x > 0$（$\forall$

$x \in X$）。若 $\tau_x^0 \geq \tau_x^1$，则式（5-19）表明 $\widehat{B}_x(\epsilon) \geq 0$（$\forall \epsilon \in E, \forall x \in X$）。利用式（5-16）和式（5-21），式（5-18）可以写成

$$\widehat{U}_x = \max\{b + \rho\,(\beta f_x E_x(E_\epsilon[\widehat{B}_{x'}(\epsilon)]) + [(1 - f_x(1 - \widetilde{\pi}) - \beta f_x \widetilde{\pi}$$
$$- (1 - f_x)d)]E_x \widehat{U}_{x'}),\ 0\}$$

因此，$\widehat{B}_x(\epsilon) \geq 0$ 意味着 $\widehat{U}_x \geq b > 0$。在没有失业保险的情况下，$\widehat{U}_x = \widehat{B}_x(\epsilon) = \tau_x^i = 0$（$\forall \epsilon \in E, \forall x \in X, \forall i \in \{0, 1\}$）；结合 $p_x(\epsilon) > l$，等式（5-20）和等式（5-21）表明 $S_x^1(\epsilon) = \widetilde{S}_x^1(\epsilon) = S_x^0(\epsilon) > 0$（$\forall \epsilon \in E, \forall x \in X$）。

A.2 命题 2 的证明

将命题 2 中 τ_x^0 和 τ_x^1 的定义代入式（5-19），我们得到

$$\widehat{B}_x(\epsilon) = \widetilde{\pi}\widehat{U}_x + \max\{\rho\,(1 - s)(1 - g)E_x[\widehat{B}_{x'}(\epsilon) - \widetilde{\pi}\widehat{U}_{x'}],\ -S_x^0(\epsilon) - (\widetilde{\pi} - \pi)\widehat{U}_x\}$$

$$（附 5A-1）$$

给定一对函数 $S_x^0(\epsilon)$ 和 $\widehat{U}_x$，他们处于命题 1 的证明中定义的集合 $\overline{C}$ 内，设 T 是式（附 5A-1）右侧的函数 $\widehat{B}_x(\epsilon)$ 向式（附 5A-1）左侧的映射。由于 $\rho\,(1 - s)(1 - g) \in (0,1)$，所以 T 是一个收敛映射（见下文引理 1）。此外，根据 $\overline{C}$ 的定义，式（附 5A-1）中 max 运算符的第二个部分不可能为正。因此，T 有一个单一的定点，此定点必须满足 $\widehat{B}_x(\epsilon) = \widetilde{\pi}\widehat{U}_x$（$\forall \epsilon \in E, \forall x \in X$）。同时，它也表明 $\tau_x^0 = \rho\,(1 - s)gE_x\widehat{B}_{x'}(\epsilon)$。所以，等式（5-20）可简化为

$$S_x^0(\epsilon) = \max\{p_x(\epsilon) - l + \rho[(1 - s)E_x S_{x'}^0(\epsilon) - \beta f_x E_x V_x^0],\ 0\}$$

由于这是在没有失业保险制度情况下的匹配盈余，因此我们提出的税收制度不影响 $S_x^0(\epsilon)$ 和 $\widetilde{S}_x^1(\epsilon)$。因此，它不影响空缺岗位的创建、与不具备失业保险领取资格的工人的雇佣关系的建立和解散，以及具备失业保险领取资格的工人是否接受工作机会。此外，根据 $\widetilde{\pi} \geq \pi$，以及命题 1，可知 $S_x^1(\epsilon) \geq \widetilde{S}_x^1(\epsilon) > 0$。因此，我们提出的失业保险制度对于具备失业保险领取资格的工人的辞职决策也没有影响。

使用 $\widehat{U}_x > 0$ 以及 $\widetilde{S}_x^1(\epsilon) = S_x^0(\epsilon)$（$\forall \epsilon \in E$，$\forall x \in X$），式（5-18）可简化为

$$\widehat{U}_x = b + \rho [1 - f_x(1 - \widetilde{\pi}) - (1 - f_x)d] E_x \widehat{U}_{x'}$$

因此，$\widehat{U}_x$ 是具备失业保险领取资格的失业工人获得的失业保险金的预期贴现价值。

将 $B_x^i(\epsilon)$ 设定为由失业保险制度产生的对匹配质量为 ϵ 的 i 类就业工人（$i \in \{0, 1\}$）的负债。为了使失业保险制度保持资金充足的状态，$B_x^0(\epsilon)$ 必须为 0。为了验证情况是否如此，基于它们的定义，以及在命题中提出的失业保险制度下"工人不会自愿辞职"的结果，负债 $B_x^0(\epsilon)$ 和 $B_x^1(\epsilon)$ 必须服从以下公式：

$$B_x^1(\epsilon) = -\tau_x^1 + \rho [sE_x \widehat{U}_{x'} + (1 - s) E_x B_{x'}^1(\epsilon)] \qquad （附5A-2）$$

$$B_x^0(\epsilon) = \tau_x^0 + \rho [(1 - s) gE_x[B_{x'}^1(\epsilon) - B_x^0(\epsilon)] + (1 - s)E_x B_{x'}^0(\epsilon)] \qquad （附5A-3）$$

用式（附5A-2）减式（附5A-3），与式（5-19）进行比较，可得出 $\widehat{B}_x(\epsilon) = B_x^1(\epsilon) = B_x^0(\epsilon)$，因为当工人不会辞职时，$\widehat{B}_x(\epsilon)$ 等于 max 运算符的第二部分。因此，在命题 1 提出的缴费制度下，等式（附5A-3）表明 $\widehat{B}_x(\epsilon) = 0$（$\forall \epsilon \in E$，$\forall x \in X$），因为如上所示的原因，这说明 $\tau_x^0 = \rho(1 - s) gE_x \widehat{B}_{x'}(\epsilon)$。

A.3 引理 1 的证明

（这一引理的符号与本章的其余部分不一致。）考虑一个紧集合 $X \subset R^n$。设 $C(X)$ 是定义在 X 上的具有 sup 范数的连续有界函数的空间。定义 T：$C(X) \to C(X)$ 为 $Tf(x) = h_1(x) + \max\{Sf(x), h_2(x)\}$，其中，$h_1$ 和 h_2 是 $C(X)$ 中的函数；T 是模 β 的收敛映射。

证明：

$$\begin{aligned}
\|Tf - Tg\| &= \sup_x |Tf(x) - Tg(x)| \\
&= \sup_x |\max\{Sf(x), h_2(x)\} - \max\{Sg(x), h_2(x)\}| \\
&\leq \sup_x |Sf(x) - Sg(x)| \leq \beta \|f - g\|
\end{aligned}$$

参考文献

Andolfatto D, Gomme P, 1996. Unemployment and Labor-Market Activity in Canada [J]. Carnegie - Rochester Conference Series on Public Policy, 44（1）: 47–82.

Atkinson A B, Micklewright J, 1991. Unemployment Compensation and Labor Market Transitions: a Critical Review [J]. Journal of Economic Literature, 29（4）: 1679–1727.

Blank R M, Card D E, 1991. Recent Trends in Eligible and Ineligible Unemployment: Is There an Explanation? [J]. Quarterly Journal of Economics CVI, 106（4）: 1157–1190.

Brown L, Ferrall C, 2003. Unemployment Insurance and the Business Cycle[J]. International Economic Review, 44（3）: 863–894.

Burda M, 1988. Wait Unemployment in Europe[J]. Economic Policy, 3（7）: 393–425.

Burdett K, 1979. Unemployment Insurance Payments as a Search Subsidy: a Theoretical Analysis [J]. Economic Inquiry, 17（3）: 333–343.

Card D E, Riddell W C, 1993. A Comparative Analysis of Unemployment in Canada and the United States [M] //Card, David, Richard Freeman. Small Differences That Matter. Chicago: University of Chicago Press: 149–89.

Costain J S, Reiter M, 2008. Business Cycles, Unemployment Insurance, and the Calibration of Matching Models [J]. Journal of Economic Dynamics and Control, 32（4）: 1120–1155.

Min Z, Faig M, 2012. Labor Market Cycles, Unemployment Insurance Eligibility, and Moral Hazard [J]. Review of Economic Dynamics, 15（1）: 41–56.

Hagedorn M, Manovskii I, 2008. The Cyclical Behavior of Equilibrium

Unemployment and Vacancies Revisited [J]. American Economic Review, 98（4）：1692–1706.

Hall R E, 2005. Employment Fluctuations with Equilibrium Wage Stickiness[J]. American Economic Review, 95（1）：50–65.

Hamermesh D S, 1979. Entitlement Effects, Unemployment Insurance and Employment Decisions [J]. Economic Inquiry, 17（3）：317–332.

Hopenhayn H A, Nicolini J P, 2009. Optimal Unemployment Insurance and Employment History [J]. Review of Economic Studies, 76（3）：1049–1070.

Hornstein A P, Krusell V, Giovanni L, 2005. Unemployment and Vacancy Fluctuations in the Matching Model：Inspecting the Mechanism [J]. Federal Reserve Bank of Richmond Economic Quarterlys, 91（3）：19–51.

Kennan J, 2010. Private Information, Wage Bargaining and Employment Fluctuations [J]. Review of Economic Studies, 77（2）：633–664.

Menzio G M, Espen R, 2010. Worker Replacement [D]. NBER working papers：15983.

Meyer B D, 1990. Unemployment Insurance and Unemployment Spells [J]. Econometrica, 58（4）：757–782.

Meyer B D, Mok W K C, 2007. Quasi–experimental Evidence on the Effects of Unemployment Insurance from New York State [D]. NBER working papers：12865.

Moffitt R, 1985. Unemployment Insurance and the Distribution of Unemployment Spells [J]. Journal of Econometrics, 28（1）：85–101.

Moffitt R, Nicholson W, 1982. The Effect of Unemployment Insurance on Unemployment：the Case of Federal Supplemental Benefits [J]. Review of Economics and Statistics, 64（1）：1–11.

Mortensen D T, 1977. Unemployment Insurance and Job Search Decisions [J]. Industrial and Labor Relations Review, 30（4）：505–517.

Mortensen D T, Nagypál E, 2007. More on Unemployment and Vacancy Fluctuations [J]. Review of Economic Dynamics, 10 (3): 327–347.

Osberg L, Phipps S, 1995. Income Distributional Implications of Unemployment Insurance and Social Assistance in the 1990s: a Micro–simulation Approach [M]. Publication IN–AH–223E–11–95, Human Resources Development Canada.

Pissarides C A, 1985. Short–run Equilibrium Dynamics of Unemployment, Vacancies and Real Wage [J]. American Economic Review, 75 (4): 676–690.

Pissarides C A, 1986. Unemployment and Vacancies in Britain [J]. Economic Policy, 1 (3): 499–559.

Shimer R, 2005. The Cyclical Behavior of Equilibrium Unemployment and Vacancies [J]. American Economic Review, 95 (1): 25–49.

Sider H, 1985. Unemployment Duration and Incidence: 1968 – 1982 [J]. American Economic Review, 75 (3): 461–472.

Zhang M, 2008. Cyclical Behavior of Unemployment and Job Vacancies: a Comparison between Canada and the United States [J]. The B. E. Journal of Macroeconomics, Article 27.

Min Z, 2010. Unemployment Insurance Eligibility, Moral Hazard and Equilibrium Unemployment [D]. Working Papers.

第6章 延长失业保险金领取期限对失业的影响

6.1 引言

在美国，失业保险金的法定领取期限会根据经济状况进行系统性的调整。在经济衰退时期，当一个州的失业率超过失业保险金延长计划（extended benefits program）所设定的阈值时，这个州的失业保险金领取者就能自动获得更长时间的失业保险金资助。自第二次世界大战以来，美国联邦政府在经济衰退时期都会通过立法临时延长失业保险金的领取期限。在2008年金融危机所引发的经济大衰退（great recession）之前，失业保险金的领取期限从普通时期的26周延长至经济衰退时期的55周左右，而在2008年金融危机时期及以后，失业保险金的领取期限最长达到了99周。[①]

本章主要探究这种基于经济状况而确定的失业保险金领取期限（state-contingent duration of UI benefits）对劳动力市场周期波动的影响，以及其对劳动波动的贡献度。为此，我们对MP基准模型进行扩展，将失业保险金的领取资格内生化，定性研究随经济状况变化而变化的失业保险金领取期

限对于模拟失业周期的重要性。然后，我们对模型进行校准，定量研究经济大衰退时期的高失业率在多大程度上缘于失业保险金的法定领取期限的延长。[①]

正如第4章所强调的，MP模型难以模拟出以失业和空缺岗位为代表的劳动力市场周期波动。只有假定高得近乎不合理的闲暇价值，MP模型才能产生与数据一致的基于劳动生产率冲击的失业 - 空缺岗位的周期波动（Hagedorn and Manovskii，2008）。在前面的章节里，我们展示了过高的闲暇价值对MP模型的数据解释能力带来的其他问题和困扰。在本章，我们将重点讨论失业保险金的领取期限对于劳动波动的影响机制和途径。在经济衰退时期，失业保险金法定期限的系统性延长为生产率影响劳动力市场的流动提供了一个新的间接影响渠道。因此，如果我们认真考虑失业保险政策的这一重要特征，那么MP模型将能够以更低、更为合理的闲暇价值模拟出与实际数据相符合的劳动力市场周期波动特征。

为此，我们在第5章的模型基础上，进一步扩展了MP模型。在模型中，工人必须工作一段时间才能获取领取失业保险金的资格，而且失业保险金的领取是有时间限制的。这是一个有助于我们实现研究目标的模型框架。首先，我们在模型中明确刻画了失业保险金在经济周期上的不同领取期限，即失业保险金的领取期限将随着经济周期的变化而变化。更重要的是，刻画这一失业保险金的周期特征将显著提高MP模型的数据解释力度。具体来说，校准后的模型既能模拟出失业和空岗对劳动生产率冲击有强烈的反应，又能模拟出失业对失业保险政策的变化仅有温和的反应。正如Horstein等（2005）以及Costain和Reiter（2008）所强调的，在没有讨论失业保险金领取细节的MP基准模型中，失业的这两种行为是无法同时成功模拟出来的。

在本章的扩展模型中，失业保险金的领取期限取决于经济的总体状态。

---

① 在本章的模型中，我们没有讨论逆周期的失业保险金。Moyen和Stähler（2014）对此进行了深入研究。

我们对模型进行校准使得模型与美国在 1951—2003 年的失业保险金领取期限的实际数据相一致。具体而言，我们假定法定失业保险金的领取期限取两个可能的值：在经济正常运行时期，期限为 26 周；当劳动生产率低于某个阈值时，期限延长为 55 周。关于劳动生产率阈值的校准目标，我们选择某一阈值使得模型经济中失业保险金领取期限被延长的累计时间正好占样本时间（1951—2003 年）的 1/3，后者恰好是我们数据中观察到的联邦政府在样本时间内临时延长失业保险金领取期限的时间占比。与第 5 章的做法一致，模型校准中剩余的校准目标来自 Shimer（2005）所描述的劳动力市场经济周期的典例事实（stylized facts）、美国失业保险制度重要的特征，以及失业保险制度对劳动力市场影响的实证估计值。

我们的结果表明，根据经济状况（即总体劳动生产率）确定失业保险金的领取期限，会显著降低为模拟实际的失业和空岗的经济波动所需的闲暇价值。例如，在我们基准的模型校准中，闲暇时间的校准值从 0.84 降至 0.76。[①] 这一降幅较为温和的原因是，在校准中，我们将"失业保险政策对劳动力市场的影响较为温和"这一特征事实作为校准目标。

我们利用校准的模型参数值，讨论了 2008 年紧急失业补偿计划（EUC 2008）对失业率的影响。该计划最初于 2008 年 6 月颁布，并逐渐将失业保险金领取的法定期限延长至 99 周。在定量分析中，我们比较了四种政策的经济效果，这四种政策在经济衰退时期设定了不同的失业保险金领取期限：99 周（EUC 2008 设定的新标准）、55 周（1951—2003 年实际的平均期限）、39 周（假设取消临时的联邦政府失业保险延期政策）和 26 周（假设取消经济衰退期间所有的失业保险延期政策）。在我们基准模型的校准中，采用不同政策所得到的衰退期间的平均失业率差异较小，但仍然显著。

---

① 很难说 0.76 是否为合理的闲暇价值。有相当一部分人口进入又退出劳动力市场，因此他们的闲暇价值不能与其劳动生产率相差太大。此外，我们的模型没有考虑其他一些可以使得 MP 模型用较低闲暇价值模拟大幅劳动波动的经济特征，如雇佣工人的固定成本和培训成本（Silva and Toledo，2009）以及实际工资刚性（Hall，2005；Hall and Milgrom，2008）。

例如，若期限延长至 99 周的政策变为期限延长至 39 周的政策，经济衰退时的平均失业率下降了 0.5 个百分点。该预测值与实证研究中 EUC 2008 对失业率的影响估计值相吻合：位于 Rothstein（2011）以及 Valletta 和 Kuang（2010）估计值范围的上限（0.1 至 0.5 个百分点），略低于 Aaronson 等（2010），Fujita（2011），Mazumder（2011）和 Nakajima（2012）得到的另一估计值（约 1 个百分点）。尽管我们的模拟结果与实证研究结果相一致，但需要强调的是，这些研究侧重于讨论 EUC 2008 对失业可能产生负面影响的其他不同渠道。例如，Rothstein（2011）中强调了 EUC 2008 可能导致劳动力进入或退出劳动力市场。相比之下，我们的研究对现有文献做出的贡献体现在：一方面揭示了失业保险金领取期限所引发的道德风险问题对工作搜寻产生的影响，另一方面展示了 EUC 2008 通过影响工人的工资议价地位而产生了宏观经济影响。

　　本章其余部分的结构如下。6.2 节介绍了我们如何对 MP 模型进行调整，重点放在讨论失业保险金的领取期限是如何基于经济状况来确定的。6.3 节根据美国的数据校准调整后的模型，并进行定量模拟分析。6.4 节总结。

6.2　基准模型

　　在经济中，有度量为 1 的工人，有很多潜在的企业可以进入劳动力市场。工人和企业都是无限生存的，风险偏好均为中性。工人和企业均追求其预期效用最大化，且未来的贴现率为 r。只有当企业和工人匹配形成雇佣关系后，才能进行生产。工人与企业在单一劳动力市场中随机搜寻以实现匹配，我们用匹配函数 $M(v_t, u_t)$ 来体现二者在劳动力市场中的工作搜寻匹配过程。匹配函数 $M(v_t, u_t)$ 对于企业创建的岗位数量 v_t 和失业人数 u_t 具有规模报酬不变的特征。由于规模报酬不变，工人找到企业的概率（即工作求职率，finding rate）是关于劳动力市场紧度（vacancy–unemployment ratio）$\theta_t = v_t / u_t$ 的函数，表示为 $f(\theta_t) = M(v_t, u_t)/u_t = M(\theta_t, 1)$。同样，企业填补空岗的概率（即岗位匹配率，job filling rate）也是关于 θ_t 的函数，并满足以下关系：

$$q(\theta_t)=\frac{M(v_t,\ u_t)}{v_t}=\frac{M(v_t,\ u_t)}{u_t}\frac{u_t}{v_t}=\frac{f(\theta_t)}{\theta_t} \quad\quad (6-1)$$

企业与工人匹配成功后，每期都进行生产，直至匹配解散。根据广义的纳什讨价还价原则，匹配盈余在两者之间进行分配，工人在分配中得到的比例为 $\beta\in(0,1)$。根据纳什讨价还价原则，如果盈余为正，双方都会从匹配中获益，反之则双方受损。因此，如果工人与企业岗位之间潜在的匹配盈余为负，则匹配（或雇佣关系）不会形成，我们称工人拒绝了该工作机会。此外，因为工人劳动生产率随时间的改变而变化（模型中经济周期的动力），如果在某一时点上匹配盈余由正值变为负值，雇佣关系就会解除，我们称工人离职。除此之外，雇佣关系可能会由于外生的离职冲击而解除，在每期中离职冲击发生的概率为 s。

在模型中，匹配是即时形成的。然而，在现实中，形成工作匹配的过程往往是漫长而复杂的。工人可能首先通过家人朋友、招聘广告或职业介绍中介机构等了解潜在的工作机会。之后，他/她可能会与雇主进行一系列与工作有关的信息交流、面试和工资谈判等，进而得到正式的工作机会。在整个过程中，工作条件和工资等相关信息逐步清楚明朗，双方可能认识到最好不要建立雇佣关系。因此，对于模型中"拒绝工作机会"的更为全面的解释应该是：既可以是工人在收到正式聘用通知后拒绝工作机会，也可以是在工人与潜在雇主之间经过前期接触后选择不再继续交流。在这两种情况下，我们模型中的匹配盈余均为负值。

借鉴第 5 章的做法，根据工人的就业状态和失业保险领取资格将工人分为四类。我们用 i 表示一个工人具备失业保险金领取资格（$i=1$）或不具备失业保险金领取资格（$i=0$）。在每一期里，工人从没有失业保险金领取资格转变为具备领取资格（从 $i=0$ 转变为 $i=1$）的概率为 g。类似地，具备失业保险金领取资格的失业工人因为领取期限到期而失去领取资格（从 $i=1$ 转变为 $i=0$）的概率为 d_t（该概率取决于经济状况）。在我们的数值模拟中，变量 d_t 取两个可能的值，在经济正常运行时取一个值，在经济衰退期取另一个值。在衰退期间，劳动生产率是低于某一阈值的。

维持失业保险制度的资金来源于对就业工人强制征收的保险费 τ_t。我们假设失业保险管理机构可以以利率 r 进行借贷和储蓄，因此，失业保险计划可能会出现赤字或盈余。

与大多数国家的实际情况一致，我们假设只有非自愿失业且没有拒绝合理工作机会的工人，才能领取失业保险金，但失业保险管理机构在执行这些规定时往往受制于信息不对称问题（即对于工人失业原因的信息不充分）。因此，在我们的模型中，所有因外生离职冲击而失业，且具有失业保险金领取资格的工人都可以在其领取期限内领取失业保险金。相反地，如果工人被发现其失业原因是辞职或拒绝就业机会（下文称为道德风险行为），将立即失去失业保险金领取资格。然而，由于失业保险管理机构掌握的信息有限，道德风险行为并不能百分之百被发现。因此，我们在模型里假设道德风险行为以一定的概率被失业保险管理机构发现。此外，根据Hansen 和 Imrohoroglu（1992），我们假设工人辞职和拒绝就业机会被发现的概率是不同的。刻画这种差异的理由有两个。首先，要确认一个人是否在辞职后来领取失业保险金，要比确认一个人是否拒绝了可能的工作机会要容易得多。要确认一个工人是否因辞职而失业，失业保险管理机构只需联系前雇主或要求工人提供离职原因的雇佣记录。相反地，为了确认工人是否拒绝过工作机会，失业保险机构必须询问所有的潜在雇主。即使失业保险机构让失业工人提供了申请工作但未成功的证明，仍无法证明该工人没有拒绝其他有可能成功的就业机会。例如，申请者可能在工作面试中表现不佳，致使面试失败，来证明他们正在积极寻找工作。另外，如果前雇主与工人合作，失业保险机构也有可能无法发现工人失业的真正原因是辞职。虽然这些情况在现实中都有发生，但实证证据（见下文）表明，这些情况并非经常发生。

第二个理由来自实证证据。相对于确认工人是否拒绝工作机会，要确认工人是否辞职的确更为容易。根据美国劳工部（Bureau of Labor）开展的福利准确性评估（benefit accuracy measurement），只有略高于 2% 的工人由于被解雇或自愿离职而不具备失业保险金领取资格。此外，实证证据一致发现，失业保险金的大小变化对工人离职行为发生的概率影响很小，而对岗位匹配率有显著影响。例如，Atkinson 和 Micklewright（1991）引用了 Topel（1983，1984，1985）的研究，他们得出结论，失业保险金对工人辞职或企业辞退工人（layoff）发生的概率几乎没有影响。

为了刻画对于工人辞职和拒绝工作机会不同的发现概率，我们假设失业保险机构可以充分识别工人是否因辞职而失业，但对于工人是否因拒绝工作机会而失业，则不能每次都做出正确的判断。如果一个失业工人拒绝了一个工作机会，那么该工人失去失业保险金领取资格（从 $i=1$ 转变到 $i=0$）的概率从 d_t 增加到 $\gamma+d_t(1-\gamma)$，其中，γ 是工人拒绝工作机会而被失业保险机构发现的概率。为了简化计算，我们用 π_t 表示拒绝工作机会的工人在下一期继续领取失业保险金的概率（即没有被发现的概率，$1-\gamma-d_t(1-\gamma)$），因此 $\pi_t=(1-d_t)(1-\gamma)$。

在模型中，失业保险金会使得工人产生拒绝工作机会的动机。这种影响对于在高劳动生产率条件下形成的劳动匹配是无关紧要的，但会影响在低生产率条件下的匹配形成。在现实中，有些工作机会被工人拒绝而有些则没有。为了让模型的均衡结果与这一现实相符，我们假设匹配的质量是异质性的。具体来说，我们假设工人与企业在期初相遇时，工人随机从外生的累积分布函数 $H(\epsilon)$ 中抽取一个匹配特有的劳动生产率值（match-specific productivity），取值范围处于有限范围（finite support）$E\subset R_+^m$ 内。这样一来，在 t 期形成的工人 – 企业匹配的总劳动生产率定义为

$$p_t(\epsilon)=\overline{p}_t+\epsilon$$

其中，$\overline{p}_t$ 在 t 期中的所有的工人 – 企业匹配中都是相同的；$\overline{p}_t$ 是遵循马尔可夫链的随机变量，取值范围处于有限范围（finite support）$P\subset R_+^n$ 内。

从工人的角度来看，在确定特定匹配劳动生产率 ϵ 之后，他们决定接受或拒绝匹配所对应的工作机会。如果工人拒绝该工作机会，只要他们有失业保险金领取资格，他们就以 π_t 的概率领取失业保险金。如果他们接受

该工作机会，他们将以特定匹配劳动生产率 ϵ 建立雇佣关系，且该匹配质量在其就业期间保持不变。在 t 期中，i 类工人的有效工作求职率（effective job-finding rate）是他们与一个企业相遇的概率与随后接受该工作机会的概率的乘积：

$$f(\theta_{t-1})[1-H(\hat{\epsilon}_t^i)]$$

其中，$\hat{\epsilon}_t^i$ 是 ϵ 在 t 期的阈值，它决定了 i 类工人选择接受工作机会（$\epsilon \geq \hat{\epsilon}_t^i$）还是拒绝工作机会（$\epsilon < \hat{\epsilon}_t^i$）。在每一期里，就业工人得到的实际工资为 $w_t^i(\epsilon)$，再扣除失业保险缴费 τ_t。失业工人的效用来自闲暇价值 l，以及失业保险金 b（如果该失业工人具备失业保险金的领取资格）。假设 l 和 b 均为正值，且 l 始终小于匹配中的生产率：$l < p_t(\epsilon)$（对于 $i \in \{0, 1\}$，任意 t 和 $\epsilon \in E$）。但是，我们允许 $l+b$ 大于劳动力生产率 $p_t(\epsilon)$，因此，模型均衡中存在工人拒绝工作机会以获取失业保险金的道德风险行为。[①]

产出价值总是超过闲暇价值的假设不足以保证不具备失业保险金领取资格的工人永远不会辞职。工人可能为了避免支付高额失业保险缴费或者寻求更好的工作机会而选择辞职。在我们的数值模拟中没有出现这些情况。因此，为了简化模型的定性分析，我们假设失业保险缴费足够低，且匹配特定劳动生产率的异质性足够低，使得不具备失业保险金领取资格的工人不会在模型均衡中辞职。

所有企业都拥有相同的生产技术和偏好。企业要么选择不进入劳动力市场，要么选择进入劳动力市场。在 t 期里，企业与 i 类工人（$i \in \{0, 1\}$）匹配的概率为 $q(\theta_t)u_t^i/u_t$，其中，u_t^i 表示 i 类失业工人的数量；u_t 表示总失业工人数。在企业和工人成功匹配后，企业获得当期利润（flow profit）$p_t(\epsilon)-w_t^i(\epsilon)-\tau_t$。选择进入市场的企业每期要为维持一个空缺岗位支付流动成本 c。

---

① 在匹配具有异质性的情况下，即使没有失业保险制度，辞职和拒绝工作机会也可能在均衡状态下发生，因为与企业的匹配质量不高的工人有寻找更好匹配的动机。

6.2.1 劳动力市场劳动状态演变方程

随着时间推移，0 类和 1 类就业工人人数的演变方程如下：

$$e_t^0(\epsilon) = (1-s)(1-g)e_{t-1}^0(\epsilon) + u_{t-1}^0 f_{t-1} h(\epsilon) A_t^0(\epsilon) \quad (6\text{-}2)$$

$$e_t^1(\epsilon) = (1-s)e_{t-1}^1(\epsilon) + (1-s)ge_{t-1}^0(\epsilon) + u_{t-1}^1 f_{t-1} h(\epsilon) A_t^1(\epsilon)$$

$$(6\text{-}3)$$

其中，$h(\epsilon)$ 是关于 ϵ 的密度函数；$A_t^i(\epsilon)$（$i \in \{0, 1\}$）是一个指示函数（indicator function），表示一个 i 类失业工人在 t 期是否以匹配质量 ϵ 接受工作机会。

由公式（6-2）、公式（6-3）可以看到，在均衡状态下，工人不会辞职，但在每一期里，有一部分就业工人（比例为 s）会遭受外生的离职冲击。此外，在每一期里，有一部分就业工人（比例为 g）获得失业保险金领取资格。最后，i 类失业工人找到一个匹配质量为 ϵ 的工作的概率为 $f_{t-1}h(\epsilon)$。

类似地，0 类和 1 类失业工人的人数随时间变化的演变方程如下：

$$u_t^0 = e_{t-1}^0 s + u_{t-1}^0 [1 - f_{t-1}(1 - H_t^0)] + u_{t-1}^1 [(1 - f_{t-1})d_t + f_{t-1} H_t^1 (1 - \pi_t)]$$

$$u_t^1 = e_{t-1}^1 s + u_{t-1}^1 [1 - f_{t-1}(1 - H_t^1) - (1 - f_{t-1})d_t - f_{t-1} H_t^1 (1 - \pi_t)] \quad (6\text{-}4)$$

其中，H_t^i（$i \in \{0, 1\}$）表示 i 类失业工人在 t 期拒绝工作机会的概率。上述方程式假设就业工人失去工作的概率为 s，i 类失业工人找到工作的概率为 f_{t-1}，拒绝工作机会的概率为 H_t^i。此外，方程式假设未找到工作的 1 类失业工人失去失业保险金领取资格的概率为 d_t，1 类失业工人找到工作但拒绝工作机会的概率为（$1-\pi_t$）。

我们用 x_t 标记模型经济的状态变量，它包括劳动生产率的相同组成部分 $\overline{p}_t$ 以及根据工人就业状况、失业保险的领取资格和匹配质量对工人进行划分所得到的劳动状态分布 $\{u_t^0, u_t^1, e_t^0(\epsilon), e_t^1(\epsilon)\}$（$\forall_\epsilon \in E$）。所有可能的状态变量 x_t 的集合表示为 $X \subset R^{n+2m+1}$。x_t 的动态变化遵循劳动生产率相同组成部分 $\overline{p}_t$ 的马尔可夫链和工人劳动状态分布的演变方程。在下文的均衡递归公式中，所有内生变量和价值方程都是状态变量的方程，因此我们用下标 x 取代目前为止使用的下标 t，用上引号表示下一期的内生变量和价值方程。

6.2.2　贝尔曼方程

对于 i 类工人，用 U_x^i 表示其失业时的预期贴现价值，用 $W_x^i(\epsilon)$ 表示其以匹配质量 ϵ 就业时的预期贴现价值。不具有失业保险金领取资格的 0 类失业工人的获得的价值包括当期的闲暇价值，以及下一期与企业成功匹配后成为就业工人或保持失业状态的预期贴现价值（相应的概率分别为 $f_x=f(\theta_x)$ 和 $1-f_x$）。因此，有

$$U_x^0=l+\rho\{f_x E_x[E_\epsilon W_{x'}^0(\epsilon)]+(1-f_x)E_x U_{x'}^0\} \tag{6-5}$$

其中，$\rho=1/(1+r)$，为跨期贴现率；期望运算符号 E_ϵ 为 ϵ 的平均值；E_x 为以 x 为条件的 x' 的平均值。具备失业保险金领取资格的 1 类失业工人获得的价值包括当期的闲暇价值、失业保险金，以及下一期的预期贴现价值。在计算下一期的预期贴现价值时，需要考虑工人可能由于拒绝工作机会而失去失业保险金领取资格。

$$U_x^1=l+b+\rho f_x E_x[E_\epsilon \max\{\widetilde{W}_{x'}^1(\epsilon),\ \pi_{x'}U_{x'}^1+(1-\pi_{x'})U_{x'}^0\}]$$

$$+\rho(1-f_x)E_x[d_{x'}U_{x'}^0+(1-d_{x'})U_{x'}^1] \tag{6-6}$$

如果 1 类失业工人拒绝工作机会，则其在下一期可继续领取失业保险金的概率为 $\pi_{x'}$。此时，该工人获得的预期价值为 $\pi_{x'}U_{x'}^1+(1-\pi_{x'})U_{x'}^0$。如果失业工人接受工作机会，则其获得的预期价值为 $\widetilde{W}_{x'}(\epsilon)$。该预期价值与具备失业保险金领取资格的 1 类就业工人获得的预期价值 $W_x^1(\epsilon)$ 有所不同，因为就业工人在辞职后总是会失去失业保险金领取资格，但是 1 类失业工人在拒绝工作机会后仍有 π_x 的概率可以继续领取失业保险金。因此，一旦工人接受了工作机会，其外部选择条件（outside option）就会发生变化。因此，如果纳什讨价还价在每期都会发生，那么我们遵循文献的常用做法，假设在工人接受工作机会的那一刻，企业向工人支付一笔一次性的转移支

付（one-time transfer）。该转移支付是为了补偿工人就业后其外部选择条件的恶化，因为就业工人一旦辞职，就会被失业保险机构发现，从而失去其失业保险金领取资格。这种转移支付可能看起来不那么现实，然而，在线性效用函数和外生离职冲击的模型环境中，模型均衡仅取决于匹配形成后工资流的预期贴现值，而非雇佣期间每一期的工资水平。因此，如果工人在匹配形成时选择与企业签订长期就业合同而非每期持续地与企业进行工资谈判，那么，我们的模型预测结果表明如果工人没有通过与企业签订合同实现一次性转移，那么工人在接受工作机会之前比接受工作机会之后具有更强的工资议价权，这并非不切实际。对于许多的工作，包括学术界的工作，最好的工作条件谈判时间是在接受工作机会之前，因为接受工作机会意味着放弃外部的工作机会。在我们的模型中，失业保险金的领取资格是失业工人在接受工作机会后唯一放弃的外部机会。

对于那些具备领取失业保险金资格的 1 类就业工人而言，他们获得的预期贴现价值为当期工资与下一期失业或继续就业的预期贴现价值之和：

$$W_x^1(\epsilon) = w_x^1(\epsilon) + \rho[sE_xU_{x'}^1 + (1-s)E_xW_{x'}^1(\epsilon)] \qquad (6\text{-}7)$$

类似地，企业的预期贴现价值是企业的当期利润加上下一期的预期贴现价值：

$$J_x^1(\epsilon) = p_x(\epsilon) - \tau_x - w_x^1(\epsilon) + \rho(1-s)E_xJ_{x'}^1(\epsilon) \qquad (6\text{-}8)$$

以上类似的结构可以用来刻画不具备失业保险金领取资格的 0 类就业工人和雇佣此类工人的企业所获得的预期价值。不同的是，对于 0 类就业工人，我们还应考虑工人在就业过程中因为获得失业保险金领取资格所获得的预期价值的增加：

$$W_x^0(\epsilon) = w_x^0(\epsilon) + \rho\{sE_xU_{x'}^0 + (1-s)[gE_xW_{x'}^1(\epsilon) + (1-g)E_xW_{x'}^0(\epsilon)]\}$$

$$(6\text{-}9)$$

$$J_x^0(\epsilon) = p_x(\epsilon) - \tau_x - w_x^0(\epsilon) + \rho(1-s)[gE_xJ_{x'}^1(\epsilon) + (1-g)E_xJ_{x'}^0(\epsilon)]$$

$$(6\text{-}10)$$

在均衡状态下，由于市场自由进出的假设，企业创建空缺岗位的成本必须等于其与 i 类工人匹配（概率为 $q(\theta_x)u_x^i/u_x$）所获得的预期贴现价值：

$$c=\rho q(\theta_x)E_\epsilon[(u_x^0/u_x)E_xJ_x^0(\epsilon)+(u_x^1/u_x)E_x\max\{\tilde{J}_x^1(\epsilon),0\}$$

$$(6\text{--}11)$$

其中，$\tilde{J}_x^1(\epsilon)$ 表示与 1 类工人匹配的企业在向工人支付一次性转移支付（hiring transfer）之前所获得的预期贴现价值。

6.2.3　纳什工资定价

企业与 i 类就业工人所产生的预期匹配盈余等于企业获得的预期价值 $J_x^i(\epsilon)$ 加上工人获得的预期价值 $W_x^i(\epsilon)-U_x^0$。由于企业和就业工人解散匹配将导致工人失去失业保险金领取资格，所以无论工人是否具备失业保险金领取资格，其外部选择机会（outside option）所对应的预期价值均为 U_x^0。因此，有

$$S_x^i(\epsilon)=W_x^i(\epsilon)-U_x^0+J_x^i(\epsilon) \qquad (6\text{--}12)$$

对于那些与具备失业保险金领取资格的 1 类工人新形成的匹配，如果工人拒绝工作机会，该工人失去失业保险金领取资格的概率为 $1-\pi_x$。因此，总匹配盈余为

$$\tilde{S}_x^1(\epsilon)=\tilde{W}_x^1(\epsilon)-\pi_xU_x^1-(1-\pi_x)U_x^0+\tilde{J}_x^1(\epsilon) \qquad (6\text{--}13)$$

将 $V_x^i(i\in\{0,1\})$ 定义为新形成的匹配的预期盈余：

$$V_x^0=E_\epsilon S_x^0(\epsilon)$$

$$V_x^1=E_\epsilon\max\{\tilde{S}_x^1(\epsilon),0\} \qquad (6\text{--}14)$$

纳什讨价还价原则意味着雇佣 i 类工人的企业将获得匹配盈余的 $(1-\beta)$ 部分：

$$J_x^i(\epsilon)=(1-\beta)S_x^i(\epsilon),\ \forall i=0,1\ 及\ \tilde{J}_x^1(\epsilon)=(1-\beta)\tilde{S}_x^1(\epsilon) \qquad (6\text{--}15)$$

所以，在新形成的匹配质量为 ϵ 的匹配中，具备失业保险金领取资格的 1 类工人在接受工作机会时会收到一次性转移支付 $J_x^1(\epsilon)-\tilde{J}_x^1(\epsilon)$。

6.2.4　模型均衡

模型均衡由劳动状态演变方程（6-2）~方程（6-4）、反映工人和企业最优决策的贝尔曼方程（6-5）~方程（6-10）、企业自由进出市场条件（6-11）、匹配盈余定义方程（6-12）~方程（6-14）和纳什工资定价方程（6-15）形成的方程组确定。

按照 Mortensen 和 Nagypál（2007）的做法，我们主要通过匹配盈余方程来描述均衡。我们先描述失业保险金领取资格对于失业工人的价值，以及它在劳动雇佣关系中对企业 - 工人匹配的价值。然后，我们将利用这些价值来描述企业 - 工人整体匹配的总盈余。

失业保险金领取资格对于失业工人的价值为 $\widehat{U}_x = U_x^1 - U_x^0$。将式（6-5）和式（6-6）中的 U_x^0 与 U_x^1 代入 $\widehat{U}_x$ 的定义式，然后使用纳什工资定价原则（6-15）以及 $S_x^0(\epsilon)$，$\widetilde{S}_x^1(\epsilon)$ 和 V_x^i 的定义式对方程进行简化，我们得到

$$\widehat{U}_x = b + \rho E_x \{[1 - f_x(1 - \pi_{x'}) - (1 - f_x)d_{x'}]\widehat{U}_{x'}\} + \rho\beta f_x(E_x V_{x'}^1 - E_x V_{x'}^0) \quad (6\text{-}16)$$

由式（6-16）可见，失业保险金领取资格给失业工人带来以下价值：当期的失业保险金、下一期由于具备失业保险金领取资格而得到的预期贴现价值（如果 1 类工人保持失业状态），以及具备领取资格与不具备领取资格的失业工人在下一期如果找到工作（即就业）所获得的预期贴现价值的差值。

当工人获得失业保险金领取资格时，失业保险金领取资格对企业 - 工人匹配的价值为 $\widehat{B}_x(\epsilon) = J_x^1(\epsilon) + W_x^1(\epsilon) + J_x^0(\epsilon) - W_x^0(\epsilon)$。将式（6-7）~式（6-10）代入 $\widehat{B}_x(\epsilon)$ 的定义式，再进行化简，我们得到

$$\widehat{B}_x(\epsilon) = \rho[sE_x\widehat{U}_{x'} + (1-s)(1-g)E_x\widehat{B}_{x'}(\epsilon)] \quad (6\text{-}17)$$

也就是说，对于企业 - 工人匹配而言，失业保险金领取资格的价值在于使得工人在外生离职冲击发生时能够领取失业保险金。与第 5 章的结论类似，$\widehat{U}_x$ 与 $\widehat{B}_x(\epsilon)$ 是非负的。

将式（6-5）~式（6-10）代入式（6-12），并使用 $\widehat{B}_x(\epsilon)$ 和 $\widehat{U}_x$ 的定

义式来简化方程，可知与 0 类工人形成的工人 – 企业匹配所产生的盈余为

$$S_x^0(\epsilon) = p_x(\epsilon) - l - \tau_x + \rho [(1-s)E_xS_{x'}^0(\epsilon) - \beta f_xE_xV_{x'}^0 + (1-s)E_x\widehat{B}_{x'}(\epsilon)]$$

$$(6\text{--}18)$$

从式（6-18）可以看出，失业保险制度以两种方式影响匹配盈余：一方面，企业必须支付当前的失业保险缴费 τ_x；另一方面，只要匹配存续，0 类就业工人将在下一期以概率 g 获得失业保险金领取资格。

使用 $\widehat{B}_x(\epsilon)$ 和 $\widehat{U}_x$ 的定义式，并结合 $S_x^i(\epsilon)$（$i \in \{0, 1\}$）与 $\widetilde{S}_{x'}^1(\epsilon)$ 的定义式，我们可得 $\widetilde{W}_x^1(\epsilon) + \widetilde{J}_x^1(\epsilon) = W_x^1(\epsilon) + J_x^1(\epsilon)$，进而我们得到

$$S_x^1(\epsilon) = S_x^0(\epsilon) + \widehat{B}_x(\epsilon)$$

$$\widetilde{S}_x^1(\epsilon) = S_x^0(\epsilon) + \widehat{B}_x(\epsilon) - \pi_x\widehat{U}_x \qquad (6\text{--}19)$$

因此，就业工人拥有的失业保险金领取资格对于匹配盈余存在两个方向相反的影响：一方面,失业保险金领取资格增加了工人–企业的匹配收益，增值为 $\widehat{B}_x(\epsilon)$；另一方面，当企业和工人形成匹配时，工人的失业保险金的领取资格降低了匹配盈余，因为此时工人的外部选择条件比匹配完成后的工人外部选择条件要高，其差异为 $\pi_x\widehat{U}_x$。由于 $\pi_x \geqslant 0$，式（6-19）表明 $S_x^1(\epsilon) \geqslant \widetilde{S}_x^1(\epsilon)$（对于 $\forall x \in X$, $\forall \epsilon \in E$）。

式（6-20）表述了企业的市场自由进出条件，它刻画了模型的动态随机递归均衡：

$$c\theta_x = \rho f(\theta_x)(1-\beta)[(u_x^0/u_x)E_xV_{x'}^0 + (u_x^1/u_x)E_xV_{x'}^1] \qquad (6\text{--}20)$$

6.3　数值模拟分析

本节将对 6.2 节所描述的模型经济进行定量分析。我们的数值模拟有两个目标：第一个目标是我们将展示如果失业保险金的领取期限取决于经济所处的周期状态，那么模型模拟出与实际数据相一致的大幅劳动周期波动只需要一个相对较低的闲暇价值（MP 基准模型需要一个极高的闲暇价

值）；第二个目标是模拟将 2008 年失业保险金的领取期限延长至 99 周对失业的影响效果，99 周几乎是在 2008 年以前的经济衰退中所设定的平均领取期限的两倍。

在模型校准中，我们做如下假设。首先，匹配函数符合 Cobb－Douglas 形式：$M(v, u)=\mu v^{1-\eta}u^{\eta}$。因此，工作求职率（job finding rate）为 $f(\theta)=\mu\theta^{1-\eta}$ 是关于劳动力市场求人倍率（v/u）的不变弹性函数（constant-elasticity function）。其次，匹配质量 ϵ 均匀分布在区间 $[-\bar{\epsilon}, \bar{\epsilon}]$ 内，有着 201 个离散值。再次，工人在就业期间缴纳的失业保险缴费（the UI contribution fee）保持不变。我们假设失业保险管理机构预算平衡，该假设决定了失业保险缴费的大小。最后，总劳动生产率的相同部分 $\bar{p}_x$ 满足随机过程：

$$\bar{p}_x =p_{\min}+e^{y}(p^{*}-p_{\min})$$

其中，p^{*} 是劳动生产率的中位数；$p_{\min}$ 是所有可能的生产率的下限；y 是一个均值为 0 的随机变量，遵循对称的 51 个状态（51-state）的马尔可夫随机过程，且变化只在相邻状态之间发生。我们对参数 p^{*} 进行校准，使得模型经济中的平均劳动生产率为 1。我们选取的 $p_{\min}$ 的值，刚好使得 p^{*} 和 $p_{\min}$ 取对数后的差异是所观测到的劳动生产率标准差的四倍。y 的随机过程的转移矩阵由两个参数控制：δ（相邻两个状态之间的间隔大小）和 λ [1]（状态变化发生的概率）。

6.3.1　参数校准

我们的模型校准目标是让模型模拟出美国劳动力市场的主要特征、美国失业保险制度的关键特征及其对劳动力市场的影响。我们设定模型每期为一周，为了匹配低频数据，我们用模型模拟出的周度（高频）序列构建月度或季度或年度等低频序列。表 6-1 中前五个参数值的校准目标是直接从文献中获取的。比如，利率（r）的校准目标为年利率 4%。我们将创建

---

[1]　有关该随机过程建模的更多详细信息，请参见第 4 章。

一个空缺岗位的实际成本 c 标准化为 1。关于工人在每期内获得失业保险金领取资格的概率（g），我们选取的参数值将使得模型模拟的 0 类就业工人为获得失业保险金领取资格所需的平均工作周数与实际法律相关要求（20 周）相匹配。[①] 最后，我们将经济正常运行时期和经济衰退时期工人失去失业保险金领取资格的概率（分别为 d_0 和 d_1），与经济正常运行时期和经济衰退时期失业保险金的平均法定领取期限（分别为 26 周和 55 周）相匹配。基于本书的研究目标，我们将经济衰退期定义为联邦政府决定延长失业保险金的法定领取期限的时期。因此，根据这种定义得到的经济衰退期比 NBER 所定义得到的经济衰退期更长。

表 6-1　参数校准目标

年实际利率（r）	0.04
创建空缺岗位的实际成本（c）	1
工人为获得失业保险金领取资格所需的平均工作周数（$1/g$）	20
经济正常运行时期失业保险金领取期限的平均周数（$1/d_0$）	26
经济衰退时期失业保险金领取期限的平均周数（$1/d_1$）	55
平均劳动生产率	1
劳动生产率的标准差（季度值取对数）	0.020
劳动生产率的自相关系数（季度值取对数）	0.878
平均失业率	0.056 7
平均短期失业率	0.024 4
失业率标准差（有条件和无条件，季度值取对数）	0.077 5/0.190
θ 标准差（有条件和无条件，季度值取对数）	0.151/0.382
失业保险金的有效替代率（b/w）	0.25
经济处于衰退期的时间占总时间的比重（$d_t = d_1$）	1/3
若（b/w）增加 0.1，增加的平均失业持续时间（周）	1
失业持续时间对失业保险金的弹性	0.3

注：以上是模型参数的标准目标。这些目标大多与美国的实证数据相符。前五个校准目标各自确定一个参数，其余校准目标共同确定其余参数。

① 关于获得失业保险金领取资格所需的周数，请参见 Card 和 Riddell（1993）以及 Osberg 和 Phipps（1995）。

在校准的第二阶段，我们对剩余 13 个模型参数共同进行校准，使模型模拟结果匹配表 6-1 剩余的 11 个校准目标、Hosios 条件，以及失业保险平均预算赤字为零的条件。前 7 个校准目标是从数据中得到的描述美国劳动力市场经济周期的主要特征（empirical moments）。这些重要特征是根据 Shimer（2005）报告的数据或使用他的原始数据估算的。[1] 值得注意的是，借鉴 Mortensen 和 Nagypál（2007）的做法，我们在模型校准中使用失业率和 θ 的有条件标准差，[2] 并将含有"有条件标准差"的校准目标策略作为基准策略，这是因为劳动生产率中的共同部分 $\bar{p}$ 是模型经济的唯一外生冲击，是模型中经济周期的源泉。然而，在现实中，劳动生产率仅仅是众多冲击中的一个，模型内生变量还会受到其他冲击的影响。比如，在模型中，失业率与劳动生产率的相关系数为 −1；而在实际数据中，它与劳动生产率的相关系数仅为 −0.4 左右。为了方便与文献进行比较，我们也报告了使用无条件标准差作为校准目标的结果。

表 6-1 中的最后四个校准目标刻画了美国失业保险制度的关键特征以及该制度对劳动力市场的影响。对于失业保险金的水平值，我们的校准目标是有效替代率（effective replacement ratio）。有效替代率是失业金领取比率（take-up rate）（实际领取失业保险金的失业工人的比例）和实际替代率（以领取失业保险金为条件）的乘积。根据 Blank 和 Card（1991）的研究，美国失业金领取比率基本稳定在 0.7 左右（即 70% 具有失业金领取资格的失业工人领取了失业金）。与此同时，1972 年至 2003 年，失业保险金的工资替代率均值为 0.357（即失业金平均占就业工资的 35.7%）。从 1955 年到 2003 年，联邦政府延长了失业保险金领取期限的时期，使其占

---

① 我们使用了 Shimer（2005）中的表 1。对于 1951 年（1）至 2003 年（12）的平均短期失业率，我们使用了 Shimer 的方法，从美国劳工部的当期人口调查（CPS）中计算得到：（i）5 周以下的失业人数（Series ID:LNS13008396）和（ii）劳动生产率（Series ID:LNS1000000）。相关链接：http://www.bls.gov/cps/。最后，我们将平均劳动生产率标准化为 1。

② 参考 Mortensen 和 Nagypál（2007），某一变量 Y 的有条件标准差为这一变量的标准差 STD（Y）与该变量和劳动生产率的相关系数 corr（Y, P）的乘积。

总时期的三分之一。在数值模拟中，我们认为当总生产率低于某一阈值时，经济将处于衰退状态，而我们选择的阈值刚好可以使得在 1/3 的时期里，模型经济处于衰退期。[①]

Atkinson 和 Micklewright（1991）调查了失业保险金对劳动力市场的影响，与他们的研究结论一致，在我们的模型校准中，失业保险金是通过影响失业的平均持续时间，从而对失业率产生温和的影响。[②] 具体而言，我们的校准目标是实证研究结论：当失业金替代率提高 10 个百分点时，平均失业持续时间将延长一周。[③] 此外，与模型部分一致，辞职的工人无法领取失业保险金。最后，关于失业保险金的增加对失业工人拒绝工作机会的实际影响，Meyer 和 Mok（2007）曾经基于 1989 年纽约州的一项失业政策改革得到实证估计结果。在研究中，他们比较了通过改革获得更多的失业保险金的工人和在同一地区没有获得更多失业保险金的工人的失业持续时间，得到两类工人的失业持续时间对失业保险金 b 的弹性差值（0.3）。我们以这一实证结果作为我们的校准目标。他们的分析令人信服，因为他们剔除了获得失业保险金的人对失业保险金增加的个体反应（individual responses），并且控制了其他可能影响的渠道，如空缺岗位创建和工人薪酬。

---

① 美国劳动力就业与培训管理部门（U.S Department of Labor Employment and Training Administration）的年度报告和财务数据（Column 33）， 可在 www.workforcesecurity.doleta.gov/unemploy/hb394.asp 查询。劳工部网站（www.oui.doleta.gov/unemploy）提供了 1945 年以来各种延长福利计划的详细信息。值得注意的是，根据我们的定义得到的经济衰退期比根据 NBER 定义所得到的衰退期更长。

② Atkinson 和 Micklewright（1991）指出了失业保险金对总体失业的影响主要通过抑制失业外流（即从失业流向就业）来体现。

③ Moffitt 和 Nicholson（1982）估计，替代率增加 10 个百分点会导致失业持续时间延长一周。而 Moffitt（1985）和 Meyer（1990）估计替代率增加 10 个百分点，会使失业持续时间延长约 0.5 周和 1.5 周。

6.3.2 校准结果

校准后模型模拟出的结果与表 6-1 中的校准目标值相一致。表 6-2 报告了第二阶段校准的参数值。为了方便比较，我们不仅报告了 d 取决于经济所处周期条件（$\bar{p}$）时（即本模型）的校准参数值，而且报告了 d 为常数时（即 MP 基准模型）的校准参数值。从表 6-2 中我们可以看到，我们的拓展模型与假定 d 为常数的 MP 基准模型相比，与校准目标（即失业率和 θ 的标准差）相匹配所需的闲暇价值明显较低。在我们的基准校准策略中，闲暇价值从 0.84（基准模型）降至 0.76（本模型）。而在采用无条件标准差的校准中，闲暇价值下降幅度较小，仅从 0.93（基准模型）下降到 0.9（本模型）。

闲暇价值下降的原因如下：在经济衰退时延长失业保险金领取期限的政策往往会增强失业和空岗的波动性。在没有此类政策的情况下，模型模拟的这些变量的标准差会大大降低。例如，在基准校准策略中，衰退期间失业保险金的预期领取期限从 26 周增加到 55 周会使失业的标准差从 0.054 增加到 0.086。类似地，在使用无条件标准差作为校准目标时，失业率的标准差从 0.12 增加到 0.19。所以，当假定 d 取决于 $\bar{p}$ 时，我们不需要让 l 和 $\bar{p}$ 之间的差额足够小，就能使得劳动生产率冲击对失业产生较大的影响（substantial effect）。因此，我们不再需要假定很高的闲暇价值，就能模拟出美国劳动力市场大幅的周期性波动。值得指出的是，因为模型所选择的校准目标使得失业保险政策的变化只会对失业产生较小的影响，因此闲暇价值即使显著降低，其下降幅度也是较为温和的。

表 6-2　参数校准结果

	校准目标			
	有条件		无条件	
	失业保险金领取期限取决于 $\bar{p}$	失业保险金领取期限不变	失业保险金领取期限取决于 $\bar{p}$	失业保险金领取期限不变
p^* 劳动生产率的中位数	0.997 8	0.998 1	0.998 5	0.998 4
$\bar{\epsilon}$ 最高匹配质量	0.011 1	0.007 2	0.001 8	0.000 8
l 闲暇的价值	0.758 7	0.836 4	0.904 1	0.925 7
λ 劳动生产率随机波动的概率	0.374 7	0.375 3	0.377 1	0.377 2
δ 劳动生产率随机波动的大小	0.072 7	0.072 6	0.072 3	0.072 3
s 离职率	0.007 9	0.007 9	0.007 9	0.007 9
μ 匹配效率因子	0.309 7	0.376 5	0.526 1	0.648 8
η 失业匹配弹性	0.738 1	0.685 0	0.653 8	0.603 0
β 工人的工资议价能力	0.738 1	0.685 0	0.653 8	0.603 0
b 失业保险金	0.245 7	0.245 9	0.246 2	0.246 3
τ 失业保险金缴费	0.011 7	0.011 3	0.011 7	0.011 2
γ 工人拒绝工作机会后被失业保险机构发现的概率	0.295 3	0.390 5	0.522 2	0.546 0

注：利用这些参数，模型模拟了表 6-1 中的校准目标。在"以 $\bar{p}$ 为条件"的两列中，我们通过校准后的模型来匹配失业率的有条件标准差和求人倍率有条件标准差。在"无条件"的两列中，这些校准目标值是无条件标准差。在"以 $\bar{p}$ 为条件"的两列中，在经济衰退时期，失业保险金的预期领取期限为 55 周，在经济正常运行时期为 26 周。在"领取期限不变"的两列中，失业保险金领取期限恒定为 26 周。

表 6-2 中需要指出的一点是，当经济衰退期的失业保险金的法定领取期限延长时，拒绝工作机会的工人被失业保险管理机构发现的概率（γ）会降低。这是因为在模型里，较低的闲暇价值减弱了失业保险金对失业的影响。然而，在校准中失业保险金对失业的影响是某一个固定的目标值，所以对这一校准目标有显著影响的其他参数，比如 γ，必须进行相应调整。工人拒绝工作机会后被发现的概率（γ）越低，失业保险对具备失业保险金领取资格的工人的工资议价能力的影响就越大，进而对工资和失业的影响就越大。因此，如果我们将 d 变动时的模拟结果与 d 保持不变时的模拟结果进行比较的话，会发现 γ 的降低弥补了 l 的降低，从而使失业保险金对失业的影响保持不变。值得注意的是，γ 的降低往往会增大劳动力市场

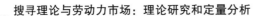

周期的变化幅度，并增大 l 的下降幅度。在采用有条件标准差的校准中，γ 和 l 之间的相互作用尤其大。这解释了为什么 l 在采用有条件标准差的校准中比在采用无条件标准差的校准中下降更多。

6.3.3　延长失业保险金领取期限对失业的影响

本小节探讨了在经济衰退时延长失业保险金领取期限对失业率的影响。为此，我们使用 3.2 节中校准的模型，模拟经济衰退时期实行不同失业金法定领取期限时的失业率，并进行比较。具体而言，经济衰退期内我们考虑了以下四种失业保险政策。

政策 1：不延长失业保险金领取期限，即 d_1^{-1}=26 周。

政策 2：有一个 13 周的失业金福利延长计划（Extended Benefits），即 d_1^{-1}=39 周。[①]

政策 3：使用 3.2 节中用于校准的政策，即 d_1^{-1}=55 周，美国 1951—2003 年实际的平均失业金领取期限。

政策 4：使用 2008 年颁布的 EUC 计划，即 d_1^{-1}=99 周。

表 6-3　经济衰退期的平均失业率

经济衰退期失业保险金 领取期限	有条件标准差 （conditional moments）	无条件标准差 （unconditional moments）
26 周	5.88	6.12
39 周	6.15	6.74
55 周	6.35	7.28
99 周	6.63	8.15

注：将不同失业保险制度与 d_1 进行比较，结果表明，在经济衰退时期，延长失业保险金领取期限的计划具有显著但温和的效果。在"有条件标准差"列中，我们通过校准模型来匹配以生产率为条件的失业率对数的标准差和以生产率为条件的劳动力市场紧度（vacancy-unemployment ratio）对数的标准差。在"无条件标准差"列中，这些作为校准目标的标准差是无条件的。

表 6-3 报告了模型模拟的衰退期间的平均失业率。失业保险金领取期

---

① 正如美国劳工部网站（www.oui.doleta.gov/unemploy/extenben.asp）所解释的，一些州因失业率极高而额外延长 7 周。

限对失业率的影响，取决于校准目标使用的是有条件标准差还是无条件标准差。在基准校准（有条件标准差）中，将失业保险金的领取期限从 26 周延长到 55 周会使衰退期的平均失业率增加 0.5 个百分点。因此，我们的模型预测，在第二次世界大战后，经济衰退期间所实施的各种延长失业金领取期限的计划使得失业率上升了 0.5 个百分点。此外，我们发现 2008 年金融危机期间所实行的延长失业金领取期限至 99 周的计划，使得失业率增加了 0.75 个百分点。在采用无条件标准差的模型校准中，失业金领取期限对失业率的影响会更大。比如，将领取期限延长到 55 周会使失业率增加 1.2 个百分点，而延长到 99 周将使失业率增加 2 个百分点。

文献部分所提及的一些研究工作也分析了 2008 年颁布的 EUC 计划对失业率的影响。在我们的模型模拟中，这些文献所研究的影响对应于失业金领取期限延长至 99 周的失业保险制度与延长至 39 周的制度对失业率所产生的差别。因此，如表 6-3 所示，我们模型预测 EUC 计划导致失业率提高了 0.5 个百分点（在采用有条件标准差的校准中），或 1.4 个百分点（在采用无条件标准差的校准中）。如 6.1 节所述，基准模型（有条件标准差）的模拟结果可以较好地与文献结果相吻合，而在以无条件标准差作为校准目标的模型中所得到的失业率则处于估计值的上限。

诚然，与 EUC 计划相关的经济衰退比二战后的几次经济衰退更为严重，因此，如果将与 EUC 计划相关的经济衰退与其他的经济衰退混为一谈，则可能会使我们的结果产生偏差。为了解决这个问题，我们尝试将衰退分为两种类型：正常衰退（normal recessions）和严重衰退（severe recessions）。与我们的基准模型分析一样，正常衰退或严重衰退都是由生产率冲击造成的，并且经济有 1/3 的时间处于衰退期。在模拟中，经济有 1/25 的时间处于严重衰退，在此期间生产率处于极低的水平。我们假设 EUC 计划的影响仅仅作用于严重衰退时期。也就是说，我们比较了经济严重衰退期可能采用的两种政策：在一项政策中，失业保险金的预期领取期限延长至 99 周；在另一项政策中，预期领取期限仅延长至 39 周。不同的是，在经济正常衰退期间，失业金领取期限都延长至 55 周。在这一模型模拟中使用的参数与表6-2保持一致。我们得到的结论是，在经济严重衰退期间，EUC计划对平均失业率的影响与表6-3中报告的结果类似。在采用有条件标准差的校准中，平均失业率从6.6%增加到7%，即增加了0.4个百分点（在表6-3中，失业率增加了0.5个百分点）。在采用无条件标准差的校准中，平均失业率从8.4%增加到10%，即增加了1.6个百分点（在表6-3中，失业率增加了1.4个百分点）。因此，不管是否区别严重衰退与正常衰退，EUC计划对失业率的影响几乎是没有区别的。

在模型中，因为我们所使用的校准目标体现了失业保险金对失业率的温和影响，所以EUC计划对失业率的影响也是温和的。然而，这并不意味着改变失业保险政策只会产生微小的影响。例如，使用表6-1第1列中的参数，我们的模型预测结果显示，如果按照西班牙的情况，替代率增加到0.65，并且失业保险金的预期领取期限为两年（保持不变），那么衰退时期的平均失业率将攀升至18%。此外，如果工人拒绝工作机会被发现的概率（γ）下降到使用美国数据校准的参数值的一半，我们的模型模拟的衰退时期的平均失业率将为25%。巧合的是，这就是2012年西班牙的平均失业率。但是，我们并不认为这就是导致西班牙高失业率的原因。西班牙与美国的制度大不相同，而且γ值的选择并非来自严谨的模型校准。我们之所以报告这个结果是为了强调，当失业保险政策的变化比2008年颁布的EUC计划更大时，我们的模型是能够解释失业率的巨大变化的。

6.3.4 拒绝工作机会的重要性

本小节我们讨论允许工人拒绝工作机会对定量研究结果的影响。在模型模拟中，尽管真正拒绝工作机会的失业工人并不多，但工人在拒绝工作机会后仍有一定的概率（或机会）领取失业保险金，这一可能性对定量结果有着重要影响。事实上，对工人拒绝工作机会的监管不完善，意味着当具备失业保险金领取资格的工人与企业进行工资谈判时，失业保险金会增加工人保持失业状态的预期价值。因此，对道德风险行为（拒绝工作机会）的监管不力，在事实上提高了具备失业保险领取资格的工人的工资谈判地位，进而降低了企业的利润和就业创造。

在基准校准中，工人拒绝工作机会的概率参数值，是由失业持续时间对失业保险金在两类失业工人之间的差额弹性（extra elasticity）决定的。实证证据表明，差额弹性虽然为正，但数值却不大。因此，在我们的模型模拟中，有工人拒绝工作机会的情况，但并不多。在基准校准结果中，不具备失业保险金领取资格的工人从不拒绝工作机会，而具备失业保险金领取资格的工人拒绝工作的概率平均为 7.3%。工人拒绝工作机会的概率在经济周期上波动很大：在经济正常运行时期，拒绝概率下降到 4.5%，而在经济衰退时期，该概率上升到 16%。然而，在整个周期内，工人拒绝工作机会的概率仍然很低。[①]

较低的实际拒绝概率意味着，只要工人在拒绝工作机会后有可能失去失业金领取资格，那么即使我们不考虑工人拒绝工作的可能性，对定量研究结果的影响也不大。为了进一步阐述这点，我们考虑了一个工人与企业进行同质匹配的简化版模型。在此模型中，工人的匹配质量相同，没有低质量的匹配。因此，在均衡状态下，所有的工作机会都会被工人接受。此外，我们仍然允许工人在拒绝工作机会后有一定概率领取到失业金，并采用了与基准模型相同的监管强度（即拒绝工作被发现的概率，$\gamma = 0.2953$）。然后，我们用表 6-1 中的校准目标（除了最后两个参数，它们控制了失业保险金对失业的影响）重新校准了模型的其余参数。我们发现，校准结果没有发生太大的改变。例如，闲暇价值 l 增加，但变化很小，从 0.7587 变为 0.7745。类似地，EUC 计划的影响几乎没有变化，失业率的增量从 0.48 个百分点微幅上升到 0.53 个百分点。然而，在这一简化模型中，对于是否具备领取失业保险金的资格的两类失业工人而言，失业保险金 b 的变化对他们失业持续时间的影响反而是相同的。此外，失业保险金 b 增加 10 个百分点，带来的平均失业持续时间的增加从 1 周降至 0.54 周。

[①]　在采用无条件标准差的校准中，平均拒绝比率为 4.1%，在经济正常运行时期为 0.04%，在衰退时期为 19.3%。

即使工人拒绝工作机会的直接影响很小，但是拒绝工作机会的可能性也会对工人的谈判地位产生重大影响，这对我们的研究结果非常重要。为了说明这一点，我们考虑对模型进行如下修改：假设失业保险机构可以准确辨别工人是辞职还是拒绝工作，即 $\gamma = 1$。将 γ 设定为 1 不仅可以防止工人拒绝工作行为的发生，还可以防止工人产生以领取失业保险金为理由而拒绝工作的动机，因为拒绝工作会使他们失去失业保险金的领取资格。我们使用表 6-1 中的校准目标（除了最后两个校准目标，它们控制了失业保险金对失业的影响），重新校准了模型的其余参数（除了最高匹配质量 $\bar{\epsilon}$，在不会拒绝工作机会的情况下，其取值不影响均衡结果）。在这个模拟中，我们的结果与表 6-2 和表 6-3 中的报告结果截然不同。首先，闲暇价值比表 6-2 中的数值要高得多。其次，失业保险金的增加降低了失业率，而不是增加了失业率。因此，当延长衰退期间的失业保险金领取期限时，产生现实经济周期所需的闲暇价值并不是更低而是更高。具体来说，在采用有条件标准差的基准校准中，如果失业保险金领取期限始终维持在 26 周，闲暇价值为 0.88；当失业保险金领取期限在衰退期间延长到 55 周时，闲暇价值为 0.89。在采用无条件标准差的校准中，当失业保险金领取期限始终维持在 26 周时，闲暇价值为 0.96；当失业保险金领取期限在衰退期间延长到 55 周时，闲暇价值为 0.965。此外，EUC 计划对失业率的影响从正向变为略微负向：在采用有条件标准差的校准中，EUC 计划使失业率降低了 0.1 个百分点；在采用无条件标准差的校准中，EUC 计划使失业率降低了 0.5 个百分点。总之，不考虑拒绝工作机会并不影响我们的结果，但假定工人不可能拒绝工作机会则完全改变了我们模型的模拟结果。

6.4 结论

我们的模型表明，美国经济衰退期间延长失业保险金领取期限的计划对失业率的波动性产生了重大影响。如果没有这些延长期限计划，我们估计，自第二次世界大战以来的失业率的标准差将下降 37% 左右。类似地，如果没有 2008 年实施的 EUC 计划对就业的负向激励影响，失业率应该会降低 0.5 个百分点左右。这些影响相对较小，因为我们在模型校准中模拟了失业保险政策对失业较弱的影响，但由于法定失业保险领取期限的波动较大，所以这些影响仍然是显著的。因此，基于经济状况来确定失业保险金的领取期限是美国二战后大幅失业波动的重要原因，这一研究结论对于未来的劳动力市场周期性研究有着重要的指导意义。

参考文献

Aaronson D，Mazumder B，Schechter S，2010．What is Behind the Rise in Long-term Unemployment？［J］．Economic Perspectives（Federal Reserve Bank of Chicago），34（2）：28-51．

Anderson P M，Meyer B D，1994．The Effects of Unemployment Insurance Taxes and Benefits on Layoffs Using Firm and Individual Data［D］．NBER working paper：4960．

Anderson P M，Meyer B D，1997．Unemployment Insurance Takeup Rates and the After-tax Value of Benefits［J］．Quarterly Journal of Economics，112(3)：913-937．

Atkinson A B，Micklewright J，1991．Unemployment Compensation and Labor Market Transitions：A Critical Review［J］．Journal of Economic Literature，29（4）：1679-1727．

Blank R M，Card D E，1991．Recent Trends in Eligible and Ineligible Unemployment：Is There an Explanation？［J］．Quarterly Journal of Economics，106（4）：1157-1189．

Burda M，1988．Wait Unemployment in Europe［J］．Economic Policy，3(7)：391-425．

Card D E, Riddell W C, 1993. A Comparative Analysis of Unemployment in Canada and the United States [M] // David E. Card and Richard B. Freeman (eds.): Small Differences That Matter: Labor Markets and Income Maintenance in Canada and the United States, Chicago: University of Chicago Press: 149–190.

Farber H S, Valletta R G, 2013. Do Extended Unemployment Benefits Lengthen Unemployment Spells? Evidence from Recent Cycles in the United States Labor Market [D]. NBER working paper: 19048.

Fujita S, 2011. Effects of Extended Unemployment Insurance Benefits: Evidence from the Monthly CPS [D]. Federal Reserve Bank of Philadephia working paper 10–35/R.

Hagedorn M, Manovskii I, 2008. The Cyclical Behavior of Equilibrium Unemployment and Vacancies Revisited [J]. American Economic Review, 98 (4): 1692–1706.

Hall R E, 2005. Employment Fluctuations with Equilibrium Wage Stickiness [J]. American Economic Review, 95 (1): 50–65.

Hall R E, Milgrom Paul R, 2008. The Limited Influence of Unemployment on the wage bargain [J]. American Economic Review, 98 (4): 1653–1674.

Hansen G D, Imrohoroglu A, 1992. The Role of Unemployment Insurance in an Economy with Liquidity Constraints and Moral Hazard [J]. Journal of Political Economy, 100 (1): 118–142.

Mazumder B, 2011. How Did Unemployment Insurance Extensions Affect the Unemployment Rate in 2008‑10? [D]. Federal Reserve Bank of Chicago economic letter: 285.

Meyer B D, 1990. Unemployment Insurance and Unemployment Spells [J]. Econometrica, 58 (4): 757–782.

Meyer B D, Mok, Wallace K C, 2007. Quasi-experimental Evidence on the Effects of Unemployment Insurance from New York State [D]. NBER working paper: 12865.

Moffitt R, 1985. Unemployment Insurance and the Distribution of Unemployment Spells [J]. Journal of Econometrics, 28 (1): 85-101.

Moffitt R, Nicholson W, 1982. The Effect of Unemployment Insurance on Unemployment: The Case of Federal Supplemental Benefits [J]. Review of Economics and Statistics, 64 (1): 1-11.

Mortensen D T, Nagypal E, 2007. More on Unemployment and Vacancy Fluctuations [J]. Review of Economic Dynamics, 10 (3): 327-347.

Moyen S, Stahler N, 2014. Unemployment and the Business Cycle: Should Benefit Entitlement Duration React to the Cycle? [J]. Macroeconomic Dynamics, 18 (3): 497-525.

Nakajima M, 2012. A Quantitative Analysis of Unemployment Benefit Extensions [J]. Journal of Monetary Economics, 59 (7): 686-702.

Osberg L, Phipps S, 1995. Income Distributional Implications of Unemployment Insurance and Social Assistance in the 1990s: A Micro-simulation Approach [M]. Publication IN-AH-223E-11-95, Human Resources Development Canada.

Pissarides C A, 1986. Unemployment and Vacancies in Britain [J]. Economic Policy, 1 (3): 499-559.

Rothstein J, 2011. Unemployment Insurance and Job search in the Great Recession [D]. Brookings Papers on Economic Activity (Fall): 143-210.

Shimer R, 2005. The Cyclical Behavior of Equilibrium Unemployment and Vacancies [J]. American Economic Review, 95 (1): 25-49.

Sider H, 1985. Unemployment Duration and Incidence: 1968‒82 [J]. American Economic Review, 75 (3): 461-472.

Silva J I，Toledo M，2009．Labor Turnover Costs and the Cyclical Behavior of Vacancies and Unemployment［J］．Macroeconomic Dynamics，13（SUPPL. S1）：76-96．

Valletta R，Kuang K，2010‒2012．Extended Unemployment and UI Benefits［D］．Federal Reserve Bank of San Francisco economic letter．

Zhang M，2008．Cyclical Behavior of Unemployment and Job Vacancies：a Comparison between Canada and the United States［J］．The Berkeley Electronic Journal of Macroeconomics（8）：Article 27．

Zhang M，Faig M，2012．Labor Market Cycles，Unemployment Insurance Eligibility，and Moral Hazard［J］．Review of Economic Dynamics，15（1）：41-56．

第 7 章　最优失业保险制度设计

7.1　引言

众所周知，失业保险对于工作搜寻行为具有道德风险效应。由于失业保险管理机构无法做到充分、完全地监督，在失业保险金较为优厚的情况下，会使得部分工人为领取失业保险金而做出拒绝合适的工作机会或辞去当前合适的工作的行为（即道德风险行为）。[①] 为了解决这种负向激励效应，关于最优失业保险的文献提出，失业保险机构应向失业者提供随失业时间递减的失业保险金，并向就业者征收随就业时间递减的失业保险费（Shavell et al.，1979；Hansen et al.，1992；Hopenhayn et al.，1997，2009；Pavoni，2007）。然而，这些理论结果似乎与失业保险体系的实际运作不符。在现实操作中，失业保险金和失业保险缴费在失业和就业期间通常是保持不

[①]　Fuller 等（2015）发现在美国，由于求职不充分、拒绝合适的工作机会和辞职导致的失业保险支付占 2007 年不同类型欺诈的超额偿付总额的 13% 左右。Card 和 Riddell（1996）以及 Christofides 和 McKenna（1996）发现许多辞职行为发生在工人即将获得失业保险领取资格时。Andolfatto 和 Gomme（1996）发现 1972 年加拿大失业保险制度改革（1972 Liberalization of UI）大大增加了劳动力市场工人在工作上的流动。一些对就业与否无所谓的工人变得更愿意辞去工作去领取失业保险金，然后在失业保险金领取期限结束后再迅速找到下一份工作。Katz 和 Meyer（1990）发现当失业保险金领取期限快到时，失业保险金领取者的就业率出现急剧上升。

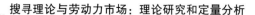

变的。

失业保险金领取资格是世界上大多数失业保险制度的一个重要特征。本章通过引入这一重要的制度特征，考察最优失业保险金和失业保险缴费设计方案。我们发现，失业保险金领取资格的引入为失业保险机构提供了一种额外的促进工人就业的激励手段，从而有助于消除失业保险金所引发的道德风险效应，使得模型能够得到不随时间变化而变化的失业保险金和失业保险费的设计方案，与现实操作一致。

现有文献通常假设失业工人失业时可以无条件获得失业保险金。然而，在大多数国家，失业保险管理机构都明确规定了失业保险金的领取条件，这意味着并非所有失业者在失业期间都能领取到失业保险金。总结起来，各国关于失业保险金领取资格的核心规定大致如下：（1）工人需要通过工作一段时间来获得失业保险领取资格；（2）领取失业保险金是有期间规定的；（3）具有失业保险金领取资格的工人如果采取策略性不当行为以期从失业保险中套利（即道德风险行为），则可能失去其领取资格。[①]例如，在美国，工人必须工作约 20 周才获得失业保险金领取资格，且失业工人领取失业保险金的平均期限为 26 周。对于策略性不当行为，根据Pavetti 和 Bloom（2001），自愿辞职的具有领取资格的工人一旦被失业保险机构发现，将失去其全额保险金。在我国，根据 1999 年 1 月 22 日发布的《中华人民共和国失业保险条例》，工人就业且累计缴费失业保险费时间满 1 年不足 5 年的，领取失业保险金的期限最长为 12 个月；累计缴费时间满 5 年不足 10 年的，领取失业保险金的期限最长为 18 个月；累计缴费时间 10 年以上的，领取失业保险金的期限最长为 24 个月。此外，我国的《失业保险条例》也明确规定，如果工人自愿辞职或拒接工作机会，则不能领取失业保险（见第十四、十五条）。

当失业保险金可以无条件领取时，失业保险金的存在相当于就业的

[①]　大多数 OECD 国家有相似的规则。更多细节参见 Lalive 等（2005）以及 Shimer 和 Werning（2008）。

机会成本，从而抑制就业。然而，当保险金的领取依赖于工人失业之前的就业情况，且策略性不当行为可能被失业保险机构发现并受到惩罚时，失业保险金相当于就业的机会收益，从而产生促进就业的作用。这就是Mortensen（1977）、Burdett（1979）、Hamermesh（1979）和第 5 章强调的资格效应。因为这种效应改变了工人的工作意愿，本章尝试探讨该效应对最优失业保险制度的影响。为此，我们在以 Hopenhayn 和 Nicolini（2009）为代表的经典文献中，外生地引入失业保险领取资格这一关键特征。在模型中，工人不总是具有失业保险领取资格，这种资格必须通过就业获得；失业保险金的领取期间是有限的；当工人受到失业保险机构的监管时，他们可能由于辞职或拒绝工作而失去其领取资格。

我们发现，资格效应和失业保险机构的监管力度共同作用，对工人就业产生了额外的激励机制。具体来说，资格效应和监管力度的相互作用会减轻甚至消除失业保险制度所引发的道德风险问题，从而使得最优失业保险金和失业保险缴费的性质发生根本变化。为了说明这一点，在监管不完善的情况下，只要失业保险机构能够以一定的概率识别实施策略性不当行为的工人，失业保险管理机构就可以运用领取资格的规定，以取消工人的失业保险领取资格的方式对工人进行惩罚。因为失业保险领取资格对工人来说是有价值的社会保障（资格效应），这种惩处方式将有效抑制工人的策略性不当行为。

我们发现，资格效应和监管力度都很重要。监管力度和监管技术、手段使得工人隐藏的道德风险行为更容易被失业保险机构发现。资格效应的作用是，根据监管所提供的信息以及失业保险的相关规定，给出惩罚的力度和大小。这两个因素构成了"有效资格效应"（effective entitlement effect），重塑了最优失业保险转移支付（即失业工人领取的失业保险金，以及就业工人缴纳的失业保险费）。当缺乏监督和惩罚时，失业工人无条件地领取失业保险金，即如现有文献中假设的那样，有效资格效应以及该效应与道德风险行为的相互作用将在模型中完全消失。

引入失业保险领取资格规则后，最优失业保险转移支付与现有文献中的主要结论有着明显的区别。我们发现，当有效资格效应较强时，失业保险金所引发的道德风险可以完全被消除。此时，失业保险制度对就业的负向激励问题得到解决，最优失业保险金和失业保险缴费不随时间的变化而变化，与实际中观察到的一致。为了说明有效资格效用在这一结论中的重要性，我们基于最优失业保险文献 Hopenhayn 和 Nicolini（2009）中的经典研究进行了比较研究。Hopenhayn 和 Nicolini（2009）提出，为了减轻失业保险制度本身无法避免的道德风险效用，最优失业保险金应随着失业工人失业时间的延长而下降，即短时间失业的工人比长时间失业的工人的失业保险金高。在这一结论下，Hopenhayn 和 Nicolini（2009）指出他们的最优设计中存在一个漏洞：失业工人可能会通过就业然后立即辞职来提高其失业保险金。他们发现，只要失业工人的就业机会成本较高时，这个漏洞就会存在。在考虑失业保险领取资格的情况下，我们的研究发现，该漏洞的存在不仅取决于失业工人的就业机会成本，还取决于有效资格效应的大小。当失业保险管理机构的监督力度足够大时，即使就业的机会成本很高，漏洞也可以被消除，有效资格效应是消除漏洞的重要原因。在模型中，工人重视失业保险体系提供的保障服务。当失业保险管理机构发现道德风险行为的概率较高时，工人由于担心失去有价值的失业保险服务而选择抑制不当行为。这一机制在无条件领取失业保险金的模型中不存在。在该情况下，尽管失业保险服务也有着较高的价值，但失业保险机构不能对实施道德风险行为的工人进行任何惩罚，使得有效资格效应为零。

本章构建的模型在以下几个方面与已有研究相关。Pavoni（2007）以及 Hopenhayn 和 Nicolini（2009）与我们的研究密切相关，但是两者都没有考虑失业保险领取资格，且 Pavoni（2007）没有考虑辞职和拒绝工作中的道德风险行为。Boone 等（2007）强调了监管和失业保险惩罚在解决工作搜寻行为中道德风险的作用，他们发现，对失去保险金的担忧促使失业工人加强工作搜寻力度。与此不同，我们发现，工人担心失去有价值的失业保险领取资格，这不仅可以防止搜寻工作中的不当行为，还可以防止辞职和拒绝工作中的不当行为。Boone 等（2007）、Pavoni 和 Violante（2007），以及 Fuller 等（2015）模型考虑的是一种昂贵的监管技术（monitoring technology），而参考 Hansen 和 Imrohoroglu（1992）及第 5 章，我们考虑的是一种无成本的监管技术。在文献中，失业保险所引发的道德风险问题得到了广泛研究，如 Shavell 和 Weiss（1979）以及 Wang 和 Williamson（1996）从求职者搜寻工作的努力程度视角，Zhang 和 Faig（2012）从工人辞职行为视角，Hansen 和 Imrohoroglu（1992）、Atkeson 和 Lucas（1995）和 Faig 等（2016）从工人拒绝工作机会视角。我们的研究考察了现有文献涉及的所有维度的道德风险。Cahuc 和 Lehmann（2000）以及 Fredriksson 和 Holmlund（2001）在搜寻匹配模型框架中探讨最优失业保险。在这些研究中，工资是内生决定的；我们的研究是建立在动态委托－代理理论上，是假设工资不变的局部均衡模型。

本章接下来安排如下：7.2 节描述基准模型，讨论失业保险机构的成本最小化问题。7.3 节说明有效资格效应在解决失业保险所带来的就业负向激励效应中的重要性。我们将回顾 Hopenhayn 和 Nicolini（2009）最优失业保险制度设计中存在的制度漏洞，并推导出在考虑失业保险领取资格规则时，这一漏洞得以消除的条件。7.4 节讨论有效资格效应强于失业保险的道德风险效应时，最优失业保险转移支付的主要性质。7.5 节总结。

7.2　模型描述

这一部分将失业保险领取资格的重要制度特征引入 Hopenhayn 和 Nicolini（2009）的研究框架。[①] 基于工人的就业状态和失业保险领取资格状态，模型经济中有四类工人：具有失业保险领取资格的就业工人 e、不具有失业保险领取资格的就业工人 $\hat{e}$、具有失业保险领取资格的失业工人 u 和不具有失业保险领取资格的失业工人 $\hat{u}$。用 i 表示工人的类型，因此，

---

① 我们选择动态委托－代理模型主要是为了便于与现有文献中关于最优失业保险的主要结论进行比较。

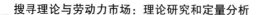

$i \in \{e, \ \hat{e}, \ u, \ \hat{u}\}$。

按照第 5 章的做法，我们用以下方法刻画获取和失去失业保险金的领取资格。首先，不具有领取资格的工人仅能通过就业获得失业保险领取资格，不具有领取资格的就业工人在一期内变为具有领取资格的概率为 g。其次，在获取领取资格后，我们允许工人选择接受或放弃该资格。[①] 如果工人选择放弃，则工人仍不具有领取资格，并且在失业时无法领取失业保险金。再次，保险金发放期限是有限的，具有领取资格的失业工人在一期内失去领取资格的概率为 d。从次，我们允许工人辞去当前工作以及拒绝工作机会的邀约。由于失业保险管理机构对辞职和拒绝工作等行为缺乏完善的监管，具有领取资格的工人可以以概率领取失业保险金。最后，失业保险金体系的资金来源于就业工人缴纳的失业保险缴费 τ^i，其中，$i \in \{e, \ \hat{e}\}$。需要指出的是，以上刻画的失业保险领取资格在模型中是外生引入的，故 g、d 和 π 都是外生参数。

i 类工人的偏好由式（7-1）给出：

$$E \sum_{t=1}^{\infty} \beta^t [u(c_t^i) - a_t], \ \forall i \in \{e, \ \hat{e}, \ u, \ \hat{u}\} \tag{7-1}$$

其中，$u(\cdot)$ 是当期效用函数（the flow utility function）；c_t^i 是 i 类工人在 t 期的消费。我们假设 $u(\cdot)$ 严格递增，严格凹，且无上界；按照最优失业保险文献的一般做法，我们暂时不考虑储蓄。[②] 如此一来，就业工人的消费 c_t^i 等于扣除失业保险费的工资净额，失业工人的消费 c_t^i 等于失业保险金或社会福利救助金（social assistance payments）。更多有关细节将在下文具体讨论。用 a_t 表示失业工人在 t 期的工作搜寻努力程度，用 m 表示就业工

---

①　当不允许工人放弃失业保险领取资格时，我们发现不具有领取资格的就业工人在获得领取资格时得到的预期存续效用（continuation value）可能比没有获得领取资格的就业工人更低。这意味着失业保险领取资格没有价值。为了避免该结果，我们允许工人选择是否接受失业保险领取资格。

②　关于最优失业保险的文献通常假定零储蓄，见 Shavell 和 Weiss（1979）、Wang 和 Williamson（1996）、Hopenhayn 和 Nicolini（1997，2009），以及 Fredriksson 和 Holmlund（2001）。

人在 t 期的工作努力程度。假设失业保险机构无法观察到 a_t 的值，且 a_t 为非负常数或 0：$a_t=a$ 表示失业工人努力搜寻工作，其中，a 为非负常数，[①]在这种情况下，无论工人是否具有失业保险领取资格，他们都会以概率 f 找到工作；$a_t=0$ 表示失业工人没有付出任何努力去搜寻工作，此时，无论工人是否具有失业保险领取资格，他们都找不到工作：

$$a_t = \begin{cases} a\ (努力搜寻) \\ 0\ (不搜寻) \end{cases}$$

假设工作努力程度（即工作的负效用）m 值是可观测的，且是一个非负常数。

在 t 期，具有失业保险领取资格的失业工人在寻找工作时获得失业保险金 b_t。不具有领取资格的失业工人在失业期间领取上文提到的"社会福利救助"，即非负值 c_{min}。[②]社会福利救助金的领取是无限期的，但金额低于失业保险金。一旦失业工人以概率 f 成功找到工作，他们将决定是否接受这份工作。如果选择接受，工人在工作期内获得外生决定的固定工资 w，并缴纳失业保险费 τ^i，其中，$i \in \{e, \partial\}$。如果选择拒绝工作机会，具有失业保险领取资格的工人就以概率 π 继续领取保险金。就业工人可能以概率 s 外生地失去工作，也可能因辞职而内生地失去工作。与拒绝工作相类似，具有失业保险领取资格的辞职工人以概率 π 领取保险金。工人在 t 期期初选择是否辞职。如果工人选择辞职，为了简化模型，我们假设在 t 期期末终止当前工作。值得注意的是，在工人做出是否接受工作机会、是否辞去当前工作的决定之后，失业保险管理机构的监管行为随即发生。一旦实施策略性不当行为的工人受到监督，其不当行为将可能被发现，并受到失业保险管理机构相应的惩罚。

接下来，我们讨论递归最优失业保险转移支付。失业保险转移支付指

---

① Hopenhayn 和 Nicolini（2009）将搜寻努力参数设定为 1。

② 根据 Atnson 和 Micklewright（1991），与失业保险金不同，社会福利救助不是缴费型的，其与就业经历无关。鉴于此，我们假设不具有失业保险领取资格的失业工人可以领取社会福利救助。

的是失业工人领取的失业保险金，以及就业工人缴纳的失业保险费。当失业保险转移支付方案制定出来后，它将决定 i 类工人的预期贴现效用以及失业保险成本。在这里，失业保险成本衡量的是，当失业保险机构为 i 类工人提供预期贴现效用 V^i 时所需的预期贴现净转移支付费用（失业保险金减去失业保险费）。给定失业保险机构所设计的转移支付方案，工人通过理性地选择搜寻努力程度、是否接受工作机会、是否辞去当前工作，以及是否接受获得的失业保险领取资格来最大化式（7-1）。总结起来，最优失业转移支付问题可以概括为，给定失业保险机构承诺的预期终身效用（promised lifetime utility） V^i，基于激励相容原则，最小化使得 i 类工人达到该效用所需的成本。

用 V^i 表示在 t 期期初失业保险机构向 i 类工人承诺的预期效用。例如，V_t^e 表示在 t 期期初向具有失业保险领取资格的就业工人承诺的预期效用。在模型中，预期效用 V_t^e 取决于工人的整个就业和失业保险领取资格的历史轨迹。用上标表示工人类型在不同时期间的转换。例如，V_{t+1}^{eu} 表示某个工人在 $t+1$ 期时的预期效用，该工人在 t 期时类型为 u（具有失业保险资格的失业工人），在 $t+1$ 期时类型转变为 e（具有失业保险资格的就业工人）。用 $W(V_t^e)$，$\widehat{W}(V_t^{\hat{e}})$，$C(V_t^u)$ 和 $\widehat{C}(V_t^{\hat{u}})$ 分别表示具有失业保险领取资格的就业工人、不具有失业保险领取资格的就业工人、具有失业保险领取资格的失业工人和不具有失业保险领取资格的失业工人的成本函数。

按照 Pavoni（2007）的做法，我们假设 i 类工人的消费在任何时期都不低于 $c_{\min}$。该假设使得 V_t^i 有一个下界，即 $V_t^i \geqslant V_{\min}$，其中，$V_{\min}=u(c_{\min})/(1-\beta)$，表示在任何时期消费都等于 $c_{\min}$ 的预期效用。

接下来，我们按工人类型逐一讨论失业保险成本最小化问题。在最优化失业保险制度下，失业保险机构将激励工作搜寻努力，消除辞职等道德风险行为，并维护失业保险领取资格的价值。[①]

---

① 参照 Hopenhayn 和 Nicolini（2009）的做法，我们求解失业保险成本最小化问题的解，并刻画能够激励工作搜寻行为、消除道德风险，以及赋予失业保险领取资格正向价值的最优失业保险的主要特征。

第一，具有失业保险领取资格的就业工人。e 类工人的失业保险成本最小化问题由式（7-2）～式（7-8）给出：

$$W(V_t^e) = \min_{\tau_t^e, V_{t+1}^{ee}, V_{t+1}^{ue}, V_{t+1}^{\hat{u}e}} -\tau_t^e + \beta [(1-s) W(V_{t+1}^{ee}) + sC(V_{t+1}^{ue})] \qquad (7-2)$$

$$\text{s.t.：} \quad V_t^e = u(c_t^e) - m + \beta [(1-s) V_{t+1}^{ee} + sV_{t+1}^{ue}] \qquad (7-3)$$

$$c_t^e = w - \tau_t^e \geq c_{\min} \qquad (7-4)$$

$$（不辞职）（1-s) V_{t+1}^{ee} + sV_{t+1}^{ue} \geq \pi V_{t+1}^{ue} + (1-\pi) V_{t+1}^{\hat{u}e} \qquad (7-5)$$

$$V_{t+1}^{ee} \geq V_{\min} \qquad (7-6)$$

$$V_{t+1}^{ue} \geq V_{\min} \qquad (7-7)$$

$$V_{t+1}^{\hat{u}e} \geq V_{\min} \qquad (7-8)$$

在 t 期，给定预期效用 V_t^e，e 类工人缴纳失业保险费 τ_t^e，并决定是否辞职。如果选择辞职，工人将获得预期存续价值（expected continuation value）$\pi V_{t+1}^{ue} + (1-\pi) V_{t+1}^{\hat{u}e}$；否则，该工人获得预期存续价值 $(1-s) V_{t+1}^{ee} + sV_{t+1}^{ue}$。失业保险机构为了避免工人辞职，在最优设计中内生地考虑了鼓励工人继续工作的激励机制，即式（7-5）的不辞职（No-Quit）约束。在此激励机制下，工人继续保持现有的工作对他们来说是比辞职更好的选择。

式（7-3）描述了在工人决定不辞职的条件下所得到的预期效用（promise-keeping constraint）。不等式（7-4）是预算约束，它要求失业保险费不能过高，以保证 e 类工人的消费不低于 $c_{\min}$。不等式（7-6）～式（7-8）表明，由最优失业保险转移支付方案所承诺的可能预期效用均不低于 $V_{\min}$。

成本函数 $W(\cdot)$，$\hat{W}(\cdot)$，$C(\cdot)$ 和 $\hat{C}(\cdot)$ 是递增且严格凸的。因此，它们几乎处处可微。我们在附录 A.1 的引理中提供关于四类工人失业保险成本最小化问题一阶条件（以下简称 FOCs）的讨论。

第二，不具有失业保险领取资格的就业工人。$\hat{e}$ 类工人的失业保险成本最小化问题由式（7-9）～式（7-15）给出：

$$\widehat{W}(V_t^{\hat{e}}) = \min_{\tau_t^{\hat{e}},\, V_{t+1}^{e\hat{e}},\, V_{t+1}^{\hat{e}\hat{e}},\, V_{t+1}^{\hat{u}\hat{e}}} -\tau_t^{\hat{e}} + \beta \left\{ (1-s)[gW(V_{t+1}^{e\hat{e}}) + (1-g)\widehat{W}(V_{t+1}^{\hat{e}\hat{e}})] + s\widehat{C}(V_{t+1}^{\hat{u}\hat{e}}) \right\}$$

$$(7-9)$$

$$\text{s.t.:}\quad V_t^{\hat{e}} = u(c_t^{\hat{e}}) - m + \beta \left\{ (1-s)[gV_{t+1}^{e\hat{e}} + (1-g)V_{t+1}^{\hat{e}\hat{e}}] + sV_{t+1}^{\hat{u}\hat{e}} \right\} \qquad (7-10)$$

$$c_t^{\hat{e}} = w - \tau_t^{\hat{e}} \geq c_{\min} \qquad (7-11)$$

$$(\text{不辞职})\, g\,V_{t+1}^{e\hat{e}} + (1-g)\,V_{t+1}^{\hat{e}\hat{e}} \geq V_{t+1}^{\hat{u}\hat{e}} \qquad (7-12)$$

$$(\text{有价值的失业保险})\, V_{t+1}^{e\hat{e}} \geq V_{t+1}^{\hat{e}\hat{e}} \qquad (7-13)$$

$$V_{t+1}^{\hat{e}\hat{e}} \geq V_{\min} \qquad (7-14)$$

$$V_{t+1}^{\hat{u}\hat{e}} \geq V_{\min} \qquad (7-15)$$

给定预期效用 $V_t^{\hat{e}}$，$\hat{e}$ 类工人缴纳失业保险费 $\tau_t^{\hat{e}}$，并决定是否保持当前工作。如果选择辞职或者由于受到外生的离职冲击而失去工作，工人将获得存续价值 $V_{t+1}^{\hat{u}\hat{e}}$；否则，该工人继续保持就业状态，并在下一期以概率 g 获得失业保险领取资格。在获得失业保险领取资格后，工人可以选择放弃。如式（7-13）所示，为了保证工人认同并接受领取资格，失业保险机构内生地考虑了激励机制，即有价值的失业保险（valuable-UI）约束。[1] 为了消除辞职行为，如式（7-12）所示，失业保险机构施加不辞职约束。在此约束下，继续工作的预期存续效用不低于辞职的预期效用。在激励约束不等式（7-12）和不等式（7-13）下，式（7-10）描述了在工人决定不辞职并期望得到失业保险领取资格的条件下的预期效用。不等式（7-11）、不等式（7-14）和不等式（7-15）分别约束了当期消费和预期效用的最低值。

有效资格效应对于防止 $\hat{e}$ 类工人辞职至关重要。为了说明这一点，我们先将不辞职约束（7-12）重新表示为 $V_{t+1}^{\hat{e}\hat{e}} + g(V_{t+1}^{e\hat{e}} - V_{t+1}^{\hat{e}\hat{e}}) \geq V_{t+1}^{\hat{u}\hat{e}}$。在有价值的失业保险约束（7-13）下，$(V_{t+1}^{e\hat{e}} - V_{t+1}^{\hat{e}\hat{e}})$ 项度量了 $\hat{e}$ 类工人获得失业

---

① 值得说明的是，在没有（有价值的失业保险）约束的情况下，当 $V_t^{\hat{e}}$ 的承诺值接近于 $V_{\min}$ 时，可能导致 $V_{t+1}^{e\hat{e}} < V_{t+1}^{\hat{e}\hat{e}}$。直观来说，在这种情况下，失业保险金接近于 $c_{\min}$。再加上失业保险费是正的，这使得不具有领取资格的工人不希望获得失业保险领取资格。施加（有价值的失业保险）约束是为了避免这种我们不感兴趣的情况。

保险领取资格的价值，且该价值不小于零。$g(V_{t+1}^{ee} - V_{t+1}^{ee})$ 项代表有效（或预期）资格效应。当 $g=0$ 时（即没有机会获得失业保险领取资格），有效资格效应为零。在这种情况下，为了防止 e 类工人辞职，失业保险机构的唯一方法是承诺预期效用 V_{t+1}^{ee} 远大于 V_{t+1}^{ne}。显然，这意味着当 e 类工人因外生原因失业时，他们的消费会大幅下跌。与此相反，当 $g>0$ 时，有效资格效应是正的，失业保险机构获得一个额外的方式激励工人继续从事其工作。具体来说，失业保险机构向 e 类工人承诺，只要继续工作，他们就有可能在未来获得有价值的失业保险领取资格。因此，e 类工人辞职的动机降低了，这一激励机制使得 V_{t+1}^{ee} 和 V_{t+1}^{ne} 间的差距减小。

第三，具有失业保险领取资格的失业工人。u 类失业工人的失业保险成本最小化问题由式（7-16）~ 式（7-22）给出：

$$C(V_t^u) = \min_{b_t, V_{t+1}^{uu}, V_{t+1}^{\hat{u}u}, V_{t+1}^{eu}} b_t + \beta\left\{(1-f)\left[(1-d)C(V_{t+1}^{uu}) + d\widehat{C}(V_{t+1}^{\hat{u}u})\right] + fW(V_{t+1}^{eu})\right\} \tag{7-16}$$

$$\text{s.t.:}\quad V_t^u = u(b_t) - a + \beta\left\{(1-f)\left[(1-d)V_{t+1}^{uu} + dV_{t+1}^{\hat{u}u}\right] + fV_{t+1}^{eu}\right\} \tag{7-17}$$

$$b_t \geq c_{\min} \tag{7-18}$$

$$\text{（不拒绝工作）}\quad V_{t+1}^{eu} \geq \pi V_{t+1}^{uu} + (1-\pi)V_{t+1}^{\hat{u}u} \tag{7-19}$$

$$\text{（搜寻激励）}\quad \beta f[V_{t+1}^{eu} - dV_{t+1}^{\hat{u}u} - (1-d)V_{t+1}^{uu}] \geq a \tag{7-20}$$

$$V_{t+1}^{uu} \geq V_{\min} \tag{7-21}$$

$$V_{t+1}^{\hat{u}u} \geq V_{\min} \tag{7-22}$$

如式（7-20）所示，为了激励 u 类工人努力搜寻工作，失业保险机构施加搜寻激励（Search-Incentive）约束。这意味着努力搜寻工作机会并成功匹配的预期效用远远高于工作搜寻所产生的负效用 a。付出搜寻努力 a 的失业工人以概率 f 找到一份工作，如果他们接受该工作，预期存续价值为 V_{t+1}^{eu}；否则，预期存续价值为 $\pi V_{t+1}^{uu} + (1-\pi)V_{t+1}^{\hat{u}u}$。如式（7-19）所示，为了阻止 u 类工人拒绝工作，失业保险机构施加不拒绝工作约束。如果 u 类工人没有找到工作，则保持失业状态，并以概率 d 失去失业保险领取资格。在约束条件（7-19）和（7-20）下，式（7-17）描述了 u 类工人在积极搜寻工作并接受工作机会的条件下获得的预期效用。

有效资格效应在激励 u 类工人搜寻工作和接受工作方面起着重要作用。为了说明这一点，我们将约束条件（7-19）和（7-20）分别重新改写为

$$V_{t+1}^{eu}+（1-\pi）（V_{t+1}^{uu}-V_{t+1}^{\hat{u}u}）\geq V_{t+1}^{uu}$$

$$（V_{t+1}^{eu}-V_{t+1}^{uu}）+d（V_{t+1}^{uu}-V_{t+1}^{\hat{u}u}）\geq a/\beta f$$

两个不等式中都有（$V_{t+1}^{uu}-V_{t+1}^{\hat{u}u}$）项，这一项度量了 $\hat{u}$ 类失业工人眼中的失业保险领取资格价值。（$1-\pi$）（$V_{t+1}^{uu}-V_{t+1}^{\hat{u}u}$）项和 d（$V_{t+1}^{uu}-V_{t+1}^{\hat{u}u}$）项代表有效资格效应。当 $d=0$ 时，失业保险金发放期限变为无限。在这种情况下，为了激励工人努力搜寻工作，失业保险机构的唯一方法是让 V_{t+1}^{eu} 与 V_{t+1}^{uu} 间的差距足够大。这意味着当 e 类工人因外生原因失业时，其消费将大幅下降。这一激励手段与 Pavoni（2007）中的结论相同。与此相反，当 $d>0$ 时，失业工人以一定的概率失去具有价值的失业保险领取资格（或失业保险金），这赋予失业保险机构一种新的激励手段鼓励 u 类工人积极搜寻工作。因此，V_{t+1}^{eu} 与 V_{t+1}^{uu} 间的差距减少。同样地，当 $\pi=1$ 时，失业保险机构因监管缺乏而无法对为了领取失业保险金而有意拒绝工作的工人进行惩罚。此时，需要让 V_{t+1}^{eu} 与 V_{t+1}^{uu} 之间的差距足够大才能防止工人拒绝工作。当 $\pi<1$ 时，失业保险机构多了一个惩罚方式，这使得工人拒绝工作的意愿下降，V_{t+1}^{eu} 与 V_{t+1}^{uu} 间的差距减少。

第四，不具有失业保险领取资格的失业工人。$\hat{u}$ 类工人的失业保险成本最小化问题由式（7-23）~式（7-26）给出：

$$\widehat{C}（V_t^{\hat{u}}）=\min_{V_{t+1}^{\hat{u}\hat{u}}, V_{t+1}^{e\hat{u}}}\beta[（1-f）\widehat{C}（V_{t+1}^{\hat{u}\hat{u}}）+f\widehat{W}（V_{t+1}^{e\hat{u}}）]\qquad（7-23）$$

$$\text{s.t.:}\quad V_t^{\hat{u}}=u（c_{\min}）-a+\beta[（1-f）V_{t+1}^{\hat{u}\hat{u}}+f V_{t+1}^{e\hat{u}}]\qquad（7-24）$$

$$（搜寻激励）\beta f（V_{t+1}^{e\hat{u}}-V_{t+1}^{\hat{u}\hat{u}}）\geq a\qquad（7-25）$$

$$V_{t+1}^{\hat{u}\hat{u}}\geq V_{\min}\qquad（7-26）$$

$\hat{u}$ 类工人从失业保险制度体系以外获得资助，消费处于最低水平 $c_{\min}$。因此，失业保险机构不产生任何成本。如式（7-25）所示，为了激励 $\hat{u}$ 类

工人搜寻工作，失业保险机构施加搜寻激励约束。因此，工人付出搜寻努力 a，在下一期中以概率 f 找到工作。如果工人接受该工作机会，则获得预期存续价值 V_{t+1}^{en}。如果他们未能找到工作或拒绝工作邀约，则保持失业状态，并获得预期存续价值 V_{t+1}^{nn}。值得注意的是，在搜寻激励约束（7-25）下，由于 $V_{t+1}^{en} \geqslant V_{t+1}^{nn}$，那么 $\hat{u}$ 类工人不会拒绝任何工作邀约。因此，在 $\hat{u}$ 类工人的问题中，我们无须施加不拒绝工作约束。式（7-24）描述了 $\hat{u}$ 类工人在愿意积极搜寻工作的条件下能够得到的预期效用。

7.3　有效资格效应的重要性

这一部分考察有效资格效应在减轻甚至消除失业保险的道德风险效应方面的重要作用。为此，我们在 Hopenhayn 和 Nicolini（2009）的失业保险制度中引入 7.2 节所描述的失业保险领取资格特征，然后探讨他们所强调的制度漏洞（Hopenhayn et al.，2009）在我们的模型中是否仍然存在。Hopenhayn 和 Nicolini（2009）指出，为了抑制失业保险制度所引发的道德风险问题，在失业工人失业期间，最优失业保险金应该随其失业时间的增加而减少。然而，他们发现该最优失业保险制度中存在一个制度漏洞：失业工人在失业期间为了重新获得更高水平的失业保险金，会选择短暂工作一段时间，然后辞职的不当行为。进一步，他们发现，当工作努力成本 m（即工作的负效用）很大时，这种机会主义行为就会出现在最优失业保险方案中。在引入失业保险领取资格特征后，我们发现，即使工作的负效用很大，这个漏洞也不一定存在。事实上，当失业保险机构对辞职的监督力度较强时，我们的模型中便不存在该漏洞。有效资格效应是产生这一结果的关键机制：因为具有失业保险领取资格的工人非常重视失业保险资格，他们不愿因辞职行为被发现而失去这一有价值的社会保障。

Hopenhayn 和 Nicolini（2009）研究中的制度漏洞在以下条件下产生：（1）失业保险机构在设计最优失业保险方案时没有考虑工人辞职和拒绝

工作的道德风险；（2）失业工人的搜寻激励约束始终是紧约束（binding）。[①]为了方便对比，我们从 7.2 节的失业保险成本最小化问题中移除不辞职约束（7-5）和（7-12）以及不拒绝工作约束（7-19）。根据附录中的引理 11，在不施加不拒绝工作约束（7-19）的情况下，u 类工人的搜寻激励约束（7-20）在 t 期是紧约束。根据附录中的引理 12，只要搜寻激励约束（7-20）在 t 期是紧约束，其在随后任何一期同样是紧约束，这一结论不依赖于失业保险机构是否施加不拒绝工作的约束条件。因此，在这一部分，我们仅考虑 u 类工人的搜寻激励约束（7-20）是紧约束条件下的模型结论。

命题 1：对于满足预期效用 $V_t^u > V_{\min}$ 以及失业保险金 $b_t < c_{\min}$ 的 u 类工人，失业保险金 b_t 随着工人失业时间的增加而递减。

证明：在没有不辞职约束和不拒绝工作约束的情况下，根据附录中的引理 11，搜寻激励约束（7-20）在 t 期是紧约束，根据引理 12，该约束在随后任何一期中均是紧约束。当 $V_t^u > V_{\min}$ 时，由附录中的引理 13 和 $C(\cdot)$ 的凸性，可得 $V_{t+1}^{uuu} < V_t^u$。给定 $b_t > c_{\min}$，附录中的式（附 7A-11）意味着失业保险金在 u 类工人失业期间递减。

在命题 1 下，最优失业保险金的递减特征可能会引起工人的策略性辞职。其经济学直觉解释为，当失业保险机构缺乏完善的监管手段时，u 类工人有动机通过找到工作，短暂工作一阵再辞职来重新获得更高水平的失业保险金。在下面的两个命题中，我们给出工人自愿辞职的充分条件。

命题 2（制度漏洞）：对于满足预期效用 $V_t^u > V_{\min}$ 的 u 类工人，存在一个 $\overline{\pi} \in (0, 1)$，使得当 $\pi \in (\overline{\pi}, 1]$ 时，该失业工人可以通过短暂就业再辞职的方式提高其领取的失业保险金。

证明：在 t 期，考虑一个预期效用 $V_t^u > V_{\min}$ 的 u 类工人，假设其在 $t+1$ 期就业，获得预期存续价值 V_{t+1}^{eu}，并在 $t+2$ 期辞职，获得预期存续价值 $\pi V_{t+2}^{ueu} + (1-\pi) V_{t+2}^{\bar{u}eu}$。如果这样做对该工人是最优的，那么需要证明

---

① Hopenhayn 和 Nicolini（2009）证明了，如果（搜寻激励）约束是非紧约束，则消费序列与就业状况无关，失业工人没有搜寻工作的激励。

$\pi V_{t+2}^{ueu} + (1-\pi) V_{t+2}^{\tilde{u}eu} > V_t^u$。

首先，我们证明，在没有不辞职约束和不拒绝工作约束的条件下，$V_{t+2}^{ueu} > V_t^u$ 始终成立。

根据附录中的引理8，如果没有不辞职约束（$\mu_{2,t+1}=0$），则有 $W'(V_{t+1}^{eu}) = C'(V_{t+2}^{ueu})$。根据附录中的引理11，搜寻激励约束在 t 期是紧约束，则有 $\mu_{3,t} > 0$，再加上附录中的引理13，可得 $C'(V_t^u) < W'(V_{t+1}^{eu})$。根据 $C(\cdot)$ 函数的凸性，可得 $V_{t+2}^{ueu} > V_t^u$。

其次，我们证明存在一个 $\bar{\pi}$，使得当 $\pi \in (\bar{\pi}, 1]$ 时，$\pi V_{t+2}^{ueu} + (1-\pi) V_{t+2}^{\tilde{u}eu} > V_t^u$。

根据附录中的引理9，有 $V_{t+2}^{\tilde{u}eu} = V_{\min}$。给定 $V_t^u > V_{\min}$，则有 $V_t^u > V_{t+2}^{\tilde{u}eu}$。因此，当 π 无限趋近于0时，可得 $\pi V_{t+2}^{ueu} + (1-\pi) V_{t+2}^{\tilde{u}eu} < V_t^u$；当 $\pi = 1$ 时，可得 $\pi V_{t+2}^{ueu} + (1-\pi) V_{t+2}^{\tilde{u}eu} > V_t^u$。根据最大值理论（theorem of maximum），V_{t+2}^{ueu} 值在 π 上是连续的。因此，我们总是可以找到一个 $\bar{\pi} \in (0, 1)$，使得 $\bar{\pi} V_{t+2}^{ueu} + (1-\bar{\pi}) V_{t+2}^{\tilde{u}eu} = V_t^u$。因此，当 $\pi \in (\bar{\pi}, 1]$ 时，有 $\pi V_{t+2}^{ueu} + (1-\pi) V_{t+2}^{\tilde{u}eu} > V_t^u$。

推论3：对于满足预期效用 $V_t^u > V_{\min}$ 的 u 类工人，当 $\pi \in (0, \bar{\pi})$ 时，该工人通过短暂就业再辞职的方式不会提高其领取的失业保险金。

证明：该推论可由命题2的证明直接得到。

命题2和推论3表明，辞职后领取失业保险金的概率 π 是理解道德风险行为的关键。当工人容易从辞职中获利，或当失业保险机构的监管力度较为薄弱时，最优失业保险方案就存在一个制度性漏洞：工人将采取策略性不当行为，从慷慨的失业保险中获利。与此形成鲜明对比的是，如果失业保险机构的监管力度较强，那么这种道德风险行为就不复存在，制度性漏洞也就消失了。

有效资格效应是消除制度性漏洞的关键原因。有效资格效应意味着失业保险机构能对工人的策略性不当行为进行惩罚。这种惩罚的效力由两个因素决定：失业保险领取资格的价值和实施惩罚的概率。在命题2下，失业保险领取资格的价值用 V_{t+2}^{ueu} 与 $V_{t+2}^{\tilde{u}eu}$ 之间的差值来衡量。差值为正，意味着工人重视失业保险服务，此时，失业保险机构实施的惩罚对工人来说是具有威慑力，是有意义的。此外，工人主动辞职因监管而受到惩罚的概率为（$1-\pi$）。较低的 π 值意味着较大的有效资格效应，即较强的惩罚，此时，具有失业保险领取资格的 u 类工人重视失业保险领取资格，担心失去它，从而选择继续从事当前工作。与此相反，较高的 π 值意味着较小的有效资格效应。因此，当惩罚的威慑力较低时，道德风险辞职盛行。

如果不存在失业保险领取资格的规定，则失业保险金可以无条件被失业工人领取。在这种情况下，尽管无条件的失业保险金使失业保险服务极具吸引力（失业保险领取资格具有高价值），但由于失业保险机构不能惩罚工人（$\pi=1$），有效资格效应为 0。因此，为了防止道德风险，需要采取其他激励手段，比如 Hopenhayn 和 Nicolini（2009）使用的不辞职约束。

命题 2 简单地假设了具有失业保险领取资格的失业工人在其成功找到工作后立即辞职。为了验证这一假设的有效性，下一个命题推导了辞职发生的充分条件。

命题 4：当 $\pi>s$ 时，对于预期效用为 $V_t^e>V_{\min}$ 的 e 类工人，如果 $m>\dfrac{1-\pi}{1-s}$ $\left[\beta\dfrac{\pi-s^2}{(\pi-s)(1-\beta)}+1\right][u(w)-u(c_{\min})]+\dfrac{a(\pi-s)}{f(1-s)}$，那么该工人将辞职。

证明：见附录 B。

对于命题 4，有两点值得强调：第一，在 $\pi=1$（没有监督）且 $a=1$（将搜寻努力标准化为 1）时，命题 4 中提到的条件可简化为 $m>\dfrac{1}{f}$，这与 Hopenhayn 和 Nicolini（2009）的结论一致；第二，在 $\pi=1$ 且 $a>1$ 时，上述条件变为 $m>\dfrac{a}{f}$。直观地说，在其他条件相同的情况下，搜寻努力的成本 a 越高，工人辞职的动机就越低。因此，需要一个更高的工作负效用水平 m 来引发辞职。

总地来看，在考虑失业保险领取资格规定的情况下，命题 2 和命题 4 共同给出了工人最优选择是策略性辞职的两个充分条件：（1）失业保险机构的监管力度足够弱；（2）工作的负效用足够强。

7.4 最优失业保险转移支付的性质

本节描述了最优失业保险转移支付的主要特征。需要指出的是，失业保险机构在最优设计中考虑了激励机制，施加了不辞职约束（7-5）和（7-12）以及不拒绝工作约束（7-19）。换句话说，失业保险机构意识到了失业保险所引发的道德风险效应，设法在设计最优转移支付方案中消除工人的策略性不当行为。

通过 7.3 节的论证，我们发现，最优失业保险转移支付的主要特征取决于有效资格效应和道德风险效应的相对强度。在本节中，我们将证明如果有效资格效应大于失业保险的道德风险效应，那么工人的策略性不当行为可以被完全消除。在这种情况下，最优失业保险金和失业保险费等转移支付在工人就业或失业期间是保持不变的。

命题 5：对于预期效用为 $V_t^e > V_{\min}$ 的 e 类工人，如果 t 期有价值的失业保险约束（7-13）是非紧约束（slack），那么最优失业保险转移支付具有以下性质：不辞职约束（7-12）在 t 期是非紧约束；失业保险费 τ_t^e 在随后任何一期保持不变；工人如在 $t+1$ 期获得失业保险领取资格，其缴纳的失业保险费与获得该资格前缴纳的金额相同。

证明：见附录 C。

命题 5 表明，如果失业保险领取资格对 e 类工人是有价值的，那么获得领取资格实质上可以视为防止 e 类工人辞职的一种激励手段。原因在于，工人为了得到失业保险的领取资格，会选择继续从事当前工作。由于这一激励机制解决了道德风险辞职问题，e 类工人在领取资格获取前后的失业保险费（或消费）没有变化。这一结果不仅与 Mortensen（1977）早期研究中的资格效应相一致，而且和实证研究结果相符。例如，Christofides 和 McKenna（1996）利用加拿大 1986—1987 年劳动力市场活动调查（labor market activity survey）发现，大量的辞职行为发生在工人即将满足失业保险相关法律允许其领取失业保险金的就业期限要求时，且这一结论在首次获得失业保险金领取资格的工人中最为明显。Card 和 Riddell（1996）也有类似的发现。

命题6：对于预期效用为 $V_t^e > V_{\min}$ 的 e 类工人，如果 $\pi < s$（强监管力度），那么不辞职约束（7-5）是非紧约束，且失业保险费 τ_t^e 在 e 类工人就业期间保持不变。

证明：首先，根据附录中的引理9，有 $V_{t+1}^{\tilde{u}e} = V_{\min}$。假设当 $\pi < s$ 时，不辞职约束是紧约束，那么该约束可以重新表示为 $\pi(V_{t+1}^{ue} - V_{\min}) = (1-s)$ $V_{t+1}^{ee} + s V_{t+1}^{ue} - V_{\min}$。如果 $V_{t+1}^{ue} = V_{\min}$，根据附录中的引理10，有 $V_{t+1}^{ee} > V_t^e > V_{\min}$，进而得到 $0 = (1-s)(V_{t+1}^{ee} - V_{\min}) > 0$，这个结果自相矛盾，故假设不成立；如果 $V_{t+1}^{ue} > V_{\min}$，由于 $\pi < s$，有 $s(V_{t+1}^{ue} - V_{\min}) > \pi(V_{t+1}^{ue} - V_{\min}) = (1-s)$ $V_{t+1}^{ee} + s V_{t+1}^{ue} - V_{\min}$，即 $(1-s)V_{\min} > (1-s)V_{t+1}^{ee}$，这个结果与 $V_{t+1}^{ee} > V_{\min}$ 相矛盾。因此，不辞职约束（7-5）是非紧约束。

根据引理8中的证明，得到 $V_t^e = V_{t+1}^{ee}$。因此，失业保险费 τ_t^e 在 e 类工人就业期间保持不变。

命题6中，失业保险机构对实施策略性辞职的工人进行了严厉的惩罚：工人失去失业保险领取资格，并因此导致预期存续效用降至最低值 $V_{\min}$。监管力度 π 对于惩罚效果至关重要。当 π 较小（$\pi < s$）时，监管力度强，惩罚措施易实施，剥夺做出不当行为的工人的领取资格成为消除道德风险行为的有效威胁。此时，道德风险辞职问题得到解决，失业保险机构无须再施加不辞职约束。因此，最优失业保险费或税后工资在工人就业期间保持不变。

命题7：对于失业保险金满足 $u(b_t) > u(c_{\min}) + \dfrac{(1-\beta)ad}{f(1-\pi-d)}$ 以及预期效用满足 $V_t^u \in \left(V_{\min}, V_{\min} + \dfrac{ad}{f(1-\pi-d)}\right)$ 的 u 类工人，如果 $\pi < 1-d$（强监督能力）且搜寻激励约束（7-20）在 t 期是非紧约束，那么最优失业保

险转移支付具有以下性质：不拒绝工作约束（7-19）在 t 期是非紧约束，$V_{t+1}^{uuu} > V_{t+1}^{\tilde{u}uu}$；失业保险金 b_t 在工人失业期间保持不变。

证明：见附录 D。

命题 7 表明，有效资格效应对于解决 u 类工人的激励问题也很重要。如证明中所示，V_{t+1}^{uuu} 与 $V_{t+1}^{\tilde{u}uu}$ 间的差距（正值）意味着失业保险领取资格受到失业工人高度重视。强监管（小 π）以及失去失业保险金的可能性（正 d，外生）使得失业工人面临着失去有价值的失业保险的威胁，这使得有效资格效应起到激励失业工人努力搜寻并接受工作邀约的作用。因为道德风险行为得以遏制，最优失业保险金在工人失业期间保持不变。

以上最优失业保险转移支付的主要特征可以作为衡量失业保险制度对实体经济影响的理论工具。我们的结论表明，在工人失业和就业期间，最优失业保险金和失业保险费的设计应该考虑失业保险机构对策略性不当行为的监管力度。例如，当监管力度较低时（如 $\pi > 1-d$），给定命题 7 中关于 b_t 和 V_t^u 的假设条件，我们可以看到，即使失业工人高度重视失业保险领取资格（$V_{t+1}^{uuu} > V_{t+1}^{\tilde{u}uu}$），但因为有效资格效应太弱，无法消除道德风险行为，所以 u 类失业工人拒绝工作机会的不当行为会普遍存在。在这种情况下，失业保险机构为了激励 u 类工人接受工作，需施加不拒绝工作的约束条件，这意味着最优失业保险金在 u 类工人失业期间下降。在 $\pi = 1$（无监管）的极端情况下，有效资格效应完全消失，为了防止失业工人拒绝工作，失业保险金在工人失业期间不得不更急剧地下降。相似地，在温和监管下，有效资格效应也不能完全解决 e 类工人辞职的道德风险行为，所以失业保险机构需施加不辞职的约束条件。因此，最优失业保险费随着工人就业时间的增加而逐步下降，且工人因外生离职冲击而失业后能够领取的失业保险金也取决于该工人失业之前的就业时长，这与现有文献结果一致。[①]

---

① 如有需要，可提供这些结论的详细证明。

7.5 结论

本章强调了失业保险领取资格在设计最优失业保险转移支付中的重要性。当我们把现行失业保险制度中关于工人如何获得和失去失业保险领取资格的详细规定引入理论模型中时，有效资格效应随即产生。该效应缓解甚至完全消除了失业保险在工作搜寻、工作接受和辞职中的道德风险效应。在这种情况下，最优失业保险费和失业保险金在工人就业和失业期间保持不变。这一结论与不考虑失业保险领取资格的文献结论形成鲜明对比。此外，我们的定量研究同样证实了有效资格效应的重要性（本章省略）。我们以美国劳动力市场的主要特征以及其失业保险领取资格规定为目标对模型进行校准，校准后的模型能够模拟现有美国失业保险转移支付的一些关键性质。

本章的研究结果具有重要的政策启示。我们发现，在概括失业保险领取资格规定的三个政策参数中，监管力度是理解有效资格效应如何减小失业保险道德风险效应的最关键因素。对不当行为的有力监督将产生强大的有效资格效应，不仅可以解决 Hopenhayn 和 Nicolini（2009）中强调的制度性漏洞，而且可以产生与现有失业保险体系相一致的、保持不变的失业保险转移支付结果。这一发现的政策启示是，提升失业保险机构的监管能力可能是处理道德风险问题最有效的政策工具。该启示对于失业保险保障程度高的经济体尤为重要，例如，在大多福利国家，当经济严重衰退时，失业保险金的领取期限通常会延长。

附录

A. FOC 的讨论

我们假设所有的状态变量 V_t^i，除 $V_t^{\tilde{u}}$ 外，都大于 $V_{\min}$，即 $V_t^i > V_{\min}$，$\forall i \in \{e, \hat{e}, u\}$。

A.1 e 类工人

令 $\mu_{1,t}$，$\mu_{2,t}$，$\mu_{3,t}$，$\mu_{4,t}$ 和 $\mu_{5,t}$ 分别为约束（7-4）～（7-8）的拉格朗日系数。式（7-2）失业保险成本最小化问题的一阶条件（FOCs）为式（附 7A-1）～式（附 7A-4）：

$$W'(V_t^e) = \frac{1-\mu_{1,t}}{u'(c_t^e)} \qquad （附 7A-1）$$

$$W'(V_{t+1}^{ee}) = \frac{1-\mu_{1,t}}{u'(c_t^e)} + \frac{\mu_{2,t}}{\beta} + \frac{\mu_{3,t}}{\beta(1-s)} \qquad （附 7A-2）$$

$$C'(V_{t+1}^{ue}) = \frac{1-\mu_{1,t}}{u'(c_t^e)} + \frac{(\pi-s)\mu_{2,t}}{\beta s} + \frac{\mu_{4,t}}{\beta s} \qquad （附 7A-3）$$

$$0 = -(1-\pi)\mu_{2,t} + \mu_{5,t} \qquad （附 7A-4）$$

考虑 e 类工人的 FOCs 式（附 7A-1）～式（附 7A-4）。

引理 8：对于预期效用满足 $V_t^e > V_{\min}$ 的 e 类工人，如果不施加不辞职约束（7-5），那么 $C'(V_{t+1}^{ue}) = W'(V_t^e) = W'(V_{t+1}^{ee})$，且 $c_t^e = c_{t+1}^{ee} = c_{t+1}^{ue}$。

证明：由于不施加不辞职约束，有 $\mu_{2,t} = 0$，即 $(1-s)V_{t+1}^{ee} > (\pi-s)V_{t+1}^{ue} + (1-\pi)V_{t+1}^{ue}$，然后由式（附 7A-4），有 $\mu_{5,t} = 0$，即 $V_{t+1}^{\tilde{u}e} > V_{\min}$。

当 $\pi \geq s$ 时，给定 $V_{t+1}^{ue} \geq V_{\min}$，则有 $(1-s)V_{t+1}^{ee} > (\pi-s)V_{t+1}^{ue} + (1-\pi)V_{t+1}^{\tilde{u}e} > V_{\min}$。这意味着 $V_{t+1}^{ee} > V_{\min}$，即 $\mu_{3,t} = 0$。当 $\pi < s$ 时，假设 $V_{t+1}^{ee} = V_{\min}$，即 $\mu_{3,t} > 0$。由式（附 7A-1）和（附 7A-2），可得 $V_{t+1}^{ee} > V_t^e$，这意味着 $V_{\min} = V_{t+1}^{ee} > V_t^e$。矛盾产生，故假设不成立。因此，有 $V_{t+1}^{ee} > V_{\min}$，即 $\mu_{3,t} = 0$。

由此，根据式（附 7A-1）和式（附 7A-2），可得

$$W'(V_t^e) = W'(V_{t+1}^{ee}) \qquad （附 7A-5）$$

此外，由 $\mu_{2,t}=0$，有 $\mu_{4,t}=0$（$\mu_{4,t}>0$ 很容易被排除），即 $V_{t+1}^{ue}>V_{\min}$，由式（附7A-1）和式（附7A-3），可得

$$C'\left(V_{t+1}^{ue}\right)=W'\left(V_t^e\right) \qquad\qquad （附7A-6）$$

因此，有 $C'\left(V_{t+1}^{ue}\right)=W'\left(V_t^e\right)=W'\left(V_{t+1}^{ee}\right)$。

下一步，我们证明 $c_t^e=c_{t+1}^{ee}=c_{t+1}^{ue}$。由式（附7A-1），有 $\dfrac{1-\mu_{1,t}}{u'\left(c_t^e\right)}=$ $\dfrac{1-\mu_{1,t+1}}{u'\left(c_{t+1}^{ee}\right)}$。如果 $\mu_{1,t}=\mu_{1,t+1}\geqslant 0$，则有 $c_t^e=c_{t+1}^{ee}$。如果 $\mu_{1,t}=0$ 且 $\mu_{1,t+1}\geqslant 0$，即 $c_t^e>c_{\min}=c_{t+1}^{ee}$，由 $\dfrac{1-\mu_{1,t}}{u'\left(c_t^e\right)}=\dfrac{1-\mu_{1,t}+1}{u'\left(c_{t+1}^{ee}\right)}$，有 $c_t^e<c_{t+1}^{ee}$，存在矛盾。如果 $\mu_{1,t}\geqslant 0$ 且 $\mu_{1,t+1}=0$，即 $c_t^e=c_{\min}<c_{t+1}^{ee}$，则由 $\dfrac{1-\mu_{1,t}}{u'\left(c_t^e\right)}=\dfrac{1-\mu_{1,t+1}}{u'\left(c_{t+1}^{ee}\right)}$，有 $c_t^e>c_{t+1}^{ee}$，也会出现矛盾。因此，$c_t^e=c_{t+1}^{ee}$。

同理，可以证明 $c_t^e=c_{t+1}^{ue}$。

当不辞职约束被放松或是非紧约束时，则 $V_{t+1}^{\hat{u}e}$ 仅受下限 $V_{\min}$ 的影响。因此，失业保险成本最小化意味着 $V_{t+1}^{\hat{u}e}=V_{\min}$ 是最优的。

引理9：对于预期效用满足 $V_t^e>V_{\min}$ 的 e 类工人，无论是否施加不辞职约束（7-5），都有 $V_{t+1}^{\hat{u}e}=V_{\min}$。

证明：对于 e 类工人的失业保险成本最小化问题，如果最初为 e 类的工人变为 $\hat{u}$ 类，那么必然是工人自愿辞职，并被失业保险机构发现而失去了失业保险领取资格。为了消除这种道德风险行为，失业保险机构最优的选择是通过设定 $V_{t+1}^{\hat{u}e}=V_{\min}$ 来实施严厉的惩罚。

引理10：对于预期效用满足 $V_t^e>V_{\min}$ 的 e 类工人，如果不辞职约束（7-5）是紧约束，则有 $V_t^e<V_{t+1}^{ee}$。

证明：由于不辞职约束（7-5）是紧约束（$\mu_{2,t}>0$），结合式（附7A-1）和（附7A-2），可得 $W'\left(V_t^e\right)<W'\left(V_{t+1}^{ee}\right)$。$W(\cdot)$ 的凸性意味着 $V_t^e<V_{t+1}^{ee}$。

A.2 $\hat{e}$ 类工人

令 $\phi_{1,t}$，$\phi_{2,t}$，$\phi_{3,t}$，$\phi_{4,t}$ 和 $\phi_{5,t}$ 分别为约束（7-11）~约束（7-15）

的拉格朗日系数。失业保险成本最小化问题式（7-9）的 FOCs 为式（附
7A-7）~式（附 7A-10）：

$$\widehat{W}'(V_t^{\hat{e}}) = \frac{1-\phi_{1,t}}{u'(c_t^{\hat{e}})} \qquad （附7A-7）$$

$$\widehat{W}'(V_{t+1}^{\hat{e}\hat{e}}) = \frac{1-\phi_{1,t}}{u'(c_t^{\hat{e}})} + \frac{\phi_{2,t}}{\beta(1-s)} - \frac{\phi_{3,t}}{\beta(1-g)(1-s)} + \frac{\phi_{4,t}}{\beta(1-g)(1-s)}$$

$$（附7A-8）$$

$$\widehat{C}'(V_{t+1}^{\hat{u}\hat{e}}) = \frac{1-\phi_{1,t}}{u'(c_t^{\hat{e}})} - \frac{\phi_{2,t}}{\beta s} + \frac{\phi_{5,t}}{\beta s} \qquad （附7A-9）$$

$$W'(V_{t+1}^{e\hat{e}}) = \frac{1-\phi_{1,t}}{u'(c_t^{\hat{e}})} + \frac{\phi_{2,t}}{\beta(1-s)} + \frac{\phi_{3,t}}{\beta g(1-s)} \qquad （附7A-10）$$

A.3 u 类工人

令 $\eta_{1,t}$，$\eta_{2,t}$，$\eta_{3,t}$，$\eta_{4,t}$ 和 $\eta_{5,t}$ 分别为约束（7-18）~约束（7-22）
的拉格朗日系数。失业保险成本最小化问题式（7-16）的 FOCs 为式（附
7A-11）~式（附 7A-14）：

$$C'(V_t^u) = \frac{1-\eta_{1,t}}{u'(b_t)} \qquad （附7A-11）$$

$$W'(V_{t+1}^{eu}) = \frac{1-\eta_{1,t}}{u'(b_t)} + \frac{\eta_{2,t}-\eta_{3,t}}{\beta f} \qquad （附7A-12）$$

$$C'(V_{t+1}^{uu}) = \frac{1-\eta_{1,t}}{u'(b_t)} + \frac{-\eta_{2,t}\pi+\eta_{4,t}}{\beta(1-f)(1-d)} - \frac{\eta_{3,t}}{\beta(1-f)} \qquad （附7A-13）$$

$$\widehat{C}(V_{t+1}^{\hat{u}u}) = \frac{1-\eta_{1,t}}{u'(b_t)} + \frac{-\eta_{2,t}(1-\pi)+\eta_{5,t}}{\beta(1-f)d} - \frac{\eta_{3,t}}{\beta(1-f)} \qquad （附7A-14）$$

引理 11：对于 u 类工人，在不施加不拒绝工作约束（7-19）的情况下，
搜寻激励约束（7-20）在 t 期是紧约束。

证明：假设搜寻激励约束（7-20）在 t 期是非紧约束，即 $\eta_{3,t}=0$。
在不施加不辞职约束（7-19）的情况下，有 $\eta_{2,t}=0$。因此，由式（附
7A-11）和式（附 7A-12），有

$$W'(V_{t+1}^{eu}) = C'(V_t^u) = \frac{1-\eta_{1,t}}{u'(b_t)}$$

由式（附7A-1），有

$$W'(V_{t+1}^{eu}) = \frac{1-\mu_{1,t+1}}{u'(c_{t+1}^{eu})}$$

进而得到

$$\frac{1-\mu_{1,t+1}}{u'(c_{t+1}^{eu})} = \frac{1-\eta_{1,t}}{u'(b_t)}$$

情形 1：如果 $\mu_{1,t+1} = \eta_{1,t} \geqslant 0$，则 $c_{t+1}^{eu} = b_t$。

情形 2（排除）：如果 $\eta_{1,t} > \mu_{1,t+1} = 0$，即 $c_{t+1}^{eu} > c_{\min} = b_t$，则有

$$\frac{1}{u'(c_{t+1}^{eu})} = \frac{1-\eta_{1,t}}{u'(b_t)}$$

从而 $c_{t+1}^{eu} < b_t$，矛盾产生。

情形 3（排除）：如果 $\mu_{1,t+1} > \eta_{1,t} = 0$，即 $b_t > c_{\min} = c_{t+1}^{eu}$，则有

$$\frac{1-\mu_{1,t+1}}{u'(c_{t+1}^{eu})} = \frac{1}{u'(b_t)}$$

从而 $c_{t+1}^{eu} > b_t$，矛盾产生。

情形 4（排除）：如果 $\mu_{1,t+1} > \eta_{1,t} > 0$，即 $b_t = c_{t+1}^{eu} = c_{\min}$，则有

$$\frac{1-\mu_{1,t+1}}{u'(c_{\min})} < \frac{1-\eta_{1,t}}{u'(c_{\min})}$$

这与 $\dfrac{1-\mu_{1,t+1}}{u'(c_{\min})} = \dfrac{1-\eta_{1,t}}{u'(c_{\min})}$ 相矛盾。

情形 5（排除）：如果 $\eta_{1,t} > \mu_{1,t+1} > 0$，即 $b_t = c_{t+1}^{eu} = c_{\min}$，则有

$$\frac{1-\mu_{1,t+1}}{u'(c_{\min})} > \frac{1-\eta_{1,t}}{u'(c_{\min})}$$

这与 $\dfrac{1-\mu_{1,t+1}}{u'(c_{\min})} = \dfrac{1-\eta_{1,t}}{u'(c_{\min})}$ 相矛盾。

因此，$c_{t+1}^{eu} = b_t$。也就是说，工人的消费与其就业状态（就业或失业）无关，工人没有搜寻工作的动力。因此，矛盾产生，搜寻激励约束在 t 期是紧约束。

引理 12：对于预期效用满足 $V_t^u > V_{\min}$ 的 u 类工人，在不施加不拒绝工作约束（7-19）的情况下，如果搜寻激励约束（7-20）在 t 期是紧约束，

那么其在 $t+1$ 期也是紧约束。

证明：反证法。假设搜寻激励约束（7-20）在 t 期是紧约束，但在 $t+1$ 期是非紧约束，即 $\eta_{3,t} > 0$ 且 $\eta_{3,t+1} = 0$。根据引理 14，有 $V_{t+1}^{uu} > V_{min}$，即 $\eta_{4,t} = 0$。式（附 7A-11）~式（附 7A-13）表明 $C'(V_{t+1}^{uu}) < W'(V_{t+1}^{eu})$ 且 $C'(V_{t+2}^{uuu}) \geqslant C'(V_{t+1}^{uu}) = W'(V_{t+2}^{euu})$。因此，有 $V_{t+2}^{uuu} \geqslant V_{t+1}^{uu}$ 且 $V_{t+1}^{eu} > V_{t+2}^{euu}$。

证明 $V_{t+1}^{uu} = V_{t+2}^{uuu}$，这等价于证明 $V_{t+2}^{uuu} > V_{min}$，即 $\eta_{4,t+1} = 0$。通过反证法，即假设 $\eta_{4,t+1} > 0$，则 $V_{t+2}^{uuu} = V_{min}$。由于没有施加不拒绝工作约束，可得 $\eta_{2,t+1} = 0$，由式（附 7A-11）和式（附 7A-13）有 $C'(V_{t+2}^{uuu}) \geqslant C'(V_{t+1}^{uu})$，可得 $V_{t+2}^{uuu} = V_{min} > V_{t+1}^{uu}$。至此，矛盾出现，因此有 $\eta_{4,t+1} = 0$，且 $V_{t+1}^{uu} = V_{t+2}^{uuu} > V_{min}$。

证明 $V_{t+1}^{\hat{u}u} = V_{t+2}^{\hat{u}uu}$。由于在 t 期没有施加不拒绝工作约束（7-19），有 $\eta_{2,t} = 0$。

如果 $V_{t+1}^{\hat{u}u} > V_{min}$，且 $V_{t+2}^{\hat{u}uu} > V_{min}$，即 $\eta_{5,t} = \eta_{5,t+1} = 0$，则 $\hat{C}'(V_{t+1}^{\hat{u}u}) = C'(V_{t+1}^{uu}) = C'(V_{t+2}^{uuu}) = \hat{C}'(V_{t+2}^{\hat{u}uu})$，这表明 $\hat{C}'(V_{t+1}^{\hat{u}u}) = \hat{C}'(V_{t+2}^{\hat{u}uu})$。由 $\hat{C}(\cdot)$ 的凸性，有 $V_{t+1}^{\hat{u}u} = V_{t+2}^{\hat{u}uu}$。

如果 $V_{t+1}^{\hat{u}u} = V_{min}$，即 $\eta_{5,t} > 0$，则有 $V_{t+2}^{\hat{u}uu} = V_{min}$。为证明此，通过反证法，即假设 $V_{t+2}^{\hat{u}uu} > V_{min}$，即 $\eta_{5,t+1} = 0$，有 $\hat{C}'(V_{t+1}^{\hat{u}u}) > C'(V_{t+1}^{uu}) = C'(V_{t+2}^{uuu}) = \hat{C}'(V_{t+2}^{\hat{u}uu})$，矛盾产生。

如果 $V_{t+2}^{\hat{u}uu} = V_{min}$，即 $\eta_{5,t+1} > 0$，则有 $V_{t+1}^{\hat{u}u} = V_{min}$。为证明此，通过反证法，假设 $V_{t+1}^{\hat{u}u} > V_{min}$，即 $\eta_{5,t} = 0$，有 $\hat{C}'(V_{t+1}^{\hat{u}u}) = C'(V_{t+1}^{uu}) = C'(V_{t+2}^{uuu}) < \hat{C}'(V_{t+2}^{\hat{u}uu})$，矛盾产生。

将 $V_{t+1}^{\hat{u}u} = V_{t+2}^{\hat{u}uu}$、$V_{t+2}^{uuu} \geqslant V_{t+1}^{uu}$ 和 $V_{t+1}^{eu} > V_{t+2}^{euu}$ 代入 t 期的搜寻激励约束中，可得 $a = \beta f(V_{t+1}^{eu} - (1-d)V_{t+1}^{uu} - dV_{t+1}^{\hat{u}u}) > \beta f(V_{t+2}^{euu} - (1-d)V_{t+2}^{uuu} - dV_{t+2}^{\hat{u}uu})$。此时，与搜寻激励约束在 $t+1$ 期是非紧约束的假设相矛盾。

引理 13：对于预期效用满足 $V_t^u > V_{min}$ 的 u 类工人，如果搜寻激励约束（7-20）是紧约束，那么 $C'(V_{t+1}^{uu}) < C'(V_t^u) < W'(V_{t+1}^{eu})$。

证明：当 $\eta_{2,t} > 0$ 即 $V_{t+1}^{eu} = \pi V_{t+1}^{uu} + (1-\pi)V_{t+1}^{uu}$ 或者当 $\eta_{3,t} > 0$ 即 $\beta f(V_{t+1}^{eu} - (1-d)V_{t+1}^{uu} - dV_{t+1}^{\hat{u}u}) = 1$，或者两者同时满足时，由式（附 7A-11）和（附

7A-12），有 $C'(V_t^u) < W'(V_{t+1}^{eu})$。

如果 $\eta_{4,t}=0$，即 $V_{t+1}^{uu} > V_{\min}$，由式（附 7A-13）和（附 7A-11），有 $C'(V_{t+1}^{uu}) < C'(V_t^u)$。

如果 $\eta_{4,t}>0$，即 $V_{t+1}^{uu}=V_{\min}$，有 $V_{t+1}^{uu}=V_{\min}<V_t^u$，即 $C'(V_{t+1}^{uu}) < C'(V_t^u)$。

总结得到

$$C'(V_{t+1}^{uu}) < C'(V_t^u) < W'(V_{t+1}^{eu}) \qquad （附 7A-15）$$

引理 14：对于预期效用满足 $V_t^u=V_{\min}$ 的 u 类工人，无论是否存在不拒绝工作约束（7-19），都有 $c_t^u=c_{\min}$，$V_{t+1}^{\hat{u}u}=V_{t+1}^{uu}=V_{\min}$，且搜寻激励约束（7-20）在 t 期是紧约束。

证明：给定 $V_t^u=V_{\min}$，约束（7-17）和搜寻激励约束（7-20）意味着

$$V_{\min}=V_t^u \geqslant u(c_t^u)+\beta[d V_{t+1}^{\hat{u}u}+(1-d)V_{t+1}^{uu}] \qquad （附 7A-16）$$

值得注意的是，$V_{\min}=u(c_{\min})+\beta V_{\min}$。此外，如下约束也成立：$c_t^u \geqslant c_{\min}$，$V_{t+1}^{uu} \geqslant V_{\min}$，$V_{t+1}^{\hat{u}u} \geqslant V_{\min}$ 和搜寻激励约束（7-20）。如果上述成立的式子中有一个是严格不等号，则有 $V_{\min} > V_{\min}$，矛盾产生。因此，$c_t^u=c_{\min}$，$V_{t+1}^{\hat{u}u}=V_{t+1}^{uu}=V_{\min}$，且搜寻激励约束（7-20）是紧约束。

A.4 $\hat{u}$ 类工人

令 $\varphi_{1,t}$ 和 $\varphi_{2,t}$ 分别为约束（7-24）和约束（7-25）的拉格朗日系数。$\hat{u}$ 类工人失业保险成本最小化问题式（7-23）的 FOCs 是式（附 7A-17）~式（附 7A-18）：

$$\widehat{W}'(V_{t+1}^{\hat{e}\hat{u}}) = \widehat{C}'(V_t^{\hat{u}})+\varphi_{1,t} \qquad （附 7A-17）$$

$$\widehat{C}'(V_{t+1}^{\hat{u}\hat{u}}) = \widehat{C}'(V_t^{\hat{u}})-\varphi_{1,t}+\varphi_{2,t} \qquad （附 7A-18）$$

引理 15：对于 $\hat{u}$ 类工人，当且仅当预期效用 $V_t^{\hat{u}}=V_{\min}$ 时，搜寻激励约束（7-25）在 $\hat{u}$ 类工人失业期间总是紧约束。

证明：充分性。给定 $V_t^{\hat{u}}=V_{\min}$，需要证明搜寻激励约束（7-25）总是紧约束。

通过定义 $V_{\min}=\dfrac{u(c_{\min})}{1-\beta}$，有 $u(c_{\min})+\beta V_{\min}=V_{\min}$。结合式（7-24）和

不等式（7-25），可得：

$$V_t^{\hat{u}} \geqslant u(c_{\min}) + \beta V_{t+1}^{\hat{u}\hat{u}} \qquad （附 7A-19）$$

给定 $V_t^{\hat{u}} = V_{\min}$，有 $u(c_{\min}) + \beta V_{\min} \geqslant u(c_{\min}) + \beta V_{t+1}^{\hat{u}\hat{u}}$。因此，$V_{t+1}^{\hat{u}\hat{u}} = V_{\min}$，且不等式（附 7A-19）取等号，这意味着搜寻激励约束是紧约束。

同理，可以证明给定 $V_{t+1}^{\hat{u}\hat{u}} = V_{\min}$，搜寻激励约束条件在下一期也是紧约束。通过迭代，很容易得出搜寻激励约束在后续所有期内都是紧约束。

必要性。如果搜寻激励约束（7-25）在失业期间都是紧约束，则需要证明 $V_t^{\hat{u}} = V_{\min}$。

通过反证法证明。假设每期搜寻激励约束都是紧约束，即对于所有 $t>0$，$\varphi_{1,t}>0$，且 $V_t^{\hat{u}} > V_{\min}$。

结合紧的搜寻激励约束和约束条件（7-24），可得 $V_t^{\hat{u}} = u(c_{\min}) + \beta V_{t+1}^{\hat{u}\hat{u}}$。由于搜寻激励约束在后续所有期都是紧约束，通过迭代，$V_t^{\hat{u}}$ 可表示为

$$V_t^{\hat{u}} = u(c_{\min}) + \beta u(c_{\min}) + \beta^2 u(c_{\min}) + \cdots = \frac{u(c_{\min})}{1-\beta} = V_{\min}$$

矛盾产生。

引理 16：对于 $\hat{u}$ 类工人，其预期效用在失业期间保持不变，即 $V_t^{\hat{u}} = V_{t+1}^{\hat{u}\hat{u}}$。

证明：如果 $V_t^{\hat{u}} = V_{\min}$，通过引理 15，容易得知 $V_t^{\hat{u}} = V_{t+1}^{\hat{u}\hat{u}} = V_{\min}$。

如果 $V_t^{\hat{u}} > V_{\min}$，可以发现 $\varphi_{1,t}=0$ 且 $\varphi_{2,t}=0$。通过反证法证明，即假设 $\varphi_{1,t}>0$。根据式（附 7A-18）和 $\widehat{C}(\cdot)$ 的凸性，有

$$V_t^{\hat{u}} > V_{t+1}^{\hat{u}\hat{u}} > V_{\min}，\quad 如果 \varphi_{2,t}=0$$

$$V_t^{\hat{u}} > V_{t+1}^{\hat{u}\hat{u}} = V_{\min}，\quad 如果 \varphi_{2,t}>0$$

因此，$V_t^{\hat{u}} > V_{t+1}^{\hat{u}\hat{u}}$。结合紧的搜寻激励约束（7-25）和式（7-24），有

$$V_t^{\hat{u}} = u(c_{\min}) + \beta V_{t+1}^{\hat{u}\hat{u}} < u(c_{\min}) + \beta V_t^{\hat{u}}$$

因此，有 $V_t^{\hat{u}} < \dfrac{u(c_{\min})}{1-\beta} = V_{\min}$，矛盾出现。故 $\varphi_{1,t}=0$。

接下来，我们证明 $\varphi_{2,t}=0$。通过反证法证明，即假设 $\varphi_{2,t}>0$。由式（附 7A-18）和 $\widehat{C}(\cdot)$ 的凸性，有 $V_t^{\hat{u}} < V_{t+1}^{\hat{u}\hat{u}} = V_{\min}$，矛盾产生。因此，$\varphi_{2,t}=0$ 且 $V_t^{\hat{u}} = V_{t+1}^{\hat{u}\hat{u}}$ 证毕。

根据引理 16，式（7-24）中 $V_{t+1}^{\hat{e}\hat{u}}$ 值可表示为

$$V_{t+1}^{\hat{e}\hat{u}} = \frac{1}{\beta f}\left\{[1-\beta(1-f)]V_t^{\hat{u}} - [u(c_{\min}) - a]\right\} \qquad （附 7A-20）$$

同时，函数 $\widehat{C}(\cdot)$ 可完全用 $\widehat{W}(\cdot)$ 表示

$$\widehat{C}(V_t^{\hat{u}}) = \frac{1}{1-\beta(1-f)}\left[\beta f\widehat{W}\left(\frac{1}{\beta f}\left\{[1-\beta(1-f)]V_t^{\hat{u}} - [u(c_{\min}) - a]\right\}\right)\right]$$

$$（附 7A-21）$$

式（附 7A-21）对 $V_t^{\hat{u}}$ 求导，有

$$\widehat{C}'(V_t^{\hat{u}}) = \widehat{W}'\left(\frac{1-\beta+\beta f}{\beta f}V_t^{\hat{u}} + \frac{a}{\beta f} - \frac{u(c_{\min})}{\beta f}\right)$$

将 $u(c_{\min}) = (1-\beta)V_{\min}$ 代入上式，可得

$$\widehat{C}'(V_t^{\hat{u}}) = \widehat{W}'\left(V_t^{\hat{u}} + \frac{a}{\beta f} + \frac{1-\beta}{\beta f}(V_t^{\hat{u}} - V_{\min})\right)$$

由于 $V_t^{\hat{u}} \geqslant V_{\min}$，且 $\widehat{W}'(\cdot)$ 单调递增，则有

$$\widehat{C}'(V_t^{\hat{u}}) \geqslant \widehat{W}'\left(V_t^{\hat{u}} + \frac{a}{\beta f}\right) \qquad （附 7A-22）$$

B. 推论 4 的证明

通过反证法证明。给定 $m > \frac{1-\pi}{1-s}\left[\beta\frac{\pi-s^2}{(\pi-s)(1-\beta)} + 1\right][u(\omega) - u(c_{\min})] + \frac{a(\pi-s)}{f(1-s)}$，则存在预期效用 $V_t^e \geqslant V_{\min}$ 的 e 类工人愿意工作而不是辞职。因此，得到不等式：

$$sV_{t+1}^{ue} + (1-s)V_{t+1}^{ee} \geqslant \pi V_{t+1}^{ue} + (1-\pi)V_{t+1}^{\hat{u}e} \qquad （附 7A-23）$$

令 $\widetilde{V}_{t+1}^{ue}$ 和 $\overline{V}_{t+1}^{ue}$ 分别为延迟一期辞职和立即辞职的预期效用。因此，根据假设，有 $\widetilde{V}_{t+1}^{ue} \geqslant \overline{V}_{t+1}^{ue}$。

事实上，有

$$\widetilde{V}_{t+1}^{ue} = sV_{t+1}^{ue} + (1-s)\{u(c_{t+1}^{ee}) - m + \beta[\pi V_{t+2}^{uee} + (1-\pi)V_{t+2}^{\hat{u}ee}]\} \qquad （附 7A-24）$$

并且有

$$\overline{V}_{t+1}^{ue} = \pi V_{t+1}^{ue} + (1-\pi) V_{t+1}^{\hat{u}e} \qquad （附 7A\text{-}25）$$

从式（附 7A-24）中减去式（附 7A-25），得到

$$\widetilde{V}_{t+1}^{ue} - \overline{V}_{t+1}^{ue} = (1-s)\{u(c_{t+1}^{ee}) - m + \beta[\pi V_{t+2}^{uee} + (1-\pi) V_{t+2}^{\hat{u}ee}]\}$$
$$- (\pi - s) V_{t+1}^{ue} - (1-\pi) V_{t+1}^{\hat{u}e}$$

将式（7-17）代入上式并结合引理 8 和引理 9 的结论，得到

$$\widetilde{V}_{t+1}^{ue} - \overline{V}_{t+1}^{ue} = \{(1-\pi)[u(c_{t+1}^{ee}) - u(c_{\min})] - (1-s)m\}$$
$$+ \beta\{(1-s)[\pi V_{t+2}^{uee} + (1-\pi) V_{\min}] - (\pi - s)[d\,V_{t+2}^{\hat{u}ee}$$
$$+ (1-d) V_{t+2}^{uee}] - (1-\pi) V_{\min}\} \leqslant \{(1-\pi)[u(w) - u(c_{\min})]$$
$$- (1-s)m\} + \beta\Big[(1-s)\pi V_{t+2}^{uee} - (\pi - s)\Big(V_{t+2}^{eue} - \frac{a}{\beta f}\Big)$$
$$- s(1-\pi) V_{\min}\Big]$$

其中最后一个方程来自预算约束 $C_{t+1}^{ee} \leqslant w$ 和 e 类工人的搜寻激励约束为紧约束（参见引理 11）。出于简化证明，定义如下：

$$D = (1-s)\pi V_{t+2}^{uee} - (\pi - s)\Big(V_{t+2}^{eue} - \frac{a}{\beta f}\Big) - s(1-\pi) V_{\min}$$

下面，证明 $V_{t+2}^{eee} \leqslant V_{t+2}^{eue}$。

根据引理 8，有 $W'(V_t^e) = W'(V_{t+1}^{ee}) = W'(V_{t+2}^{eee})$。此外，由式（附 7A-3）且不实施不辞职约束，有 $W'(V_t^e) = C'(V_{t+1}^{ue})$。由引理 11，$u$ 类工人搜寻激励约束是紧约束。由引理 12 和式（附 7A-11）、式（附 7A-12），有 $C'(V_{t+1}^{ue}) \leqslant W'(V_{t+2}^{eue})$。因此，根据 $W(\cdot)$ 的凸性，有 $V_{t+2}^{eee} \leqslant V_{t+2}^{eue}$。

给定 $\pi > s$，不等式（附 7A-23）等价于

$$(1-s)\pi V_{t+2}^{uee} \leqslant \frac{(1-s)^2 \pi}{\pi - s} V_{t+2}^{eee} - \frac{(1-s)(1-\pi)\pi}{\pi - s} V_{\min}$$

将上式 $V_{t+2}^{eee} \leqslant V_{t+2}^{eue}$ 代入 D，得到

$$D \leqslant \frac{(\pi - s^2)(1-\pi)}{\pi - s} (V_{t+2}^{eee} - V_{\min}) + \frac{a(\pi - s)}{\beta f}$$
$$\leqslant \frac{(\pi - s^2)(1-\pi)}{(\pi - s)(1-\beta)} [u(w) - u(c_{\min})] + \frac{a(\pi - s)}{\beta f}$$

其中最后一个不等式来自 $V_{t+2}^{eee} \leq u(w)/(1-\beta)$。

因此，如果 $m > \dfrac{1-\pi}{1-s}\left[\beta\dfrac{\pi-s^2}{(\pi-s)(1-\beta)}+1\right][u(w)-u(c_{\min})]+\dfrac{a(\pi-s)}{f(1-s)}$，

则有 $\widetilde{V}_{t+1}^{ue} < \overline{V}_{t+1}^{ue}$，这与假设相矛盾。

C. 推论 5 的证明

首先，证明当有价值的失业保险约束是非紧约束（$\phi_{3,t}=0$）时，不辞职约束必然是非紧约束（$\phi_{2,t}=0$）。

假设不辞职约束是紧约束（$\phi_{2,t}>0$）。恒有 $\phi_{4,t}=0$，即 $V_{t+1}^{e\hat{e}}>V_{\min}$①。因此，$V_{t+1}^{e\hat{e}}>V_{t+1}^{\hat{e}\hat{e}}>V_{\min}$。另外，$gV_{t+1}^{\hat{e}\hat{e}}+(1-g)V_{t+1}^{e\hat{e}}=V_{t+1}^{\hat{u}\hat{e}}$ 和 $V_{t+1}^{e\hat{e}}>V_{t+1}^{\hat{e}\hat{e}}$ 意味着 $V_{t+1}^{\hat{u}\hat{e}}>V_{t+1}^{\hat{e}\hat{e}}>V_{\min}$，即 $\phi_{5,t}=0$。因此，结合式（附 7A-7）~式（附 7A-9），可得

$$\widehat{W}'(V_{t+1}^{\hat{e}\hat{e}}) > \widehat{W}'(V_t^{\hat{e}}) > \widehat{C}'(V_{t+1}^{\hat{u}\hat{e}})$$

然而，根据附录 A.4 中的式（A-22）和 $V_{t+1}^{\hat{u}\hat{e}}>V_{t+1}^{\hat{e}\hat{e}}$，有 $\widehat{C}'(V_{t+1}^{\hat{u}\hat{e}}) \geq \widehat{W}'$ $\left(V_{t+1}^{\hat{u}\hat{e}}+\dfrac{a}{\beta f}\right) > \widehat{W}'(V_{t+1}^{\hat{u}\hat{e}}) > \widehat{W}'(V_{t+1}^{\hat{e}\hat{e}})$，矛盾出现。

根据上述结果 $\phi_{3,t}=0$，$\phi_{2,t}=0$ 和 $\phi_{4,t}=0$，以及式（附 7A-7）、式（附 7A-8）和式（附 7A-10），可得 $\widehat{W}'(V_{t+1}^{\hat{e}\hat{e}}) = \widehat{W}'(V_t^{\hat{e}}) = W'(V_{t+1}^{e\hat{e}})$。

D. 推论 7 的证明

假设不拒绝工作约束（7-19）在 t 期是紧约束。结合不拒绝工作约束（7-19）是紧约束和搜寻激励约束（7-20）是非紧约束，可得 $(1-\pi-d)(V_{t+1}^{\hat{u}u}-V_{t+1}^{uu})>\dfrac{a}{\beta f}$。由于 $\pi<1-d$，则有 $V_{t+1}^{\hat{u}u}-V_{t+1}^{uu}>\dfrac{a}{f\beta(1-\pi-d)}$。此外，结合约束（7-17）和非紧的搜寻激励约束（7-20），可得 $V_t^u>u(b_t)+\beta[V_{t+1}^{uu}+d(V_{t+1}^{\hat{u}u}-V_{t+1}^{uu})]$，由此得到 $V_t^u>u(b_t)+\beta V_{t+1}^{uu}+\dfrac{ad}{f(1-\pi-d)}$。由于 $V_t^u<V_{\min}+$

---

① 反证法，假设 $\phi_{4,t}>0$，即 $V_{t+1}^{e\hat{e}}=V_{\min}$，然后根据式（附 7A-7）和（附 7A-8），有 $\widehat{W}'(V_{\min})=\widehat{W}'(V_{t+1}^{\hat{e}\hat{e}})>\widehat{W}'(V_t^{\hat{e}})>\widehat{W}'(V_{\min})$，矛盾产生。

$\dfrac{ad}{f(1-\pi-d)}$ 且 $V_{t+1}^{uuu} \geqslant V_{\min}$，得到 $V_{\min} > u(b_t) + \beta V_{t+1}^{uuu} \geqslant u(b_t) + \beta V_{\min}$。因此，

$V_{\min} > \dfrac{u(b_t)}{1-\beta}$，这与 $b_t > V_{\min}$ 相矛盾。因此，假设不成立，即不拒绝工作约束（7-19）在 t 期是非紧约束。由此，得到 $V_t^u = V_{t+1}^{uuu}$。根据附录中的式（附 7A-11）和 $b_t > c_{\min}$，必有 $b_t = b_{t+1}$。

然后，我们证明一旦搜寻激励约束（7-20）在 t 期是非紧约束，则其在 $t+1$ 期也必是非紧约束。

反证，即假设搜寻激励约束（7-20）在 $t+1$ 期是紧约束，即 $\eta_{3,t} = 0$ 且 $\eta_{3,t+1} > 0$。通过附录 A.3 中的 FOCs，当时 $\eta_{2,t} = \eta_{3,t} = 0$，必有 $V_{t+1}^{uuu} > V_{\min}$。因此，$\eta_{4,t} = 0$，$C'(V_{t+1}^{uuu}) = C'(V_t^u) = W'(V_{t+1}^{eu})$。根据引理 13，可得 $C'(V_{t+2}^{uuuu}) < C'(V_{t+1}^{uuu}) < W'(V_{t+2}^{euuu})$。因此，可得 $V_{t+2}^{uuuu} < V_{t+1}^{uuu}$ 和 $V_{t+1}^{eu} < V_{t+2}^{euuu}$，这意味着搜寻激励约束（7-20）在 $t+1$ 期是非紧约束，这与假设相矛盾。

因此，通过迭代上述推导过程，可得失业保险金在失业期间保持不变。

最后，我们证明 $V_{t+1}^{uuu} > V_{t+1}^{\hat{u}u}$。假设 $V_{t+1}^{\hat{u}u} > V_{t+1}^{uuu}$。由于 $V_t^u > u(b_t) + \beta[V_{t+1}^{uuu} + d(V_{t+1}^{\hat{u}u} - V_{t+1}^{uuu})] > u(b_t) + \beta V_{t+1}^{uuu}$，结合上面得到的结论，$V_t^u = V_{t+1}^{uuu}$，则有 $V_t^u > \dfrac{u(b_t)}{1-\beta}$。由于 $V_t^u < V_{\min} + \dfrac{ad}{f(1-\pi-d)}$，则有 $V_{\min} = \dfrac{u(c_{\min})}{1-\beta} > \dfrac{u(b_t)}{1-\beta} - \dfrac{ad}{f(1-\pi-d)}$。因此，有 $u(b_t) - u(c_{\min}) < \dfrac{(1-\beta)ad}{f(1-\pi-d)}$，矛盾出现。

参考文献

Atkeson A，Lucas R E，1995．Efficiency and Equality in a Simple Model of Efficient Unemployment Insurance［J］．Journal of Economic Theory（66）：64–88．

Atkinson A，Micklewright J，1991．Unemployment Compensation and Labor Market Transitions：A Critical Review［J］．Journal of Economic Literature，29（4）：1679–1727．

Boone J, Fredriksson P, Holmlund B, et al., 2007. Optimal unemployment insurance with monitoring and sanctions [J]. Economic Journal, 117 (518): 399–421.

Burdett K, 1979. Unemployment Insurance Payments as a Search Subsidy: A Theoretical Analysis [J]. Economic Inquiry, 17 (3): 333–343.

Cahuc P, Lehmann E, 2000. Should Unemployment Benefits Decrease with the Unemployment Spell? [J]. Journal of Public Economics, 77 (1): 135–153.

Card D, Riddell WC, 1996. Unemployment in Canada and the United States: A Further Analysis [D]. Working paper, University of British Columbia.

Christofides L, McKenna C, 1996. Unemployment Insurance and Job Duration in Canada [J]. Journal of Labor Economics, 14 (2): 286–313.

Faig M, Zhang M, Zhang S, 2016. Effects of Extended Unemployment Insurance Benefits on Labor Dynamics [J]. Macroeconomic Dynamics, 20(5): 1174–1195.

Fredriksson P, Holmlund B, 2001. Optimal Unemployment Insurance in Search Equilibrium [J]. Journal of Labor Economics, 19 (2): 370–399.

Fuller D L, Ravikumar B, Zhang Y, 2015. Unemployment Insurance Fraud and Optimal Monitoring [J]. American Economic Journal: Macroeconomics, 7 (2): 249–290.

Green D A, Riddell W C, 1997. Qualifying for Unemployment Insurance: An Empirical Analysis [J]. The Economic Journal, 107 (440): 67–84.

Hamermesh D S, 1979. Entitlement Effects, Unemployment Insurance and Employment Decisions [J]. Economic Inquiry, 17 (3): 317–332.

Hansen G, Imrohoroglu A, 1992. The Role of Unemployment Insurance in an Economy with Liquidity Constraints and Moral Hazard [J]. Journal of Political Economy, 100 (1): 118–142.

Hopenhayn H A, Nicolini J P, 1997. Optimal Unemployment Insurance [J]. Journal of Political Economy, 105 (2): 412–438.

Hopenhayn H A, Nicolini J P, 2009. Optimal Unemployment Insurance and Employment History [J]. Review of Economic Studies, 76 (3): 1049–1070.

Katz L F, Meyer B D, 1990. The Impact of the Potential Duration of Unemployment Benefits on the Duration of Unemployment [J]. Journal of Public Economics, 41 (1): 45–72.

Lalive R, Zweimü ller J, Van Ours J C, 2005. The Effect of Benefit Sanctions on the Duration of Unemployment [J]. Journal of the European Economic Association, 3 (6): 1386–1417.

Meyer B D, 1990. Unemployment Insurance and Unemployment Spells [J]. Econometrica, 58 (4): 757–782.

Moffitt R, 1985. Unemployment Insurance and the Distribution of Unemployment Spells [J]. Journal of Econometrics, 28 (1): 85–101.

Moffitt R, Nicholson W, 1982. The Effect of Unemployment Insurance on Unemployment: The Case of Federal Supplemental Benefits [J]. Review of Economics and Statistics, 64 (1): 1–11.

Mortensen D T, 1977. Unemployment Insurance and Job Search Decisions [J]. Industrial and Labor Relations Review, 30 (4): 505–517.

Moyen S, Stahler N, 2014. Unemployment Insurance and The Business Cycle: Should Benefit Entitlement Duration React to the Cycle? [J]. Macroeconomic Dynamics, 18 (3): 497–525.

Pavetti L, Bloom D, 2001. Sanctions and Time limits: State Policies, Their Implementation and Outcomes for Families [M] //Blank R M, Haskins R (eds.): The New World of Welfare. Washington DC: Brookings Press.

Pavoni N, 2007. On Optimal Unemployment Compensation [J]. Journal of Monetary Economics, 54 (6): 1612–1630.

Pavoni N, Violante G, 2007. Optimal Welfare-to-Work Programs [J]. Review of Economic Studies, 74 (1): 283-318.

Shavell S, Weiss L, 1979. The Optimal Payment of Unemployment Insurance Benefits over Time [J]. Journal of Political Economy, 87 (6): 1347-1362.

Shimer R, 2005. The Cyclical Behavior of Equilibrium Unemployment and Vacancies [J]. American Economic Review, 95 (1): 25-49.

Shimer R, Werning I, 2008. Liquidity and Insurance for the Unemployed [J]. American Economic Review, 98 (5): 1922-1942.

Wang C, Williamson S, 1996. Unemployment Insurance with Moral Hazard in a Dynamic Economy [J]. Carnegie-Rochester Conference Series on Public Policy, 44 (1): 1-41.

Wang C, Williamson S, 2002. Moral Hazard, Optimal Unemployment Insurance, and Experience Rating [J]. Journal of Monetary Economics, 49 (7): 1337-1371.

Zhang M, Faig M, 2012. Labor Market Cycles, Unemployment Insurance Eligibility, and Moral Hazard [J]. Review of Economic Dynamics, 15 (1): 41-56.

第 8 章　通货膨胀与实际工资差异：搜寻理论视角

8.1　引言

　　劳动经济学文献的大量研究表明，在控制工人和工作的可观测特征后，仍有大约三分之二的工资差异无法解释（Katz et al.，1999）。学术界对同质工人之间存在的剩余工资差异进行了广泛的研究，一些基于搜寻理论的宏观研究将剩余工资差异解释为市场摩擦条件下均衡的结果。这些研究往往借助一些假设条件得到"同工不同酬"的结论，如在职搜寻（Burdett et al.，1998；Kumar，2008）、企业的异质性（Burdett et al.，2001；Postel-Vinay et al.，2002；Shi，2002）或者双轨失业保险金制度（Albrecht et al.，2001）。另外，一些宏观研究考察了通货膨胀和工资差异之间的关系。[①]例如，在名义工资刚性的假设下，Sheshinski 和 Weiss（1977），Benabou（1988）以及 Diamond（1993）通过在工资设定中使用 $[s, S]$ 策略，得

---

　　① 最近有一些研究考察了工资 / 收入差异的其他决定因素。例如，Garcia-Penalosa 和 Turnovsky（2015）通过 Ramsey 模型考察了收入流动性和不平等之间的关系，在模型中劳动力供给是弹性的且财富和能力是异质的。Kunieda 等（2014）研究了金融发展如何影响国家内部的不平等。

到了通货膨胀会使工资差异扩大的结论。Cysne 等（2005）假设富人和穷人在进入交易性资产市场门槛上存在差异，对通货膨胀扩大工资差异的原因提出了不同的解释。

本章将这两支文献结合在一起，研究通货膨胀对剩余工资差异的影响。基于美国 current population survey（CPS）的实证研究表明，通货膨胀对剩余工资差异有正向影响。[①] 按照劳动经济学领域的文献做法，在控制了工人和工作的可观测特征后，我们计算了 1994 年至 2008 年的剩余工资差异。我们的基准度量指标定义为 WD90，为高工资（剩余工资分布的第 90 分位数）与低工资（剩余工资分布的第 10 分位数）的比值。[②] 我们的实证估计结果表明，通货膨胀对剩余工资差异有着正向影响。在使用基准度量指标的情况下，当通货膨胀率翻倍时，剩余工资差异扩大 2.22%。在使用其他衡量剩余工资差异指标的情况下，这一结果仍然稳健。

为了描绘这两个变量之间的正向关系，本章附录 A.1 中的图 A-1 展示了通货膨胀与剩余工资差异的各种度量之间的散点图，度量方式包括四种高 - 低工资比值、均值 - 最小值比值和剩余工资分布的标准差（将在 8.2 节详细讨论）。显然，通货膨胀和剩余工资差异之间存在稳健的正向关系。图 A-2 报告了两个变量之间的相关系数，从中我们也可以得出类似的结论。例如，在使用 WD90 作为度量指标时，相关系数为 0.37。这些实证证据表明，通货膨胀对于理解剩余工资差异的产生和变动有着重要作用。

在劳动力市场中，工人在工作搜寻的过程中往往缺乏协调合作。我们

---

① 关于通货膨胀和工资差异之间的关系，现有的相关实证研究很少并且已经不符合当前的实际情况，而且不同研究的结论是不一致的。例如，Hammermesh（1986）使用美国 1955 年至 1981 年间制造业数据来研究这一关系。他发现通货膨胀上升降低了相对工资差异。Erikson 和 Ichino（1995）研究了 1976—1990 年的金属制造企业，也得出了类似的结论。而 Bulir（2001）使用了一个包含 75 个国家的跨国数据库，发现了通货膨胀对工资差异具有正向影响。研究发现，在控制再分配政策后，对于人均 GDP 水平不同的国家，该结果都是稳健的。

② 为了进行稳健性检验，我们还研究了文献中使用的其他度量指标。我们的度量指标与最近研究中报告的各种度量指标相当接近。详情请见 8.2 节。

在一般均衡货币搜寻理论框架中引入这一重要的劳动力市场特征，以解释通货膨胀和剩余工资差异之间的正相关关系。在模型中，由于失业工人在工作搜寻中缺少协调合作，导致创建空缺岗位的企业会收到 0 个、1 个或者多个求职申请。如此一来，尽管工人和工作都是同质的，但工人的匹配概率却内生地产生了事后的差异性（*ex post* heterogeneity），这使得同质工人间工资出现了差异。关于通货膨胀对剩余工资差异的正向影响，我们提出了一个新的影响机制。具体而言，在模型中，通货膨胀上升不仅会通过影响产品市场中企业的实际利润而直接影响工资差异，而且会通过影响劳动力市场中的匹配概率（溢出效应）而间接影响工资差异。我们发现，直接效应同时降低了高工资和低工资，而间接效应抑制了企业创建岗位的意愿，从而进一步对低工资施加向下的压力。因此，随着通货膨胀的加剧，低工资的下降幅度总是大于高工资的下降幅度，导致工资差异扩大。

这一研究对现有文献的贡献有两点。第一，我们发现，在考虑劳动力市场中因工作搜寻缺乏协调合作而发生的搜寻摩擦后，我们的模型能够在同质工人间产生不同的工资收入。这一市场摩擦在劳动力市场中大量存在，但现有文献却甚少关注。因此，我们认为本研究是对关于剩余工资差异的现有研究的补充。第二，我们强调了在高通胀时期通货膨胀的溢出效应会导致更大的剩余工资差异。Berentsen 等（2011）也强调了溢出效应，且溢出效应是通货膨胀导致失业增加的驱动力。我们证明了，溢出效应对于理解通货膨胀和剩余工资差异之间的正向关系也很重要。

在劳动力市场中，工作搜寻过程中缺少协调合作是一个重要的现象。考虑到这一点能让我们在同质工人之间产生匹配概率的事后差异，从而产生工资差异。"缺少工作搜寻过程中的协调合作"指的是这样一种情形：由于信息不对称，失业工人之间无法协调他们的求职申请，因此只能随机将各自的求职申请投递到各个工作岗位上。① 工作搜寻过程中的这个特征

---

① 大量的实证研究检验了信息不对称对于解释剩余工资差异的重要性。例如，Montgomery（1991）、Topa（2001）和 Munish（2003）。

意味着，一些提供空缺岗位的企业会吸引到多个求职者，而另一些企业则不会。因此，在事前同质的工人之间，其匹配概率出现了事后差异，这会导致工人外部选择机会的差异，进而导致就业后工资的差异。一些理论研究，如 Ochs（1990）及 Cao 和 Shi（2000），探讨了在一个大型劳动力市场中，因为工人间沟通的不完全或不可能而导致的协调缺乏问题对工资差异的重要影响。尽管这一市场摩擦在劳动力市场十分常见而且十分重要，但在关于通货膨胀对工资差异的影响的文献中却很少受到关注。我们的研究填补了这一空缺。

在本章中，我们使用 Mortensen（1982）提出的 Mortensen 规则来刻画工资定价机制，从而产生同质工人间的工资差异。Mortensen（1982）在匹配博弈（matching games）中提出了一种可以保证效率的分配规则，用于在主动联系人和被联系人之间分配匹配收益。具体来说，Mortensen 规则将匹配收益减去支付给被联系人收益后的余额分配给主动联系人。根据 Mortensen 规则，被联系人在形成匹配而获得的收益和其外部选择机会价值两者之间的偏好是无差异的。在我们的模型中，企业创建空缺岗位寻找工人，而失业工人在不知道其他工人搜寻工作行为的状况下随机申请空缺岗位。这种随机的搜寻过程意味着，每家企业最终可能会吸引到 0 个、1 个（双边谈判）或者多个（多边谈判）求职者。在双边谈判的情况下，企业是被联系人，工人为主动联系人。在 Mortensen 规则下，工人从匹配中获得匹配收益，因此会获得高工资。然而，在多边谈判中，其中一个求职者会被企业联系并与企业形成雇佣关系。因此，企业是主动联系人，而工人是被联系人。Mortensen 规则将所有匹配盈余分配给企业，工人获得低工资。

溢出效应对于解释为什么通胀加剧会导致工资差异扩大至关重要，其核心机制在于溢出效应使得低工资对通货膨胀的变化更加敏感。模型均衡下，低工资是高工资与失业工人的非市场活动价值（在我们的模型中主要是失业保险金）的加权平均。在严重通货膨胀的情况下，企业的实际利润减少，直接降低高工资（等于实际利润）和低工资。此外，通货膨胀的影响还通过以下渠道从产品市场溢出到劳动力市场：产品市场实际利润减少使得企业在劳动力市场创建岗位的意愿减弱，导致劳动力市场条件恶化，工人更难找到高工资工作（双边谈判减少）。由此，低工资更加接近失业保险金。当失业保险金的价值足够低时，低工资将进一步降低。因此，通货膨胀率的上升导致了更大的工资差异。

在使用美国 CPS 数据校准模型后，我们的模型能够模拟出现实中剩余工资差异对通货膨胀的弹性。在基准模型校准中，失业保险金 b 的校准目标为 0，模型预测的弹性为 2.17%，这与实证研究（以 WD90 作为度量指标）的估计值（2.22%）十分接近。改变工资差异的度量指标不会改变主要的定性结果。当失业保险金的校准目标为 Shimer（2005）选择的法定失业金替代率 0.4，或者 Zhang 和 Faig（2012）计算的实际失业保险替代率 0.25 时，模型的拟合能力虽有下降，但是仍然能够解释大部分现实中剩余工资差异对通货膨胀的反应。例如，在使用 WD90 作为度量指标的情况下，将 b 的校准目标增加至 0.25，会使预测弹性从 2.17 降至 1.85，因此模型可以解释实际弹性的 83.3%（=1.85/2.22）。当 b 进一步增加到 0.4 时，模型预测的弹性降至 1.39，但模型的解释能力仍然很强，大约为 62.6%。最后，我们通过提高企业利润率、改变成本函数的凸性及货币实际需求对名义利率的弹性、引入不同的失业保险制度等方式对模型校准进行稳健性检验。我们发现，主要研究结果仍然稳健；相对于基准模拟结果，剩余工资差异对通货膨胀的弹性在大多数情况下增加，在其他情况下略有下降。

本研究建立在 Berentsen 等（2011）研究的理论扩展基础之上。他们的研究框架为货币和失业提供了坚实的微观基础，因此适用于研究货币政策和劳动力市场结果之间的长期关系。我们与 Berentsen 等（2011）的不同之处在于，我们对工作搜寻和工资决定过程进行扩展改进，以更好地服务于我们的研究问题。我们与 Julien 等（2006）的研究有很强的相关性，都强调了劳动力市场中缺乏协调合作对于解释工资差异的作用，但也存在两点主要区别：第一，他们的关注点在于企业在搜寻过程中缺少协调合作，而我们从工人的视角强调这一搜寻摩擦；第二，Julien 等（2006）研究了为什么同质工人间存在工资差异，而我们的研究目标是考察通货膨胀与剩余工资差异之间的关系。[①]

本章其余部分的结构如下。8.2 节汇报了美国 1994 年至 2008 年间剩余工资差异与通货膨胀之间关系的关键特征事实。8.3 节构建模型，模型特征为工人进行缺少协调合作的工作搜寻，且工人工资由 Mortensen 规则决定。8.4 节描述了均衡结果，并定性讨论了通货膨胀对不同工资水平的影响，以及由此产生的工资差异变动结论。8.5 节使用美国 CPS 数据校准模型，并量化分析了通货膨胀对工资差异的影响。8.6 节总结。

8.2　数据和实证事实

在我们对数据进行描述之前，需要指出的是，8.3 节中模型经济中的工资符合两点分布。同时，工人和企业在各方面都是同质的。为了与模型保持一致，我们在本节使用美国家庭层面数据来衡量剩余工资差异。也就是说，我们通过消除所有由于工人和工作的可观测差异引起的工资差异，来计算剩余工资差异。

我们使用的数据来自 CPS。CPS 数据开始于 1994 年，包含了一系列人口特征变量，如年龄、性别、种族、婚姻状态和受教育水平等。此外，它还有关于工作的一些信息，例如职位和行业。这些信息让我们能够准确计算剩余工资差异。我们选择一个季度作为一期，样本区间为 1994 年至

---

① Julien 等（2006）也考虑了空缺岗位劳动生产率的异质性产生的工资差异，但我们未考虑这一特征。但是，我们考虑了劳动生产率对工资差异的影响，因为我们在估计中控制了生产率。详情请参阅 8.2 节。

2008 年。[①] 本章附录 A.2 提供了关于 CPS 的描述以及样本需要满足的条件。关于工资的度量指标，我们选择主要工作的小时工资而非月工资，因为月工资的差异可能也包含工作时间的差异。

为了得到工资差异与通货膨胀之间的实证关系，我们分两步对数据进行分析。第一步，我们构建剩余工资差异的度量指标。第二步，我们考察通货膨胀与剩余工资差异之间的关系。遵循 Hornstein 等（2007）的做法，对于 1994 年至 2008 年的每个季度，我们对个人的名义小时工资（取对数）进行 OLS 回归，其中，我们控制了性别、种族、婚姻状态、教育程度、工作经历（年龄减去教育年限减去 5）、行业、职业、是否为工会成员（虚拟变量），以及职业和工作经历的交互项。通过以上回归分析，我们得到了样本期间每个季度的剩余名义工资（取对数）的分布。然后，我们将剩余名义工资（取对数）的分布除以消费者价格指数，得到剩余实际工资（取对数）的分布，最后经过换算得到了剩余实际工资（水平值）的分布。

接下来我们计算剩余工资差异。按照劳动经济学领域的文献中对于工资差异的标准做法（Card et al.，2002），我们使用剩余工资分布的第 90 分位数与第 10 分位数的比值（WD90）作为我们的基准度量指标。因此，季度里剩余工资差异的度量为

$$WD90_t = \frac{\text{wage}90_t}{\text{wage}10_t}$$

---

① 我们排除了 1994 年以前的数据，因为我们在衡量剩余工资差异时选取的是工人的小时工资（主要工作），这一变量的数据只有在 1994 年之后的样本中才可以获取。在 1989 年至 1993 年期间，只有小时收入（hourly earnings）数据，这与小时工资（hourly wages）（主要工作）存在几方面的差异。第一，小时收入包括小时工资、小费、佣金和其他收入来源。第二，关于小时收入的问题可以由家庭中任一成员回答，而小时工资（主要工作）衡量的是户主收到的工资率。第三，小时收入反映了工人从所有工作中获得的收入，而小时工资只包含了主要工作的信息。由于这些差异，我们排除了 1994 年以前的数据。

我们之所以选择使用 2008 年 9 月以前的数据，是因为在 2008 年末和 2009 年初全球金融危机达到顶峰，由此导致经济活动显著下降以及失业持续时间延长。

其中，wage90 和 wage10 是在季度 $t=1$，…，T 实际剩余工资分布的第 90 分位数和第 10 分位数。如表 8-1 所示，时间序列 WD90$_t$（$t=1$，…，T）的均值为 2.35（第一列）。

表 8-1 工资差异（剩余）

	WD90	WD85	WD80	WD75	均值 – 最小值	标准差
均值	2.35	1.97	1.72	1.54	1.56	1.46

注：WD90，WD85，WD80 和 WD75 是关于工资差异的四种度量指标，它们是高工资（分别为剩余工资分布的第 90、第 85、第 80 和第 75 分位数）与低工资（分别为剩余工资分布的第 10、第 15、第 20 和第 25 分位数）的比值。均值 – 最小值的度量指的是剩余工资分布第 50 与第 10 分位数的比值，标准差指的是实际剩余工资分布的标准差。

由于低工资和高工资都有可能受到极端值的影响，因此我们使用三种不同的工资差异度量指标来检验结果的稳健性，即 WD95，WD80 和 WD75。他们均是高工资（分别为剩余工资分布的第 85、第 80、第 75 分位数）与低工资（分别为剩余工资分布的第 15、第 20、第 25 分位数）的比值。表 8-1 接下来的三列报告了三种工资差异（剩余）指标的均值，这些均值位于 1.54 到 1.97 的范围内。在 8.5 节的定量分析中，我们将使用前四种度量指标作为工资差异的校准目标，且 WD90 是我们的基准度量指标。

我们计算的高 – 低工资比值与文献中度量指标的结果十分接近。例如，我们计算了均值 – 最小值比值（剩余工资分布的第 50 分位数与第 10 分位数的比值）。在我们样本中，均值 – 最小值比值的均值为 1.56，这与文献中的估计结果十分接近。例如，Hornstein 等（2007）基于 2000 年 11 月的职业就业统计（OES）调查和 1967—1996 年的收入动态追踪研究（PSID）调查，得到的均值 – 最小值比值位于 1.5 到 2 之间。Acemoglu（2002）、Lemieux（2006）和 Autor 等（2008）研究发现，对于男性工人而言，均值 – 最小值比值位于 1.7 到 1.9 之间。此外，我们考察了剩余工资分布的标准差。Card 和 DiNardo（2002）认为，这一度量指标与 90–10 分位数工资比值非常接近，不同之处主要在于样本的最高收入限制和对工资低值样本的处理。与他们的观点一致，在我们的样本中，标准差的均值约为 1.46，这与 75-25 分位数工资比值（1.54）很接近。表 8-1 总结了以上所有关于工资差异的度量指标。

接下来，我们检验了通货膨胀与剩余工资差异之间的关系。为了估计通货膨胀变化对剩余工资差异的影响，我们进行了以下回归估计：

$$\log(Y_t) = \beta_0 + \beta_1 \text{time} + \beta_2 \log(\text{inflation}_t) + \beta_3 \log(\text{productivity}_t)$$

其中，Y_t 是上文构造的剩余工资差异的度量指标；[①] β_2 是我们关心的估计系数，它度量了剩余工资差异对通货膨胀的弹性。表 8-2 报告了使用四种关于剩余工资差异的度量指标得到的回归结果。

表 8-2　通货膨胀对剩余工资差异的影响

变量	工资差异（WD）			
	log(WD90)	log(WD85)	log(WD80)	log(WD75)
对数（通货膨胀）	0.022 2**	0.017 5**	0.016 1***	0.013 1**
	（0.008 8）	（0.007 1）	（0.005 9）	（0.005 0）
R^2	0.302	0.307	0.283	0.226

注：（1）回归方程为 $\log(Y_t) = \beta_0 + \beta_1 \text{time} + \beta_2 \log(\text{inflation}_t) + \beta_3 \log(\text{productivity}_t)$，其中 Y_t 为剩余工资差异，用高工资（分别为剩余工资分布的第 90、第 85、第 80、第 75 分位数）与低工资（分别为剩余工资分布的第 10、第 15、第 20、第 25 分位数）的比值来度量。（2）括号中为标准误差。（3）星号表示显著性水平：*** 表示 $p<0.01$，** 表示 $p<0.05$。

表 8-2 表明，不管使用哪种度量指标，通货膨胀加剧都会扩大剩余工资差异。例如，在使用 WD75 的情况下，WD75 对通货膨胀的弹性约为 0.013 1，这意味着如果通货膨胀率翻倍，即从 2.74%（样本期的均值）变为 5.48%，工资差异将增加 1.31%。在使用基准度量指标——WD90 的情况下，则影响更强，对于通货膨胀的相同变化，WD90 会增加 2.22%。值得注意的是，虽然通货膨胀对工资差异的影响的估计值不大，但它是显著且

---

① 我们控制了时间趋势，因为通货膨胀和剩余工资差异本身都可能随着时间而变化。我们控制了生产率，因为许多研究，如 Card 和 DiNardo（2002），认为生产率的变化会影响高工资，进而影响工资差异。遵循 Shimer（2005）的做法，生产率用商业部门中（business sector）的人均产出来衡量。

稳健的。

8.3　模型

模型时间是离散的，有测度为 1 的工人（h）和很多潜在的企业（f），企业的数量由市场自由进入条件决定，工人和企业均无限生存。每一期里，模型经济里有三个不同的市场：劳动力市场（decentralized labor market，LM）、产品市场（decentralized goods market，DM）和商品市场（centralized goods market，CM）。在这三个市场中，工人和企业相遇并开展经济活动。LM 是基于 Mortensen 和 Pissarides（1994）的劳动搜寻理论框架而构建的，DM 是基于 Lagos 和 Wright（2005）的货币搜寻理论框架而设计的。CM 发挥市场出清作用。如图 A–3 所示，我们假设每一期里三个市场依次开放，从 LM 开始，然后依次是 DM 和 CM。工人和企业的贴现率为 $\beta \in$（0，1）。折现发生在 CM 活动之后，LM 活动之前。

在模型中，所有的工人一直都在劳动力市场里，但是企业可以自由选择进出市场。当企业有可能实现正的经济利润时，它们会选择进入 LM。工人提供劳动，他们消费最终产品以实现效用最大化；企业雇佣劳动力并出售产品以实现利润最大化。我们假设工人是企业的股东，企业在 DM 市场中获得的利润将在 CM 市场里以红利方式支付给工人。

货币本身是没有价值（intrinsically useless）的，可以分割和储存。t 期初，人均法定货币的数量为 M_t。我们假设 $M_{t+1} = (1+\pi) M_t$，其中，π 是常数，是货币供给的增长率。新发行的货币通过给 CM 市场工人一次性转移支付的形式进入模型经济。CM 市场中商品的名义价格为 p_t。在稳态均衡下，货币总额的实际价值 M/p 是一个常数。这意味着 $p_{t+1} = (1+\pi) p_t$ 即 π 同时也是 t 期 CM 市场与 $t+1$ 期 CM 市场之间的通货膨胀率。

为了简化模型的展示，我们省略了时间下标，并使用 a 来表示任意变量 a 在下一期的值。此外，我们通过下列方式将所有名义变量转换为实际变量。当一个工人带着 m 个单位的名义货币进入 CM 市场时，我们用 $z=m/p$ 表示该工人拥有的实际货币额（以 CM 市场产品数量计算）。接下来，该工人将带着 $\hat{z}=\hat{m}/p$ 个单位的实际货币离开本期 CM 市场并进入下一期。在下一期的 CM 市场中，价格水平为 $\hat{p}$，所以 $\hat{z}$ 个实际货币的价值在下一期是 $\hat{z}\hat{p}$，其中，$\hat{p}=p/\hat{p}=1/(1+\pi)$，$\hat{p}$ 将 $\hat{z}$ 转换成以下一期 CM 市场产品的数量计算的实际货币额。

LM，DM 和 CM 的价值方程（value function）分别为 U_e^j、V_e^j 和 W_e^j。价值方程取决于工人和企业的类型 $j\in\{h,f\}$ 以及就业状态 $e\in\{0,1,2\}$，其中，$e=2$ 表示工人当前在 LM 市场签订了高工资合同，是高薪工人；$e=1$ 表示工人当前在 LM 签订的为低工资合同，是低薪工人；$e=0$ 表示工人当前在 LM 没有与企业形成匹配，是失业工人。价值方程还取决于下文定义的其他状态变量。

接下来，我们对期 t 里三个市场的具体经济活动逐一进行讨论。

LM：在 t 期里，失业工人和提供空缺岗位的企业随机搜寻以建立雇佣关系。[①] 工人有一个单位且不可分割的劳动时间可以出售给企业，且企业只能雇用一个求职者。[②] 如果工人和企业成功匹配，那么该匹配会立即得到产出 y。企业在 DM 和（或）CM 售卖产品，在 CM 支付工人工资。在 LM 中，现有匹配以概率 δ 受到外生离职冲击而解散。

在 t 期初，企业创建空缺岗位来搜寻工人。由于工人在搜寻工作的过程中缺少协调合作，工人在不知道其他工人搜寻决策的前提条件下，随机选择一个且只能选择一个空缺岗位求职。因为工作搜寻过程中缺少求职者之间协调合作，[③] 所以匹配时提供岗位的企业可能吸引到 0 个、1 个或者多

---

① 在关于劳动搜寻的文献中，文献中的标准做法是假设在模型中工人和企业是同质的，且他们在市场中进行随机搜寻。Rogerson 等（2005）对于工作搜寻过程的建模方法进行了详细的调查。

② 在关于劳动搜寻的文献中，文献中的标准做法是假设企业能够提供的空缺岗位有限。这一假设与现实中观察到的情况大体一致；企业经常会收到许多求职申请，但只能提供一个岗位。

③ 工作搜寻中的协调合作指的是，如果工人知道其他工人的搜寻决策，如向哪个企业投递求职申请，那么该工人会根据此信息调整自己的求职行为，以提高自己的求职成功概率。

个求职者。

工资定价采用 Mortensen 规则，这使得事前同质的工人的工资形成两点分布。Mortensen（1982）提出了在匹配博弈中确保效率的分配规则，用于在主动联系人和被联系人之间分配匹配收益。具体来说，Mortensen 规则将匹配收益，减去支付给被联系人收益后的余额分配给主动联系人。为了理解这一规则，考虑一个包含两类（1 类和 2 类）经济人的匹配博弈。两类经济人相遇，并通过生产得到匹配收益 B。假设 1 类和 2 类经济人的外部选择价值分别为 V_1，V_2。如果 2 类经济人主动联系 1 类经济人，那么 2 类经济人就是主动联系人（contacting agent），或者相当于匹配的发起人（initiator）。根据 Mortensen 规则，2 类经济人获得的收益为 $B-V_1$：匹配盈余（B），减去 1 类经济人的外部选择价值 V_1。同时，1 类经济人（被联系人）获得 V_1，即他或她对于形成匹配和不形成匹配（即外部选择机会）之间的偏好是无差异的。反之亦然。

在我们的模型中，在工人联系企业且双方立即形成匹配（双边谈判）的情况下，工人（主动联系人）获得匹配的所有收益，即获得高工资 w^h。正如 8.2 节所示，均衡时高工资水平刚好使得企业（被联系人）对于雇用工人和不雇用工人（企业的外部选择机会）的偏好是无差异的。在多个求职者到同一个企业求职（多边谈判）的情况下，企业随机联系其中一个求职者并与其形成匹配，每个求职者成功匹配的概率相同。在这种情况下，企业（主动联系人）会获得所有盈余，而工人获得低工资 w^l。我们将证明，均衡时低工资水平刚好使得成功匹配的求职者（被联系人）对于就业与不就业（工人的外部选择机会）的偏好是无差异的。在多边谈判中没有成功匹配的求职者仍然保持失业状态，可以领取失业保险金。

总结起来，工人的工资有两个可能的取值：

$$w = \begin{cases} w^h, & \text{双边谈判} \\ w^l, & \text{双边谈判，且成功匹配时} \end{cases}$$

DM：企业和工人在市场上随机搜寻对方以交易消费产品。在 LM 中进行生产的企业（即有雇员的企业）有产出 y，进入 DM 市场，寻找工人以出售产品（全部或者部分产出）。工人，不论其在 LM 中是就业还是失业，均携带货币进入 DM，搜寻企业以购买消费品，并获得效用。一旦企业和工人在 DM 中形成匹配，他们就会对交易条款，如交易额和交易价格，进行讨价还价。货币搜寻理论的标准假设对这个市场的运作至关重要，比如，我们假设工人和企业是匿名的，且交换是等价的。[①] 这些假设意味着货币在交易中起到交换媒介的重要作用。

CM：工人和企业在 Walrasian 市场（无市场摩擦）中进行交易。在 DM 中未售出的消费品会被企业转换成一般产品（general goods），并带到 CM 中出售，这些企业要么在 DM 没有成功匹配，要么虽然在 DM 成功匹配但没有售完其全部产出。同时，企业在 CM 中支付工人的所有收入（包括工资和奖金）。模型中设立 CM 市场的一个重要原因在于简化模型，去除工人持有货币余额的异质性，从而确保模型的可操控性。

接下来，我们对工人和企业的最优化行为逐一进行讨论，我们先从 CM 市场开始，然后是 LM，最后是 DM。

8.3.1　工人

就业状态为 e 的工人 h，带着实际货币 z 进入 CM。在 CM 中，h 选择购买消费品 x 的数量以实现效用最大化，并携带实际余额 $\hat{z}$ 到下一期。工人的效用最大化，为

$$W_e^h(z) = \max_{x,\hat{z}} \{x + \beta U_e^h(\hat{z})\} \tag{8-1}$$

$$\text{s.t.} \quad x + \hat{z} = z + w_e + \Delta + \tau - T$$

其中，w_e 为实际工资，且

$$w_e = \begin{cases} w^h, & \text{如果 } e=2 \\ w^l, & \text{如果 } e=1 \\ b, & \text{如果 } e=0 \end{cases}$$

---

① 对于 DM 中的价格决定过程，文献中曾作出各种假设，包括讨价还价、价格接受和定向搜寻的标定价格。在本章中，我们假设讨价还价，因为它相对简洁，而且是货币搜寻相关文献中的标准做法。

值得注意的是，虽然匹配的形成（即建立雇佣关系）和劳动生产均在 LM 发生，但工资在 CM 中支付。b 是政府提供的实际失业保险金，且 $b<w^l<w^h$；Δ 为红利收入，来自企业利润；T 为政府的一次性征税；τ 是中央银行给予的一次性转移支付。

将预算约束带入式（8-1），我们得到

$$W_e^h(z)=I_e+z+\max_{\hat{z}}\left\{-\hat{z}+\beta\hat{U}_e^h(\hat{z})\right\} \qquad (8\text{-}2)$$

其中，$I_e=w_e+\Delta+\tau-T$ 是工人的税后收入（以 e 为条件）。此处我们假设工人具有拟线性偏好（quasi-linear utility）。拟线性效用的假设显著简化了模型定性分析。[①] 具体来说，W_e^h 是线性的，因为 $\partial W_e^h/\partial z=1$。此外，由式（8-2）知，$\hat{z}$ 的最优选择与 z 和 I_e 的大小无关，但是看起来与 e 有关（通过 U_e^h 项）。然而，如下文所述，工人的效用函数与 e 无关，这使得 $\hat{U}_e^h$ 的导数与 e 无关，从而使得 $\hat{z}$ 的选择与 e 无关。因此，每个工人将带着相同的 $\hat{z}$ 离开 CM，进入下一期模型经济。

在 DM 中，工人和企业匿名在市场中进行双边匹配。一旦工人和企业匹配成功，双方就对交易条款（q,d）进行讨价还价，其中，q 和 d 分别代表交易的商品数量和实际货币支付金额。对于持有货币 z 且就业状态为 e 的 h，其价值函数为

$$V_e^h(z)=a^h[v(q)+W_e^h(\rho z-\rho d)]+(1-a^h)W_e^h(\rho z) \qquad (8\text{-}3)$$

其中，a^h 为 h 与企业相遇的概率。将工人带出 DM 的所有实际货币余额乘以 ρ，我们得到它们在本期 CM 中的价值。$v(q)$ 为工人消费 q 个 DM 商品所产生的当期效用，我们假设 $v(q)$ 满足 $v(0)=0$，$v'>0$，$v''<0$。

匹配函数决定 DM 中的交易概率。匹配函数由 DM 中的工人数量 B 和企业数量 S 决定。$a^h=M(B,S)/B$ 是工人与企业相遇进行交易的概率，也是两

---

① 如果每个工人将带着不同的 $\hat{z}$ 离开 CM，那么货币持有量的内生分布将使得模型的分析变得复杂。Shi（1997）提出了另一种简化货币持有的方法。在其模型中，最基本的决策单位不是个体，而是一个由很多工人组成的家庭。根据大数定律，每个家庭都有相同数量的货币余额。对这两种方法的详细讨论见 Lagos 和 Wright（2005）。

者交易的概率。该匹配函数 M 满足匹配函数的一般性假设，且规模报酬不变。由此，我们有 $a^h = M(Q, 1)/Q$，其中，$Q = B/S$ 是 DM 的市场紧度。我们假设 $M(Q, 1)$ 随着 Q 增加而严格递增，且 $M(0, 1) = 0$，$M(\infty, 1) = 1$；$M(Q, 1)/Q$ 随着 Q 增加而严格递减，$M(0, 1)/0 = 1$，$M(\infty, 1)/\infty = 0$。因为所有工人都进入 DM 中，因此 $B = 1$。在 LM 形成匹配的企业（即 $e = 1, 2$ 的企业）进入 DM 中，因此，$S = 1 - u$，其中，u 为失业率。由此，工人的交易概率可写成 $a^h = M(1, 1 - u)$。

LM 是本研究的核心市场。在 LM 中，不同就业状态工人的价值函数如下：

$$U_e^h(z) = \delta V_0^h(z) + (1 - \delta)V_e^h(z)$$

其中，$e = 1, 2$。

$$U_0^h(z) = \lambda_1^h V_1^h(z) + \lambda_2^h V_2^h(z) + (1 - \lambda_1^h - \lambda_2^h) V_0^h(z) \qquad (8-4)$$

其中，δ 是 LM 中匹配受到外生冲击而解散的概率。为了简化模型，我们假设如果匹配解散，工人 h 在下一期 LM 市场中找到工作之前，一直保持失业状态。λ_1^h 和 λ_2^h 分别是工人签订低工资合同（工人参与多边谈判并成功与企业匹配）和高工资合同（工人参与双边谈判）的概率。匹配概率 λ_1^h 和 λ_2^h 是内生的，取决于 u 和 v，其中，u 是 LM 中的失业人数，是企业创建的空缺岗位数。

上述讨论描述了 t 期里工人的最优化问题。关于 h 的三个价值函数可以合并成一个贝尔曼方程。将公式（8-3）中的 V_e^h 代入公式（8-4），并利用 W_e^h 的线性性质，我们得到

$$U_e^h(z) = a^h + [v(q) - \rho d] + \rho z + \delta W_0^h(0) + (1 - \delta) W_e^h(0)$$

其中，$e = 1, 2$。

$$U_0^h(z) = a^h + [v(q) - \rho d] + \rho z + \lambda_1^h W_1^h(0) + \lambda_2^h W_2^h(0) + (1 - \lambda_1^h - \lambda_2^h) W_0^h(0)$$

将上式代入公式（8-2），在稳态时，CM 市场中的最优化问题可以写为

$$W_0^h(z) = I_e + z + \beta[\delta\widehat{W}_0^h(0) + (1-\delta)\widehat{W}_e^h(0)] + \max_{\hat{z}}\{\beta\hat{a}^h[v(\hat{q}) - \hat{\rho}\hat{d}]$$
$$- \hat{z}(1-\beta\hat{\rho})\}$$

其中，$e=1$，2。

$$W_0^h(z) = I_0 + z + \beta[\lambda_1^h\widehat{W}_1^h(0) + \lambda_2^h\widehat{W}_2^h(0) + (1-\lambda_1^h-\lambda_2^h)\widehat{W}_0^h(0)]$$
$$+ \max_{\hat{z}}\{\beta\hat{a}^h[v(\hat{q}) - \hat{\rho}\hat{d}] - \hat{z}(1-\beta\hat{\rho})\} \tag{8-5}$$

值得注意的是，工人对 $\hat{z}$ 的选择与 e 无关。

8.3.2 企业

我们现在讨论企业 f 的问题。在对市场进行讨论之前，我们需要强调，在 t 期中，只有 $e=1$，2 的企业才需要在 CM 用货币给工人支付工资和红利（即利润）。企业用本期 DM 和（或）CM 中出售产品所获得的货币支付工资和红利。因此，在 $t-1$ 期时企业 f 无须从 CM 中携带货币进入 t 期。

不同于工人的最优化问题，我们在这里首先考虑 LM，f 的价值函数为

$$U_e^f = \delta V_0^f + (1-\delta) v_e^f$$

其中，$e=1$，2。

$$U_0^f = \lambda_1^f V_1^f + \lambda_2^f V_2^f + (1-\lambda_1^f-\lambda_2^f) V_0^f$$

其中，λ_1^f 和 λ_2^f 分别为进入市场且提供空缺岗位的企业与工人签订低工资合同和高工资合同的内生概率。同样的，匹配概率 λ_1^f 和 λ_2^f 是关于 LM 中变量 u 和 v 的函数。

只有具有生产能力的企业 f（即 $e=1$，2）能进入 DM 和 CM 中。f 将产出 y 带入 DM 出售，售出的消费品数量记为 q，其中，$q \in [0, y]$。剩余的商品 $y-q$ 转换为 $x=\zeta(y-q)$ 单位的 CM 商品，并在接下来的 CM 中出售，且 $\zeta' \geq 0$ 和 $\zeta'' < 0$。出售商品的机会成本定义为 $c(q) = y - \zeta(y-q)$。除非另有说明，我们假设 $\zeta=1$，由此可得 $x=y-q$，$c(q)=q$。对于进入 DM 中 $e=1$，2 的企业，有

$$V_e^f = a^f W_e^f (y-q, \ \rho d) + (1-a^f) W_e^f (y, \ 0)$$

其中，$a^f = \dfrac{M(B,S)}{S} = M\left(\dfrac{1}{1-u}, \ 1\right)$ 为 f 在 DM 中与工人相遇并与其进行交易的概率。$W_e^f(x, z)$，$e=1, 2$ 表示带着 x 个单位 CM 商品和货币 z 进入 CM 的企业价值函数：

$$W_e^f(x, \ z) = x+z-w_e+\beta \widehat{U}_e^f$$

其中，w_e（$e=1, 2$）为 f 支付的实际工资，简化后得到

$$V_e^f = R - w_e + \beta [\delta \widehat{V}_0^f + (1-\delta) \widehat{V}_e^f] \tag{8-6}$$

其中，$e=1, 2$；$R = y + a^f(\rho d - q)$ 是雇用工人的企业每期从商品交易中获得的预期实际收益。该表达式表明，$e=1, 2$ 的企业的预期实际收益相同。

$e=0$ 的企业不需要支付工资，也没有可供出售的商品。我们将这类企业视为未进入市场的企业。这类企业只有在前一期 CM 中支付了实际市场进入成本 k，才能进入下一期的 LM。因此，有

$$W_0^f = \max\{0, \ -k+\beta[\lambda_2^f \widehat{V}_2^f + \lambda_1^f \widehat{V}_1^f + (1-\lambda_1^f-\lambda_2^f) \widehat{V}_0^f]\}$$

其中，由市场自由进出条件，可知 $\widehat{V}_0^f = \widehat{W}_0^f = 0$。在稳态时，$k = \beta(\lambda_2^f V_2^f + \lambda_1^f V_1^f)$。由式（8-6），$k$ 可以表示为

$$k = \frac{\beta}{1-\beta(1-\delta)} [\lambda_1^f(R-w^l) + \lambda_2^f(R-w^h)] \tag{8-7}$$

8.3.3 政府

政府每期都维持预算平衡。每期里，政府向工人征收一次性税款 T，支出 G，向 $e=0$ 的 h 支付失业保险金 b。同时，政府以 π 的增速增加货币供给，即 $\widehat{M} = (1+\pi) M$。稳态下，π 等同于通货膨胀率。新发行的货币在 CM 中以一次性转移支付的形式发放给工人，这意味着 $\tau = \pi M / p$。由此，政府的预算约束为 $G + bu = T + \pi M / p$。

因为我们进行的是稳态分析，根据费雪方程式 $1+i = (1+\pi) / \beta$，我们可以通过设定名义利率 i 或货币增长率 π 来等价地描述货币政策。此外，

我们假设 $i>0$。当 $i \to 0$ 时，弗里德曼规则（Friedman rule）成立。[①]

8.4 均衡

8.4.1 DM 商品市场

如上文所述，f 和 h 在 DM 中相遇并对交易条件（q，d）进行双边讨价还价。用 $\theta \in (0, 1]$ 代表 h 的议价能力。利用 $W_e^h(z)$ 的线性性质，我们得到 h 的盈余为 $v(q) + W_e^h(\rho z - \rho d) - W_e^h(\rho z) = v(q) - \rho d$。类似地，f 的盈余为 $\rho d - q$。因此，纳什讨价还价（Nash Bargaining）问题可以表达为

$$\max_{q, d} [v(q) - \rho d]^{\theta} [\rho d - q]^{1-\theta} \qquad (8-8)$$
$$\text{s.t.} \quad d \leq z, \ q \leq y$$

这意味着，双方不能在货币余额为负或产品库存为负的情况下离开 DM 市场。我们假设 $q<y$，这一假设在一般情况下都会成立。当 $d=z$ 成立时，z 的大小决定式（8-8）的解。当 $d<z$ 时，我们得到 $q=q^*$，且 q^* 满足 $v'(q^*)=1$，$d=(1-\theta)v(q^*)+\theta q^*$。然而，如 Lagos 和 Wright（2005）所证明的，在货币均衡下，h 势必会花完其持有的所有货币，因此，$d=z$。[②] 利用 $d=z$ 这一结论，我们可以用 q 解出式（8-8）的一阶条件，写为

$$\rho z = g(q) \equiv \frac{\theta v'(q) q + (1-\theta) v(q)}{\theta v'(q) + 1 - \theta} \qquad (8-9)$$

接下来，我们求解 DM 市场的均衡。在稳态下，在式（8-5）的一阶条件（first order condition）里，代入 $\hat{d}=\hat{z}$ 和 $\partial \hat{q}/\partial \hat{z} = \bar{\rho} g'(\hat{q})$（利用式 8-9），利用费雪方程消去 $1/(\beta \bar{\rho})=1+i$，再代入匹配概率 $\hat{a}^h = M(1, 1-\hat{u})$，我

---

① 在弗里德曼规则下，我们的定性结果仍然成立。

② 从直观上看，$d=z$ 遵循简单的套利原理——为什么你携带的货币比你打算花费的还要多？证明见附录 A.3。

们得到

$$\frac{i}{M\left(1,\ 1-u\right)} = \frac{v'\left(q\right)}{g'\left(q\right)} - 1 \qquad (8\text{--}10)$$

我们称式（8-10）为 DM 曲线。给定任意 u，如果 $q > 0$，则可以保证存在唯一的货币均衡。[①] 我们的分析结果表明，当 $i > 0$ 时，DM 曲线在 (u, q) 空间中向下倾斜，其原因与 Berentsen 等（2011）分析的原因完全相同：u 值越高，在 DM 中有商品可供出售的企业越少；因此，a^h 降低。由于出售消费品的企业数量减少，工人在与企业进行交易条款议价时也可能处于更不利的地位。这些效应叠加在一起，使得对实际货币 z 的需求减少，导致交易的商品数量 q 下降。

由式（8-10）得到的另一个重要结论是，对于任意 $i > 0$，$q < q*$ 都成立，其中，$q*$ 是最高效率（$d < z$）的商品交易量（optimal amount of traded DM goods），满足 $v'\left(q*\right) = 1$。换言之，当且仅当 $i = 0$ 且 $\theta = 1$ 时，稳态是符合效率条件的。从经济学直觉来说，有两个原因降低稳态结果的效率：第一，工人并不总能在 DM 中找到可以交易的企业，当持有货币的成本很高时（高通货膨胀率），工人选择持有的货币数量少于交易 $q*$ 所需的货币数量；第二，纳什讨价还价的交易条件定价机制意味着企业拿走了部分交易盈余，这意味着工人并非能获得交易所有的收益，这也降低了工人持有货币的意愿。

8.4.2　劳动力市场

为了求解劳动力市场均衡条件（8-7），我们必须先计算高工资和低工资水平 w^h 和 w^l。如上文所述，均衡中的高工资刚好使得企业（双边谈判中的被联系人）对于雇用工人和不雇用工人的偏好是无差异的：$V_2^f = V_0^f$。而低工资刚好使得成功匹配的求职者（在多边谈判中被企业随机选中的求职者）对于就业与不就业的偏好是无差异的：$V_1^h = V_0^h$。利用这两个条件，

[①]　Wright（2010）对唯一的货币均衡的存在性进行了详细的讨论。

我们可以解出 w^h 和 w^l，两者都是关于 (u, q) 的函数。结果为：

$$w^h = R = y + a^f [g(q) - q] \tag{8-11}$$

$$w^l = \frac{1 - \beta(1 - \delta)}{1 - \beta(1 - \delta - \lambda_2^h)} b + \frac{\beta \lambda_2^h}{1 - \beta(1 - \delta - \lambda_2^h)} w^h \tag{8-12}$$

从经济学直觉上来说，如果在双边谈判中，即提供空缺岗位的企业只吸引到了一个求职者，则该企业只能雇用该工人。企业的外部选择价值为零。按照 Mortensen 规则，发起匹配的求职者获得工资 w^h，其工资等于全部的匹配价值 R。但如果还有其他的工人到该企业求职，那么从企业的角度来讲，企业和工人双方协商的工资将最符合企业的利益或求职者的保留工资。在这种情况下，低工资 w^l 是工人拒绝工作时的外部机会价值 b 与未来可能获得的高工资 w^h（等于企业收入 R）的加权平均值。很显然，我们有 $b < w^l < w^h$。

将式（8-11）和（8-12）中表示的两种工资水平代入市场自由进出条件（8-7）中，再将 $pd - q = g(q) - q$ 代入公式，我们得到

$$\frac{k}{\beta} = \frac{\lambda_1^f}{1 - \beta(1 - \delta - \lambda_2^h)} \{y + a^f [g(q) - q] - b\} \tag{8-13}$$

我们称式（8-13）为 LM 曲线。为了在 (u, q) 空间中绘制该曲线，我们定义匹配函数 λ_1^f，λ_2^f，λ_1^h 和 λ_2^h 如下。

考虑一个失业工人，如果劳动力市场中企业一共创建了 v 个空缺岗位，那么该工人随机选择其中某个企业进行求职的概率为 $1/v$，该工人没有到该企业求职的概率为 $1 - 1/v$。那么，没有工人到该企业求职的概率为 $(1 - 1/v)^u$，在劳动力市场中恰好有一个工人到该企业求职的概率，定义为匹配概率 λ_2^f，等于 $\phi(1 - 1/v)^{u-1}$，其中，$\phi = u/v$ 定义为劳动力市场紧度（labor market tightness）。劳动力市场中不止一个工人到该企业求职的概率 λ_1^f，等于 $1 - (1 - 1/v)^u - \phi(1 - 1/v)^{u-1}$。

如果一个失业工人要签订高工资合同，那么该工人必须是拥有空缺岗位企业的唯一求职者。工人是唯一求职者的概率等于没有其他工人到该企业求职的概率。因此，λ_2^h 等于 $(1 - 1/v)^{u-1}$。工人签订低工资合同的概率

λ_1^h，等于至少有两个工人到该企业求职的概率 $1-(1-1/v)^u-\phi(1-1/v)^{u-1}$ 除以求职者的数量。一个企业所面对的求职者人数的平均值的最佳估计为 ϕ。因此，$\lambda_1^h=1-(1-1/v)^u-\phi(1-1/v)^{u-1}/\phi$。

我们研究的是在一个大型经济体中通货膨胀对工资差异的影响，假定 ϕ 为常数，v 数量非常大但仍有限。在这种环境下，模型经济可以用极限经济 $v\to\infty$ 来近似表示。使用规则 $\lim_{v\to\infty}(1+x/v)^v=e^x$，劳动力市场的匹配概率为

$$\lambda_2^f=\lim_{v\to\infty}\phi(1-1/v)^{v\phi-1}=\phi e^{-\phi}$$

$$\lambda_1^f=\lim_{v\to\infty}1-\phi(1-1/v)^{v\phi-1}-(1-1/v)^{v\phi}=1-\phi e^{-\phi}-e^{-\phi}$$

$$\lambda_2^h=\lim_{v\to\infty}(1-1/v)^{v\phi-1}=e^{-\phi} \tag{8-14}$$

$$\lambda_1^h=\lim_{v\to\infty}\frac{1-(1-1/v)^{v\phi}-\phi(1-1/v)^{v\phi-1}}{\phi}=\frac{1-e^{-\phi}-\phi e^{-\phi}}{\phi}$$

最后，失业的动态变化遵循以下演变方程（the law of motion）：

$$(1-u)\delta=u(\lambda_1^h+\lambda_2^h) \tag{8-15}$$

式（8-15）表明贝弗里奇曲线（Beveridge curve）向下倾斜，即 $\partial v/\partial u<0$，这也表明失业率上升会提高劳动力市场的紧度（$\partial\phi/\partial u>0$）。使用式（8-15），我们求解得到 $v=v(u)$，将其代入上述匹配概率中。

将匹配概率（8-14）代入式（8-13），我们得到 LM 曲线的最终表达式：

$$\frac{k}{\beta}=\frac{1-e^{-\phi}-\phi e^{-\phi}}{1-\beta(1-\delta-e^{-\phi})}\left\{y+M\left(\frac{1}{1-u},\ 1\right)[g(q)-q]-b\right\} \tag{8-16}$$

其中，ϕ 等于 $u/v(u)$（由式（8-15））。在给定 q 值的情况下，我们可以通过 LM 曲线确定 u。这里，我们假设 $k<\beta[y-b+g(q^*)-c(q^*)]/[1-\beta(1-\delta)]$，因为如果这一假设不成立，那么企业进入劳动力市场的成本太高，劳动力市场将关闭。

对式（8-16）求导，可知 dq/du 为负。在 (u,q) 空间中 LM 曲线向下倾斜，这一结论背后的经济学直觉很好理解。u 增加会产生两个效应：第一，企业和工人更有可能进入多边谈判，因此 λ_1^f 增加，λ_2^f 减少；第二，

企业在 DM 中的竞争压力减小，因此 a^f 增加。这两个效应都将激励企业进入市场。因此，必须降低 q 的均衡值，才能保证市场自由进出条件成立。

8.4.3　一般均衡

现在我们来刻画一般均衡。我们定义一般均衡的整体思路：首先，对于给定的失业率 u，确定 DM 中的商品交易量 q。然后，根据 Mortensen 和 Pissarides（1994），对于给定的商品交易量 q，求解 u。在（u, q）空间中，利用 DM 曲线（式 8-10）和 LM 曲线（式 8-16），我们用图形表示以上两个关系。DM 曲线和 LM 曲线的交点决定了均衡失业率和均衡商品交易量（u, q），由此我们可以确定包括实际工资 w^l 和 w^h 在内的所有其他内生变量。

定义 1：给定货币供给 $\widehat{M}/M = 1+\pi$，稳定的货币均衡可以由以下内生实际变量来刻画：价值函数（U_e^j, V_e^j, W_e^j），其中，$e \in \{0, 1, 2\}$ 和 $j \in \{h, f\}$；LM 中的工资水平 w^h 和 w^l；DM 中的交易条件（q, d）；价格 p 以及 CM 中实际货币持有量的最优选择 $\hat{z}$。这些内生变量满足以下条件：

（1）在给定价格的条件下，价值函数满足式（8-2）、式（8-3）和式（8-4）；

（2）当 $d=z$ 且 $q>0$ 时，交易条件（q, d）使得式（8-8）获得最大值；

（3）实际货币持有量的最优选择 $\hat{z}$ 满足式（8-9），且 p 是 $\hat{z} = \widehat{M}/p$ 的解；

（4）工资水平（w^h, w^l）满足式（8-11）和式（8-12）。

图 A-4 描绘了空间（u, q）中在区域 $B=[0, 1] \times [0, q^*]$ 内的 DM 曲线和 LM 曲线。DM 曲线从左侧（0, q_0）点进入区域 B，其中，$q_0 \leqslant q^*$，并从（1, 0）退出区域 B。进一步的计算表明 DM 曲线在区域 B 内是凹的。LM 曲线从顶部（u_0, q^*）处进入区域 B。如果 $k < \beta(y-b)/[1-\beta(1-\delta)]$，则曲线从底部（$u_1$, 0）处退出（见标记为 LM_1 的曲线）。在这种情况下，在（u_1, 0）处存在一个非货币均衡，且至少存在一个货币均衡。如果 $k \geqslant \beta(y-b)/[1-\beta(1-\delta)]$，则 LM 曲线从右侧（1, q_1）处退出 B。在这种情况下，在（1, 0）处存在一个非货币均衡，在一定参数取值范围内，可能存在货

币均衡（见标记为 LM_2 和 LM_3 的曲线）。一般来说，我们无法确定均衡的唯一性，货币平衡和非货币平衡可能同时存在。然而，如下文中的定量研究所示，在一定的参数取值条件下，货币均衡可能是唯一的。

命题 1：稳态的货币均衡存在。如果 $k < \beta(y-b)/[1-\beta(1-\delta)]$，则至少有一个货币稳态存在，其中，$q < q^*$，$0 < u < 1$。如果 $k \geq \beta(y-b)/[1-\beta(1-\delta)]$，那么在 $(0,1)$ 处存在一个非货币稳态，且在一定的参数取值范围内，货币稳态可能存在。如果货币稳态是唯一的，那么 i 的增加会使 q 减少和 u 增加。

证明：见本章附录 A.3。

不等式 $k < \beta(y-b)/[1-\beta(1-\delta)]$ 条件下的均衡结果意味着，即使我们关闭 DM 市场，排除了以货币作为交易媒介的商品交易，企业也会选择进入 LM 市场。此时，所有的产出 y 将在 CM 市场出售。在这种情况下，在 $(u_1, 0)$ 处存在一个非货币稳态均衡，这就是 MP 标准模型的均衡解。此外，当 $q > 0$ 和 $u < u_1$ 时，至少存在一个货币稳态。

在货币均衡中，通货膨胀加剧不会影响 LM 曲线，但是会使 DM 曲线向原点移动。因此，通货膨胀率上升使 q 降低和 u 增加。$\partial q/\partial i < 0$ 这一结论在货币搜寻模型中普遍存在，其经济学解释：通货膨胀是对货币交易密集型经济活动的一种税收。$\partial u/\partial i > 0$ 的结论尤其重要，是因为在 MP 基准模型中，货币政策不起任何作用，但在本章的研究中，我们发现货币政策在长期对劳动力市场均衡方面有重要影响。这一结论背后的经济学解释：随着通货膨胀率的上升，工人减少实际货币的持有量，导致 DM 市场交易数量下降。这将降低企业在 DM 市场的利润，进而抑制企业进入 LM 市场和创建岗位活动的意愿，失业随之增加。

8.4.4　通货膨胀对工资差异的影响

我们将工资差异定义为高工资 w^h 与低工资 w^l 的比值：

$$WD = \frac{w^h}{w^l} \tag{8-17}$$

式（8-17）对 i 求导的结果是不确定的。该导数的符号取决于失业保险金

b 的取值（解释见命题 2 下面的讨论）。但是，我们可以证明当 b 趋于 0 时，$\partial(\text{WD})/\partial i > 0$ 成立。在 8.5 节的数值模拟分析中，我们使用美国数据选择值的合理校准目标，模型预测通胀率上升会扩大工资差异，这与实证结论是一致的。

命题 2：当失业保险金趋近于 0 时，通货膨胀率上升会扩大工资差异。此外，虽然随着通货膨胀率上升，高工资和低工资均会降低，但是低工资的下降幅度总是大于高工资的下降幅度。

证明：见本章附录 A.3。

命题 2 对于通货膨胀如何扩大工资差异的机制给出了解释，其经济学直觉如下。由式（8-11）可知，当通货膨胀率上升时，DM 中的商品交易量降低（命题 1），这导致交易盈余 $g(q)-q$ 减少。随着交易盈余减少，企业在 LM 中创建的岗位减少，稳态失业率上升，导致劳动力市场条件恶化，u/v 比率上升。按照 Berentsen 等（2011）的说法，我们将这种效应称为溢出效应（从产品市场向劳动力市场溢出）。另一方面，这一效应反过来让 DM 中的企业（卖方）更容易和工人（买方）相遇，a^f 增加，这将提高预期交易盈余。但是，结果表明，$(g(q)-q)$ 的减少对交易盈余产生的负向影响总是大于 a^f 上升对交易盈余产生的正向影响。由此，通货膨胀率的上升最终导致企业在 DM 市场实际利润的下降。值得注意的是，高工资等于实际利润。因此，高工资随着通货膨胀率上升而下降。

对于低工资 w^l 而言，有两个因素导致 w^l 比 w^h 下降得更多。由式（8-12），低工资是高工资 w^h 和工人外部选择机会 b 的加权平均值，高工资的下降会直接导致低工资下降。此外，溢出效应对低工资会产生间接影响。随着通胀水平的提高，溢出效应导致劳动力市场条件趋紧，从而使得工人找到高薪工作的可能性降低（形成双边谈判的可能性降低）。因此 λ_2^h 降低。λ_2^h 的下降对式（8-12）中 b 和 w^h 的权重影响不同：λ_2^h 的降低会增加 b 的权重，从而使得低工资朝 b 值移动。因此，式（8-12）的第一项增加。同时，λ_2^h 的下降会降低 w^h 的权重，这一结果叠加通胀对 w^h 的负向影响，进一步给低工资施加了向下的压力。因此，式（8-12）的第二项减小。

溢出效应对低工资的总体影响取决于这两个方向相反的效应的相对强弱，这最终取决于 b 值。在极端情况（$b=0$）下，式（8–12）中的第一项为零，高工资下降和溢出效应这两个因素都会使 w^l 减少。因此，低工资的下降幅度大于高工资的下降幅度，工资差异随之扩大。在一般情况下，b 大于 0，由于存在两个方向相反的效应，溢出效应变弱。但是，只要 b 的值足够小，使得第二项的减小幅度大于第一项的增大幅度，那么溢出效应仍然为负，通货膨胀对工资差异正向影响的结论就仍然成立。

8.5　数值模拟分析

本节目标是定量分析通货膨胀对工资差异的稳态影响。为此，我们首先对 8.3 节中的模型进行校准，使模型模拟出美国劳动力市场和商品市场的一些重要特征。具体而言，我们对模型进行校准，使模型模拟出现实中的工资差异（在 8.2 节报告的估计结果）。然后，我们用校准后的模型估计通货膨胀变化对工资差异的影响。模拟结果表明，模型的预测结果与在美国数据中观察到的定量结果一致。

与多数宏观劳动经济学文献一致，本节的数值分析将使用以下的函数形式。在 DM 中，假设效用函数符合 $v(q)=\dfrac{Aq^{1-a}}{1-a}$ 形式，成本函数为 $c(q)=q^{\gamma}$。假设 DM 中的匹配函数为 $M(B,S)=BS/(B+S)$。因此，买方（工人）与卖方（企业）的匹配概率为 $a^h=M(B,S)/B=(1-u)/(2-u)$，$a^f=M(B,S)/S=1/(2-u)$。基于这些函数表达式，待确定的参数包括偏好参数（β，A，a），技术参数（y，k，δ，γ，θ）和政策参数 b。

8.5.1　参数校准

我们设定模型每期为一个季度。我们选择的校准目标与文献中的标准做法一致。折现因子 β 的校准目标为年实际利率 4.8%。在模型中，实际货币需求 $M/(pY)$ 为

$$\frac{M}{pY} = \frac{g(q)}{(1-u)\{a^f[g(q)-c(q)]+y\}}$$

其中，效用函数中的规模参数 A 和曲率参数 a 通过函数 $g(q)$ 共同决定 $M/(pY)$ 的值；因此，这两个参数的校准目标分别为平均实际货币需求及其对名义利率变化的反应（弹性），根据 Berentsen 等（2011）估计的结果，这两个数值分别为 0.179 和 -0.556。由于我们关注的是稳态分析，因此将匹配的劳动生产率标准化为 1。关于创建一个空缺岗位的流动成本 k，我们为其赋值使得模型模拟的工资差异与观测到的工资差异（以 w^h/w^l 衡量）相匹配。表 8-2 表明，在使用不同的工资差异度量指标的情况下，工资差异对通货膨胀的反应不同，其中，在使用 WD90 时反应最大，在使用 WD75 时反应最小。为了检验校准后的模型是否能模拟出这些不同的反应，我们使用四种分位数工资比值（WD90，WD85，WD80，WD75）作为 k 的校准目标。[①] 在一个季度中工人受到外生离职冲击的概率 δ 的校准目标为 0.1，这与 Shimer（2005）计算的月度比率 0.033 的季度平均值一致。在基准校准中，成本函数中的曲率参数 $\gamma=1$。买方在 DM 中的议价能力 θ 体现在 $g(q)$ 函数中，它决定了企业在 DM 中的利润率，因此我们选择 θ 的参数值使得模型的利润率与实际的利润率（markup ratio）相匹配。根据 Faig 和 Jerez（2005）的研究结论，企业利润率为 30%。在模型中，利润率通过下式计算：

$$\text{Makeup}=100\left[\frac{g(q)}{c'(q)q}-1\right]$$

对于政策参数 b，根据 8.4 节中的命题 2，当失业保险金接近于 0 时，由 w^h/w^l 度量的工资差异会随着通货膨胀加剧而扩大。在基准校准中 b 的校准目标为 0。在稳健性检验中，我们将 b 的校准目标设定为其他两个值，来检验 b 的取值对模型的模拟结果的影响。其中，一个值是 Shimer（2005）

---

① 值得指出的是，在我们的模型中，当工资服从两点分布时，相较于使用均值－最小值比或剩余工资分布的标准差等其他指标，使用高－低工资比值作为校准目标更为合适。

选择的法定失业保险金替代率，b=0.4；另一个值是 Zhang 和 Faig（2012）计算的实际失业保险金替代率（effective UI replacement ratio），b=0.25。

表 8–3 报告了基准校准中使用的校准目标。$\{\beta, y, \delta, \gamma, b\}$ 的值直接根据表 8–3 中的校准目标确定，其余的参数 $\{A, a, k, \theta\}$ 通过以下模型校准过程确定其取值。$\{u, q\}$ 的稳态值为包含式（8–10）和式（8–16）的方程组的解。首先，对参数 $\{A, a, k, \theta\}$ 的初始值随机赋值（guess）。然后，我们将样本期内观测到的名义利率代入方程组中，解出 $\{u, q\}$ 的均衡值，并验证模型的模拟结果是否与表 8–3 中最后四个校准目标相一致。[①]如果模拟结果与校准目标不匹配，则修正初始的赋值。重复上述校准过程，直至模型模拟结果与表 8–3 中的校准目标达成一致。

表 8–3　基准参数

变量		校准目标描述	目标值
折现因子	β	年度实际利率	0.048
匹配的生产率	y	标准化	1
离职率	δ	Shimer（2005）中的月度离职率	0.033
$c(q)$ 中曲率参数	γ	标准化	1
失业保险金	b	标准化	0
$v(q)$ 中的尺度参数	A	Berentsen 等（2011）中的实际货币需求	0.179
$v(q)$ 中的曲率参数	a	Berentsen 等（2011）中对 i 的货币需求弹性	−0.556
创建空缺岗位的流动成本	k	作者计算的剩余工资差异	2.35/1.97/1.72/1.54
DM 中的讨价还价能力	θ	Faig 和 Jerez（2005）中的利润率	0.30

注：这些是我们基准模型校准中的校准目标。这些目标大多与美国的实证数据相符。前五个校准目标各自确定一个参数 $\{\beta, y, \delta, \gamma, b\}$，其余四个校准目标共同确定其余参数 $\{A, a, k, \theta\}$。

表 8–4 报告了参数 $\{A, a, k, \theta\}$ 的校准值（工资差异的校准目标为 WD90）。[②]第一列报告了上述基准校准结果，此外，我们改变了关键参数

---

① 我们在这里使用的名义利率是 AAA 级企业债券利率。

② 如有需要，我们可提供采用其他工资差异度量作为校准目标的校准结果。

b，γ，θ 和 a 的校准目标，作为稳健性检验。表 8-4 的后四列报告了相应的校准结果，这四个参数对于理解通货膨胀对工资差异的影响至关重要。式（8-12）表明低工资是失业保险金 b 与 w^h 高工资的加权平均值。b 值越低，通货膨胀率的相同变化会使低工资（相较于高工资）下降得更多，从而导致工资差异扩大。[①] γ 值增加，商品市场中生产商品的成本提高。在保持其他条件不变时，提高成本导致企业的实际利润降低，并对劳动力市场产生了更强的溢出效应。因此，对于相同的通货膨胀变化，低工资的下降幅度更大，从而工资差异扩大。同样，DM 市场中企业利润率的增加会减少商品的交易数量，从而降低企业创建空缺岗位的动机，导致失业率上升（更强的溢出效应）。最后，实际货币需求对名义利率的弹性增加意味着实际货币持有对通货膨胀的变化更加敏感。因此，在其他条件相同的情况下，通货膨胀率上升使得带入 DM 市场的实际货币需求减少得更多。这使得 DM 中的商品交易量下降，降低了企业的实际利润，并通过溢出效应使得劳动力市场上的就业机会减少。由于这四个参数的重要性，在稳健性检验中，我们在基准校准的基础上改变了它们的校准目标。

表 8-4　参数值（WD90）

| | 失业保险金 | | | | | |
	基准	b=0.25	b=0.4	曲率	利润率	弹性
a	0.320 7	0.324 8	0.330 3	0.278 7	0.339 4	0.210 4
A	1.054 4	1.037 2	1.011 4	1.187 77	1.073 8	1.160 4
k	3.931 3	4.627 8	5.184 0	4.026 17	4.005 0	3.929 2
θ	0.627 9	0.634 8	0.642 8	0.552 67	0.567 8	0.508 4

注：表 8-4 报告了 $\{A, a, k, \theta\}$ 的校准值，其中工资差异的校准目标为 WD90。在"基准"列中，参数被设定为与表 8-3 中列出的校准目标相匹配。在"失业保险金""曲率""利润率"和"弹性"列中，我们改变参数 b，γ，θ 和 a 的校准目标。在"失业保险金"列中，失业保险金的校准目标分别为实际失业保险替代率 $b=0.25$，法定失业保险替代率 $b=0.4$。在"曲率"列中，γ 的校准目标为 1.1。在"利润率"列中，我们选择 θ 的参数值，使模型模拟结果与利润率 0.4 相匹配。在"弹性"列中，我们选择 a 的参数值，使模型模拟结果与实际货币需求对名义利率的弹性 -1 相匹配。

---

① 我们在命题 2 下方的讨论中解释了为什么对于低工资的溢出效应随着 b 的增大而减弱。

在表 8-4 的第 2 列和第 3 列中，失业保险金 b 的校准目标分别为 0.25 和 0.4。在第 4 列中，曲率 γ 的校准目标为 1.1。在第 5 列中，我们选择不同的 θ 参数值，使得模型模拟出的企业利润率等于 0.4，而非 0.3。在最后一列中，我们选择弹性 a 的参数值，使得模型模拟出的实际货币需求对名义利率的弹性等于 –1，而非 –0.556。上文的经济学直觉分析表明，在增加失业保险金校准目标的情况下，模型模拟的通货膨胀对工资差异的影响减弱，而在另外三种情况下该影响增强。值得注意的是，尽管这些校准目标是任意设定的，但它们有助于说明模型关键参数对模拟结果的影响。

8.5.2　结果

表 8-5 汇报了在不同情况下通货膨胀上升时工资差异 w^h/w^l 的反应。为了便于比较，我们在最后一列报告了（剩余）工资差异对通货膨胀的弹性的估计值（同表 8-2）。显然，关于通货膨胀对工资差异的影响，模型的模拟结果在定性和定量上都与实证结果一致。在使用 WD90 作为工资差异的校准目标时，当通胀上升 100% 时，低工资下降 4.87%，而高工资只下降 2.70%，从而导致工资差异增大 2.17%，这与使用 CPS 数据估计的弹性（2.22）相当接近。在其他三种情况下，即分别采用 WD85，WD80 和 WD75 作为工资差异的校准目标，校准后的模型可以解释大部分现实中工资差异对通货膨胀的反应；模型解释度（model fit）分别为 85.1%，64.6% 和 55.0%。

我们对基准校准进行稳健性检验，即增加成本函数的凸性、利润率或实际货币需求的弹性。表 8-5 表明，在使用 WD90 的情况下，模型模拟的工资差异对通货膨胀的弹性分别增加到 3.02%，2.83% 和 4.15%。这一结果与上文的分析一致。在使用其他三种工资差异度量指标的情况下，我们也得到类似的结果。

表 8-5　工资差异的反应

	基准	曲率	加成	弹性	数据
A：WD90					
w^h/w^l 对 π 的弹性（%）	2.17	3.02	2.83	4.15	2.22
B：WD85					
w^h/w^l 对 π 的弹性（%）	1.49	2.78	1.95	2.87	1.75
C：WD80					
w^h/w^l 对 π 的弹性（%）	1.04	1.45	1.37	2.01	1.61
D：WD75					
w^h/w^l 对 π 的弹性（%）	0.72	1.00	0.94	1.39	1.31

注："基准"一列汇总了预测的基准校准中工资差异对通货膨胀的弹性。在最后一列报告了经验数据中对应的情况。其余三列报告了当参数 γ，θ 和 a 的校准目标发生改变时的预测弹性。

接下来，我们探讨失业保险金的参数值对于定量结果的重要性。具体来说，我们研究当失业保险金的参数值从 0 变为 0.25 和 0.4 时，工资差异（对通胀率上升 100%）的反应。与上文的分析一致，表 8-6 表明，虽然增加失业保险金使得预测的弹性降低，但定性结果仍然不变。在使用 WD90 的情况下，失业保险金增加到 0.25 使得预测弹性从 2.17 降至 1.85，该模型能够解释工资差异实际反应的 83.3%（=1.85/2.22）。将失业保险金增加到 0.4 使弹性进一步降至 1.39，但是模型仍能够解释工资差异实际反应的 62.6%（=1.39/2.22）。虽然增加失业保险金使得预测的工资差异的反应减弱，但是改变参数 {γ，θ，a} 的校准目标可以提高预测弹性。这些结果报告在表 8-7 中，其中失业保险金的校准目标为实际替代率 b=0.25。

表 8-6　工资差异对失业保险金变化的反应

	基准	失业保险金		数据
		b=0.25	b=0.4	
A：WD90				
w^h/w^l 对 π 的弹性（%）	2.17	1.85	1.39	2.22
B：WD85				
w^h/w^l 对 π 的弹性（%）	1.49	1.29	1.05	1.75
C：WD80				
w^h/w^l 对 π 的弹性（%）	1.04	0.89	0.75	1.61
D：WD75				
w^h/w^l 对 π 的弹性（%）	0.72	0.61	0.51	1.31

注：将失业保险金的校准目标换成其他的值，如法定失业保险替代率和有效失业保险替代率，会使工资差异对通货膨胀预测的弹性降低。

表 8-7　工资差异对失业保险金和其他校准目标的反应

	失业保险金 $b=0.25$	曲率	加成	弹性	数据
A：WD90					
w^h/w^l 对 π 的弹性（%）	1.85	2.58	2.43	3.51	2.22
B：WD85					
w^h/w^l 对 π 的弹性（%）	1.29	1.80	1.69	2.47	1.75
C：WD80					
w^h/w^l 对 π 的弹性（%）	0.89	1.26	1.16	1.71	1.61
D：WD75					
w^h/w^l 对 π 的弹性（%）	0.61	0.85	0.79	1.16	1.31

注：当失业保险金的校准目标为实际失业保险替代率时，模型的解释能力降低。但是，改变 γ，θ 和 a 的校准目标可以提高模型的解释能力。

在上述模拟中，我们允许模型经济之外的资金资助失业保险金体系的运作。接下来，我们考虑自收自支的失业保险体系，即失业工人获得的失业保险金完全来源于就业工人支付的失业保险金缴费。我们考虑两种不同的失业保险金缴费方式：一次性缴费（lump-sum fee）和按收入比例缴费（proportionate fee）。

表 8-8 汇报了失业保险金 $b=0.25$ 时的结果。显然，引入一次性缴费会使模型的预测结果更接近实证结果，而引入比例缴费会使模型预测的弹性降低。例如，在使用 WD90 的情况下，当引入一次性缴费时，工资差异的反应从 1.85% 增加到 2.15%，而当引入比例缴费时，模型预测的弹性下降到 1.39%。

表 8-8 结果背后的经济学解释如下：在引入一次性缴费的情况下，低工资的下降幅度大于高工资的下降幅度。事实上，我们的模拟结果表明，低工资平均减少 17.2%，而高工资平均仅减少 8.16%。如式（8-12）所示，低工资更大的下降幅度相当于失业保险金 b 的减少。如命题 2 所述，溢出效应对低工资的负向影响随 b 的减弱而增强。因此，在一次性缴费下，与基准模型相比，低工资的下降幅度远大于高工资的下降幅度，导致模拟预测的弹性增加。

在引入比例缴费的情况下，预测的弹性变小，这是因为溢出效应对低工资的负向影响变弱。在这种情况下，低工资与高工资变化的百分比相同，这意味着在绝对水平上，高工资比低工资下降得更多。因此，与基准模型相比，引入比例缴费导致企业实际利润（即高工资）减少得更多，并通过溢出效应导致工作求职率 λ_2^h 降低。[①] 如前文所述，λ_2^h 的下降对式（8–12）中的两项产生不同的影响：第一项（含有 b）增大，而第二项（含有 w^h）降低。因此，两项之间的差异进一步变小。这意味着，与基准模型相比，尽管溢出效应对低工资的负向影响仍然为负，但效应减弱。因此，低工资对通货膨胀变化的反应减弱，导致模型预测的弹性变小。

表 8–8　在引入 / 未引入失业保险税的情况下工资差异的反应

	失业保险金 $b=0.25$			数据
	基准	一次性缴费	比例缴费	
A：WD90				
w^h/w^l 对 π 的弹性（%）	1.85	2.15	1.39	2.22
B：WD85				
w^h/w^l 对 π 的弹性（%）	1.29	1.44	1.13	1.75
C：WD80				
w^h/w^l 对 π 的弹性（%）	0.89	0.96	0.82	1.61
D：WD75				
w^h/w^l 对 π 的弹性（%）	0.61	0.65	0.56	1.31

注：当引入一次性失业保险税来平衡失业保险预算时，相对于失业保险制度是由模型经济之外的一些政府项目提供资金的情况，通胀变化对工资差异的影响更大。当一次性失业保险税变为比例税时，该影响变小。

8.6　总结

本章提出了一种新的影响机制，较好地解释了数据中观察到的通货膨胀和剩余工资差异之间的关系。我们使用 1994 年到 2008 年的 CPS 数据发现，通货膨胀上升使得同质工人间的剩余工资差异扩大。为了解释这一现象，我们对 Berentsen 等（2011）的理论研究框架进行了拓展，在模型中加入了缺

---

① 与这一经济学分析一致的是，模型的预测结果显示，λ_2^h 从 0.082 8（基准情况下）大幅下降到 0.027 9（在比例税下）。

少市场协调的工作搜寻这一特征，并且在工资定价中应用了 Mortensen 规则。无论是定性研究还是定量研究，我们的研究结果都与实证结果相一致。结果背后的经济学解释如下：通货膨胀率上升使得企业的实际利润减少，从而降低了高工资。在均衡时，因为低工资是高工资和失业保险金的加权平均值。因此，低工资也会下降。这一机制是通货膨胀对低工资的直接影响。此外，通货膨胀会通过间接效应进一步降低低工资；企业实际利润的减少导致企业在 LM 市场中创建空缺岗位减少，导致劳动力市场条件趋紧，失业工人找到高工资工作的可能性变小。这一结果降低了高工资的权重，增加了失业保险金的权重，当失业保险金足够小时，将给低工资施加向下的压力。最终，低工资的下降幅度大于高工资的下降幅度，从而导致工资差异扩大。

附录

A.1 图

图 A-1 表明，剩余工资差异与通货膨胀之间存在稳健的正相关关系。WD90，WD85，WD80 和 WD75 是四种度量剩余工资差异的指标，计算方式为高工资（分别为剩余工资分布的第 90、第 85、第 80 和第 75 分位数）与低工资（分别为剩余工资分布的第 10、第 15、第 20 和第 25 分位数）的比值；Mean/P10 为工资的第 50 与第 10 分位数的差距；SD 表示剩余工资分布的标准差。

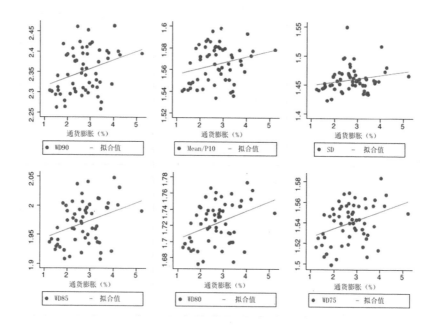

图 A-1　通货膨胀与工资差异

图 A-2 表明，剩余工资差异与通货膨胀之间存在稳健的正相关关系，图中也报告了这两个变量之间的相关系数。WD90，WD85，WD80 和 WD75 是四种度量剩余工资差异的指标，计算方式为高工资（分别为剩余工资分布的第 90、第 85、第 80 和第 75 分位数）与低工资（分别为剩余工资分布的第 10、第 15、第 20 和第 25 分位数）的比值；Mean/P10 为工资的第 50 与第 10 分位数的差距；SD 表示剩余工资分布的标准差。

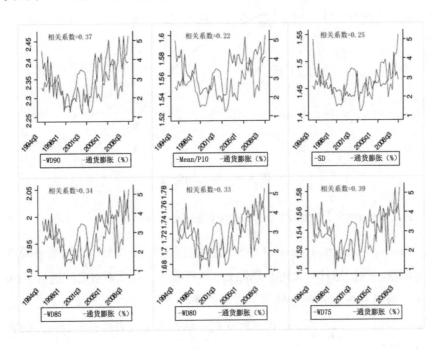

图 A-2　通货膨胀与工资差异（相关性）

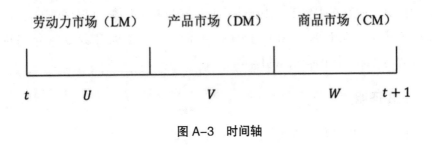

图 A-3　时间轴

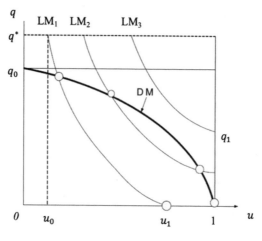

图 A-4　货币均衡

A.2 Current Population Survey 数据

Current Population Survey（CPS）是由美国劳工统计局的人口普查局进行的调查，他们每月对大约 5 万名工人展开调查，这项调查已经进行了 50 多年。参与 CPS 调查的个体需要满足的条件为年龄在 15 岁及以上，且不在部队服役。一般来说，一位家庭成员（联系人）代表所有符合条件的家庭成员回答问卷。

原始数据包括每月 20 多万个个体层面的样本。为了构建我们的样本，我们排除了所有在主要工作中报告小时工资为零的个体，以及小时工资为最高编码（即大于 99 美元）的个体。我们获得了 1994 年到 2008 年期间每月大约 2 000 个个体层面的样本。

A.3 证明

证明 DM 中纳什讨价还价问题必须满足 $d=z$。

Lagos 和 Wright（2005）严格证明了，只要不在极端情况下，即 $i=0$（弗里德曼规则）和 $\theta=1$，买家（buyer）就不会将"闲置"的货币带入 DM。我们将使用同样的方法证明 $d=z$，如下所示。

DM 中的纳什讨价还价问题为

$$\max_{q,\ d} [v(q)-\rho d]^{\theta}[\rho d-q]^{1-\theta} \qquad （附 8A-1）$$

$$\text{s.t.}\quad d \leqslant z,\ q \leqslant y$$

式（8-8）的解为

$$q=\begin{cases}\hat{q},& \text{如果 } z < z^* \\ q^*,& \text{如果 } z \geqslant z^*\end{cases}$$

$$d=\begin{cases}z,& \text{如果 } z < z^* \\ z^*,& \text{如果 } z \geqslant z^*\end{cases} \qquad （附 8A-2）$$

其中，$\hat{q}$ 是 $\rho z=g(q)$ 的解，且

$$g(q) \equiv \frac{\theta v'(q) q+(1-\theta) v(q)}{\theta v'(q)+1-\theta}$$

$$z^*=g(q^*)/\rho$$

其中，$v'(q^*)=1$。换句话说，如果买方的现金至少为 z^*，那么约束 $d=z$ 就不会成立，他将花费 z^* 美元以购买 q^*；如果不满足这一条件，那么约束 $d=z$ 成立，他将花费其全部货币来购买 $\hat{q}$。现在我们可以使用这些结果求解方程（8-5）中的最大化问题，如下所示：

$$\max_{\hat{z}} \{\beta \hat{a}^{h}[v(\hat{q})-\rho \hat{d}]-\hat{z}(1-\beta \hat{\rho})\} \qquad （附 8A-3）$$

对 $\hat{z}$ 求一阶导数可得

$$-(1-\beta \hat{\rho})+\beta \hat{a}^{h}\{v'[\hat{q}(\hat{z})]^* \hat{q}'(\hat{z})-\hat{\rho}\hat{d}'(\hat{z})\}=0$$

值得注意的是，由（附 8A-2）可知，对于任意 $\hat{z} \geqslant z^*$，$v'[\hat{q}(\hat{z})]^* \hat{q}'(\hat{z})-\hat{\rho}\hat{d}'(\hat{z})$ 都为 0。因此 $\beta\rho>1$，意味着式（8-20）中 $\hat{z}$ 没有解，因为对于任意 $\hat{z} \geqslant z^*$，目标函数严格递增。这一结果表明，均衡必须满足 $\beta\rho \leqslant 1$。因此，均衡下最小通货膨胀率需满足 $1/\rho=1+\pi=\beta$，即弗里德曼规则（Friedman rule）。给定 $\beta\rho \leqslant 1$，当 $\hat{z} \geqslant z^*$ 时，（附 8A-3）中的目标函数随着 $\hat{z}$ 递减或不随 $\hat{z}$ 变动。

随着 $\hat{z} \to z^*$，（附 8A-3）中目标函数的斜率与 $-(1-\beta\hat{\rho})+\beta\hat{a}^{h}\Sigma$ 成正比，其中，有

$$\Sigma = \frac{v'(q^*)^2}{v'(q^*)^2 + \theta(1-\theta)[v(q^*)-c(q^*)][c''(q^*)-v''(q^*)]} - 1 \quad （附 8A-4）$$

是在 $q=q^*$ 时工人每多携带 1 个单位的货币进入 DM 的边际收益。值得注意的是，$\Sigma \leqslant 0$，且当且仅当 $\theta=1$ 时，$\Sigma=0$。因此，除非 $\beta\rho=1$ 和 $\theta=1$，随着 $\hat{z} \to z^*$，（附 8A-3）中目标函数的斜率严格为负。因此，任意解都必须满足 $\hat{z} < z^*$。

命题 1 的证明如下。

由式（8-10）对 i 求导可得，给定 u，$\dfrac{\mathrm{d}q}{\mathrm{d}i} < 0$。LM 曲线和 DM 曲线都向下倾斜。根据这一结果，且考虑到 i 的任何变化都不会使 LM 曲线移动（见式 8-16），我们得到，i 增加（相当于通货膨胀率上升）会导致 q 减少和 u 增加。

命题 2 的证明如下。

由于对式（8-17）求导不能得到解析解，因此我们将分两步证明。

第一步，我们讨论式（8-17）的另一种表达式，以更好地理解通货膨胀如何影响工资差异和工资水平。我们定义 $\widehat{\mathrm{WD}}$ 为

$$\widehat{\mathrm{WD}} = \frac{w^{\mathrm{h}}-b}{w^{\mathrm{l}}-b}$$

用式（8-11）和式（8-12）替代 w^{h} 和 w^{l}，简化得到

$$\widehat{\mathrm{WD}} = \frac{1-\beta(1-\delta-\mathrm{e}^{-\phi})}{\beta\mathrm{e}^{-\phi}} \quad （附 8A-5）$$

很明显，u 是（附 8A-5）中唯一的稳态变量。为了考虑通货膨胀对 $\widehat{\mathrm{WD}}$ 的影响，我们只需要考虑通货膨胀率的上升对 u 的稳态均衡值的影响。易知：

$$\frac{\partial \widehat{\mathrm{WD}}}{\partial i} > 0$$

第二步，我们使用上述结果求解 $\partial \widehat{\mathrm{WD}}/\partial i$。关于通货膨胀对工资水平和工资差异的影响，有两种可能的情况。

第一种情况：w^h 随着通货膨胀率上升而减少，即 $\dfrac{\partial(w^h)}{\partial i}<0$。

由于 $\partial\widehat{\mathrm{WD}}/\partial i>0$，$w^l$ 必然也会减少。但通货膨胀率上升对 WD（定义为 w^h/w^l）的影响是不确定的。为了检验这一关系，我们重新定义 $\widehat{\mathrm{WD}}$ 为

$$\widehat{\mathrm{WD}}=\frac{w^h-b}{w^l-b}=\frac{\dfrac{w^h}{w^l}-\dfrac{b}{w^l}}{1-\dfrac{b}{w^l}} \qquad （附 8A-6）$$

重新调整（附 8A-6），对 i 求导得

$$\frac{\partial\left(\dfrac{w^h}{w^l}\right)}{\partial i}=\left(1-\frac{b}{w^l}\right)\frac{\partial(\widehat{\mathrm{WD}})}{\partial i}-(\widehat{\mathrm{WD}}-1)\frac{\partial\left(\dfrac{b}{w^l}\right)}{\partial i} \qquad （附 8A-7）$$

由于 $b/w^l\leqslant 0$ 且 $\widehat{\mathrm{WD}}\geqslant 1$，以及 $\partial\widehat{\mathrm{WD}}/\partial i>0$ 和 $\partial(b/w^l)/\partial i>0$，我们对 $\partial(w^h/w^l)/\partial i$ 的结果仍不确定。然而，（附 8A-7）清晰地表明，当 b 值远小于 w^l 时，$1-b/w^l$ 变大，$\partial(w^h/w^l)/\partial i$ 变为正值。当 $b=0$ 时，这一正向影响达到最大。因此，我们得出结论，如果 $\dfrac{\partial(w^h)}{\partial i}<0$，则 $\dfrac{\partial(w^l)}{\partial i}<0$，且 $\dfrac{\partial\left(\dfrac{w^h}{w^l}\right)}{\partial i}>0$。

第二种情况：w^h 随着通货膨胀率上升而增加，即 $\dfrac{\partial(w^h)}{\partial i}>0$。

此时，w^l 可能增加也可能减少。如果 w^l 减少，则 $\dfrac{\partial\left(\dfrac{w^h}{w^l}\right)}{\partial i}>0$。如果 w^l 增加，式（附 8A-7）表明 $\dfrac{\partial\left(\dfrac{w^h}{w^l}\right)}{\partial i}>0$ 仍然成立。因此，我们得出结论，如果 $\dfrac{\partial(w^h)}{\partial i}>0$，则 $\dfrac{\partial(w^l)}{\partial i}<0$，或者 $\dfrac{\partial(w^l)}{\partial i}>0$，且 $\dfrac{\partial\left(\dfrac{w^h}{w^l}\right)}{\partial i}>0$。然而，如正文所述，在参数值设定合理的情况下，企业的实际利润 R 总是随着通货膨胀率上升而减少；因此，w^h 也随着通货膨胀率上升而降低。从这个角度看，第二种情况与我们的分析无关。

综上所述，我们证明了当 $\dfrac{\partial(w^{\mathrm{h}})}{\partial i}<0$ 时，$\dfrac{\partial(w^{\mathrm{l}})}{\partial i}<0$，且 $\dfrac{\partial\left(\dfrac{w^{\mathrm{h}}}{w^{\mathrm{l}}}\right)}{\partial i}>0$。

参考文献

Acemoglu D, 2002. Technical change, inequality, and the labor market ［J］. Journal of Economic Literature, 40 (1): 7–72.

Albrecht J, Vroman S, 2001. Equilibrium search with time-varying unemployment benefits ［J］. Economic Journal (115): 631–648.

Autor D H, Katz L F, Kearney M S, 2008. Trends in U. S. wage inequality: Revising and revisionists ［J］. Review of Economics and Statistics (90): 300–323.

Berentsen A, Menzio G, Wright R, 2011. Inflation and unemployment in the long run ［J］. American Economic Review (101): 371–398.

Bulir A, 2001. Income Inequality: Does Inflation Matter? ［D］. IMF Staff Papers: 48.

Burdett K, Mortensen D, 1998. Wage differentials, employer size, and unemployment ［J］. International Economic Review (39): 257–273.

Burdett K, Shi S, Wright R, 2001. Pricing and matching with frictions ［J］. Journal of Political Economy (109): 1060–1085.

Cao M, Shi S, 2000. Coordination, matching, and wages ［J］. Canadian Journal of Economics (33): 1009–1033.

Card D, DiNardo J, 2002. Skill-biased technological change and rising wage inequality: Some problems and puzzles ［J］. Journal of Labor Economics, 20 (4): 733–783.

Cysne R, Wilfredo M, Monteiro P, 2005. Inflation and income inequality: A shopping-time approach ［J］. Journal of Development Economics (78):

516–528.

Diamond P, 1993. Search, sticky prices, and inflation [J] . Review of Economic Studies（60）: 53–68.

Erikson C, Ichino A, 1995. Wage differentials in Italy: Market forces and institutions [M] // R. B. Freeman, and L. Katz（eds.）, Differences and Changes in Wage Structures. Chicago: University of Chicago Press: 265–305.

Faig M, Jerez B, 2005. A theory of commerce [J] . Journal of Economic Theory（122）: 60–99.

Faig M, Zhang M, Zhang S, 2016. Effects of extended unemployment insurance benefits on labor dynamics [J] . Macroeconomic Dynamics, 20(5): 1174–1195.

Garcia–Penalosa C, Turnovsky S, 2015. Income inequality, mobility, and the accumulation of capital [J] . Macroeconomic Dynamics（19）: 1332–1357.

Hammermesh D, 1986. Inflation and labor market adjustment [J] . Economica（53）: 63–73.

Hornstein A, Krusell P, Violante G, 2007. Frictional Wage Dispersion in Search Models: A Quantitative Assessment [D] . National Bureau of Economic Research Working Paper: 13674.

Horstein A, Krusell P, Violante G, 2011. Frictional wage inequality in search models: A quantitative assessment [J] . American Economic Review（101）: 2873–2898.

Julien B, Kennes J, King I, 2006. Residual wage disparity and coordination unemployment [J] . International Economic Review, 47（3）: 961–989.

Julien B, Kennes J, King I, 2011. Implementing the Mortensen rule in a frictional labor market [J] . Journal of Macroeconomics（33）: 80–91.

Katz L, Autor D, 1999. Changes in the wage structure and earnings inequality [M] // O. Ashenfelter and D. Card（eds.）: Handbook of Labor Economics. Amsterdam: Elsevier Science B.V.: 1464-1555.

Kumar A, 2008. Inflation and the dispersion of real wages [J]. International Economic Review（49）: 377-399.

Kunieda T, Okada K, Shibata A, 2014. Finance and inequality: How does globalization change their relationship? [J]. Macroeconomic Dynamics（18）: 1091-1128.

Lagos R, Wright R, 2005. A unified framework for monetary theory and policy analysis [J]. Journal of Political Economy（113）: 463-484.

Lemieux T, 2006. Increasing residual wage inequality: Composition effects, noisy data, or rising demand for skill? [J]. American Economic Review（96）: 461-498.

McAfee R, McMillan J, 1987. Auctions and bidding [J]. Journal of Economic Literature（25）: 699-738.

Montgomery J, 1991. Social networks an labor market outcomes: Toward an economic analysis [J]. American Economic Review（81）: 1408-1418.

Mortensen D, 1982. Efficiency of matching, racing and related games [J]. American Economic Review（72）: 968-979.

Mortensen D, Pissarides C, 1994. Job creation and job destruction in the theory of unemployment [J]. Review of Economic Studies（61）: 397-416.

Munshi K, 2003. Networks in the modern economy: Mexican migrants in the U. S. labor market [J]. Quarterly Journal of Economics（118）: 549-599.

Ochs J, 1990. The coordination problem in decentralized markets: An experiment [J]. Quarterly Journal of Economics（105）: 545-559.

Pissarides C, 1985. Short-run equilibrium dynamics of unemployment, vacancies and real wage [J]. American Economic Review（75）: 676-

690.

Postel-Vinary F，Robin J M，2002．The distribution of earnings in an equilibrium search model with state-dependent offers and counter offers［J］．International Economic Review（43）：989-1016．

Rogerson R，Shimer R，Wright R，2005．Search theoretic models of the labor market：A survey［J］．Journal of Economic Literature（43）：959-988．

Sheshinski E，Weiss Y，1977．Inflation and the costs of price adjustment［J］．Review of Economic Studies（44）：287-303．

Shi S，1997．A divisible search model of fiat money［J］．Econometrica（65）：75-102．

Shi S，2002．Product market and the size-wage differential［J］．International Economic Review（43）：21-54．

Shimer R，2005．The cyclical behavior of unemployment and vacancies：Evidence and theory［J］．American Economic Review（95）：25-49．

Topa G，2001．Social interactions，local spillovers and unemployment［J］．Review of Economic Studies（68）：261-295．

Wright R，2010．A uniqueness proof for monetary steady state［J］．Journal of Economic Theory（145）：382-391．

Zhang M，Faig M，2012．Labor market cycles，unemployment insurance eligibility，and moral hazard［J］．Review of Economic Dynamics（15）：41-56．